峽谷大漠×清真禮拜×民居聚落×口弦樂器×羊肉小吃
黃沙碧水蒼茫遼闊，探索西北風物的奇觀

賀蘭雄姿

寧夏訪古　　峻嶺岩畫的雕鑿與真跡

郭永龍　編著

▶ 不只是不能吃豬肉，回族人聞聽「朱」姓也退避三舍？
▶ 連爸爸也要先止步！被選中的人才能進產房「踩生」？
▶ 20世紀初的海原大地震，頃刻間讓該地消失一半人口？
▶ 曾削弱北宋邊防的西夏王朝，最後竟亡於「自作孽」？

自古以來兵家必爭，宗教生活密不可分
曼步寧夏的街巷，擁攬天下長河的奇景！

目 錄

前言	005
歷史軌跡：探尋寧夏的曾經	009
寧夏風光：名勝古蹟的輝煌	051
味蕾盛宴：走進寧夏美食	101
寧夏風土：民居與生活的百態	135
古今路途：寧夏交通的演進	169
寧夏特產：塞上寶藏與奇珍	185
回族之鄉：多元文化的融合	221
寧夏民俗：傳統與現代的交織	267
歡樂時光：寧夏的歌舞與體育	289
群星閃耀：寧夏歷史人物錄	305

目錄

前言

　　寧夏，地處中國西北腹地，地小物博而山河壯美，回漢共處，風情迥異，歷史悠遠，沐千載風雨，文化蘊藉……許多第一次來寧夏的朋友，都由衷讚嘆這裡獨具魅力的旅遊資源。古老的黃河文明、雄渾的大漠風光、神祕的西夏文化、濃郁的回鄉風情、美麗的塞上江南等，構築起寧夏旅遊的強筋健骨；賀蘭山東麓文化旅遊帶、沙坡頭旅遊區、六盤山生態旅遊區，織就了寧夏旅遊的鮮活血脈。

　　其實，寧夏多姿多彩的旅遊資源首先源自於其悠久的歷史和厚重的文化積澱。大家知道，黃河流域是中華民族的發祥地，寧夏這塊土地曾飽吮了黃河文明的乳汁。遠在3萬年前的舊石器時代，就有人類在這裡繁衍生息，如今座落在寧夏靈武的水洞溝遺址，就是史前文明的有力見證。橫亙在寧夏北部的賀蘭山，壯似一匹奔騰的駿馬。大約1萬年前，中國古代游牧民族在這裡依山石鑿刻了大量反對映獵、放牧、祈神等內容的岩畫，綿延數百里，是當時人們在寧夏這塊土地上生活情形的「縮影」，也是當今國際岩畫界著名的藝術寶庫。

　　寧夏的農耕歷史也非常悠久，黃河兩岸平坦而富饒的寧夏平原，其引黃灌溉歷史已有2,000多年。據《史記》記載，秦始皇統一六國後，派蒙恬率大軍北擊匈奴，取河套地，在此戍邊。兩漢盛世時期，曾從中原遷移數十萬人到寧夏戍邊屯墾，使這裡出現了「沃野千里，穀稼殷積，牛馬銜尾，羊群塞道」的繁榮景象。各個朝代都很注意在寧夏興修水利，秦渠、漢渠、唐徠渠等至今仍然流淌在塞上的千里沃野上。引黃灌溉不僅給寧夏帶來了富饒，也衍生出了很多人文景觀。唐代詩人韋蟾有

前言

詩讚曰：「賀蘭山下果園成，塞北江南舊有名。」這是寧夏被稱為「塞上江南」的最早出處。寧夏自古以來還是兵家必爭的邊塞要地，素有「關中屏障，河隴咽喉」之稱。自戰國起，秦、漢、隋、明等朝代都在寧夏修築過長城，有人稱寧夏是一座神奇的「長城博物館」。寧夏歷史上最富有傳奇色彩的一頁，便是這裡曾經出現過兩個以「夏」為名的王國。

西元407年，匈奴人赫連勃勃在寧夏建立了「大夏國」，據說現在銀川城北的海寶塔，也叫赫寶塔，就是赫連勃勃所建。另一個「夏國」，是由党項族首領李元昊於1038年建立的，其疆域「東盡黃河，西至玉門，南抵簫關，北控大漠」，約83萬平方公里。這個夏國史稱西夏，與當時的宋、遼、金鼎立了189年。西夏定都於興慶府，也就是今天的銀川市。西夏不僅國力強盛、軍事發達，而且創造了獨特的文字和優美的服飾歌舞。興慶府一度成為中國西北地方「宮殿恢弘、寺觀眾多、商賈發達、文化繁榮」的大都市。1227年，西夏王國被橫掃歐亞的成吉思汗鐵騎久攻之後放火毀滅，獨特的西夏文化也隨之灰飛煙滅，只在今天寧夏賀蘭山東麓方圓50平方公里的土地上，留下了九座被譽為「東方金字塔」的帝陵，還有那如同「天書」般的西夏文字。「西夏王國」的許多歷史文化已成為人們千古追尋的不解之謎。

寧夏美麗的旅遊風光還在於今人的巧奪天工。1980年代始，特別是中國實施西部大開發策略以來，寧夏旅遊業煥發出勃勃生機和奕奕神采，開發建設了一批旅遊景點。沙湖旅遊區，融大漠風光與江南水色為一體，蘆葦蔥蘢，荷花飄香，魚歡鳥唱，是生態旅遊的黃金寶地。沙坡頭旅遊區，是沙漠與黃河結緣的地方，治沙成果蜚聲海內外，有「世界壟斷性旅遊資源」之稱。沙坡頭的沙漠旅遊專案異彩紛呈，遊人在這裡既可觀賞「長河落日」的壯麗景緻，還可以領略「大漠孤煙」的壯美之

情。六盤山旅遊區，地處古絲綢之路，景區內的荷花苑、二龍河、鞦韆架、小南川等景點山清水秀，林茂花繁，流泉飛瀑，風光旖旎，被譽為黃土高原上的「綠島」。

　　寧夏是中國最大的回族聚居地區。早在元代，來自西域的穆斯林大批進入中國，寧夏回族的先輩們便開始聚居於西北這片神奇而美麗的土地上，在這裡揮灑汗水，生產生活，形成了獨特的回族文化和風俗習慣。

　　寧夏的旅遊文化，都來自歷史的深處，又都有自然環境和人文環境的背景，很早就形成了美麗的傳說和流行的故事。本書從歷史、名勝、飲食、居住、交通、方物、回族、民俗、娛樂、名人等方面，對寧夏的魅力文化進行了生動詳細的詮釋。書中的趣聞，是在寧夏民間滾雪球似的滾了多少年多少代的東西，在形態上是比較成熟的，它們是全書的主體。其中和旅遊相關者，自然可直接增添遊客的興趣。那些不太相關者，也並非可有可無，它們多少可以幫助旅遊者探知寧夏旅遊文化根系藉以延伸的風土人情。如果可以進一步說，那麼我還認為，那些活在傳說和故事裡的、帶有鄉土風味的人情世情，本身就是寧夏人民心靈世界一條多姿多彩的風景線。

　　本書收集了400多條寧夏的逸聞趣事和典故傳說，融知識性、趣味性於一體，讀者可從中得到解惑釋疑之享受。

　　衷心希望這本書的出版，能為諸位讀者所接受並且喜愛，是為序。

前言

歷史軌跡：探尋寧夏的曾經

歷史軌跡：探尋寧夏的曾經

「寧夏」這一地名正式出現在何時

「寧夏」之得名與党項族崛起有關。党項族是羌族的一支，原居川、藏、青交界地區，唐初向陝、甘、寧遷徙。唐末居夏州（今陝西橫山縣）一帶的党項族，因參與鎮壓黃巢起義有功，酋長拓跋思恭於西元883年被唐僖宗授封為太子太傅，封夏國公，賜姓李。其後嗣在五代混亂時，趁機擴充勢力，形成了以夏州為中心的軍事割據集團。1002年，發兵攻陷了北宋的靈州，改名西平府。又向西攻占了涼州（今武威）、甘州（今張掖），控制了「東盡黃河，西界玉門，南接蕭關，北控大漠」的廣闊疆域。1038年，李元昊以興慶府（今銀川）為都城，「築壇受冊，即皇帝位」，建立「大白上國」，號稱「大夏」，史稱「西夏」。西夏建國189年之久。1226年8月，成吉思汗率蒙古大軍第六次攻打西夏。1227年6月，西夏國被迫出降。

蒙古滅西夏後的很長一段時期，今銀川灌區仍稱西夏、中興。1259年7月，元憲宗蒙哥病死征途，忽必烈在開平即大汗位，擁有重兵駐守六盤山的渾都海和陝西行省左丞相阿藍答兒叛亂，社會極不安定。忽必烈平叛後，於至元二十五年（西元1288年）將甘肅行省下設的中興路改為寧夏府路。顧名思義，此為「寧夏」地名正式使用之始。著名記者范長江《中國的西北角》一書寫道：「所謂的寧夏，就是平定西夏使之永遠安寧的意思。」元朝時寧夏府路領有靈州、鳴沙州、應理州（今中衛市）、中興州（今銀川市）、定州（今平羅縣）。

寧夏的遠古歷史開端自何時

黃河孕育了中華民族最早的歷史，也哺育了寧夏的歷史文明。銀川平原邊緣地區出現人類的活動，是 3 萬年前。水洞溝文化，就是這一時期人類歷史活動的代表。

水洞溝文化，因首先在寧夏銀川市東南 30 公里靈武市的水洞溝發現而得名。水洞溝地處黃河畔鄂爾多斯臺地的西南邊緣，鄂爾多斯臺地廣闊茂盛的草原，聚集著很多野生動物。優越的自然條件為人類的生產生活提供了基本的保證。

自 1923 年水洞溝遺址被發現以來，1959 年、1963 年、1980 年又先後對水洞溝進行了 3 次調查和發掘，已發現遠古人類製造的工具達數萬件之多。文化遺存之豐富，為中國其他舊石器時代晚期文化遺址所少見。除石器外，還有人們使用的灰燼、磨石。灰燼的發現，說明當時人類已經擺脫了「茹毛飲血」肉類生吃的階段；磨石的發現，則說明在製造工具中一門新工藝——磨製技術已經出現。此外，還有骨錐和裝飾品發現。

水洞溝文化，是中國發現最早的舊石器時代文化之一，向人們展示了 3 萬年前的「寧夏人」是怎樣生存的一幅生動的畫卷。

水洞溝古人類遺址是怎樣被發現的

1920 年，比利時傳教士肯特由銀川前往陝北，在水洞溝東面、橫山堡附近一處水沖溝斷崖上，發現了一具披毛犀牛的頭骨化石和一件經過人工打製的石英岩石片。聽到這一消息，當時居留中國的法國神父兼古

歷史軌跡：探尋寧夏的曾經

生物學家德日進，於 1923 年趕來這裡正式挖掘，出土了大量的石器和一些古脊椎動物化石。他和另一位法國神父、考古學家步日耶一起進行研究，認為發現的石器大部分是很古老的類型，進而詳細描述屬晚更新世中期。近代以來，不少學者、科學家來此考察。著名古生物學家、考古學家裴文中、賈蘭坡先生，曾三次到水洞溝考察挖掘。挖掘證明，西方人當時的結論是錯誤的，水洞溝文化比河套文化更晚些，距今 3 萬多年，為舊石器時代晚期文化遺址。

新石器時代寧夏山川呈現怎樣的「繁榮」景象

新石器時代是人類在蹣跚中步入的「少年時代」。出土資料證明，大約距今 5,000 年處於新石器時代的寧夏，其文明已達到相當高的程度。在寧夏南部，出現了以彩陶為主要特徵的農耕型「馬家窯文化」。在固原、隆德等縣馬家窯文化遺址，出土有石斧、石錛、石鑿，還有用於收穫的長方形石刀，顯示當時農業生產已占有重要地位。隆德縣鳳嶺鄉發現一件磨製石矛頭，長 10 餘公分，形同現代梭鏢頭。除有鋒利的尖鋒外，兩側邊緣也十分鋒利。與尖鋒相對的另一端磨成狹長條狀，可和長木柄連線，是狩獵的良好工具。發現最多的是陶器：瓶、罐、鬲、盆、豆、碗等。其中，盆、罐的口沿和外表多繪有精美的花紋，即通常稱的彩陶。

新石器文化的另一類型「細石器文化」，在寧夏平原地區各市縣有 30 多處遺址。遺址出土的除石斧、石錛外，數量最多的是各種形制的細小石器，用堅硬的燧石、瑪瑙、蛋白石等製成，有箭頭、尖狀器、刮削器、石葉、石核等，製造技術精巧。如在原陶樂縣高仁鎮鄉發現的石箭

頭有兩種，一種呈凹底三角形，高 1.5 公分，尖鋒銳利；一種呈長邊三角形，底端兩側各有凹槽，可與箭桿綁接，是狩獵的工具。在賀蘭縣洪廣鎮還發現了當時的房屋遺址，淺地穴式，中心有一圓形「火膛」，用於取暖、照明、燒烤食物。各處遺址中，亦出土有罐、瓶等精美的彩陶。

為什麼說寧夏也曾是「黃帝族」的起源地之一

《國語・晉書》稱：「昔少典氏娶於有蟜氏，生黃帝、炎帝。黃帝以姬水成，炎帝以姜水成。成而異德，故黃帝為姬，炎帝為姜。」「姬水」，已無從可考。「姜水」在《中國古今地名大辭典》中有記載：「即岐水，在今陝西岐縣西，源出岐山，炎帝神農氏長於姜水，因以為姓。」今陝西寶雞至武功一帶的渭水流域，正是炎帝最初居住的地區。黃帝族最初居住地在炎帝族之北，大體在今陝西省西北和甘肅省東部。范文瀾《中國通史》寫道：「黃帝族原先居住在西北，後來打敗黎族和炎帝族，逐漸在中部地區安居下來。」

寧夏東南部彭陽縣、固原市和涇源縣一帶曾長期屬於甘肅省，屬其東部。因此，有專家學者認為，寧夏東南部亦應是黃帝族的起源地之一。

大禹治水來過寧夏嗎

傳說，大禹治水來到寧夏青銅峽，以神斧劈開石壁，大禹疏濬峽口的豐功偉業，自古至今在寧夏百姓口中傳頌。「青銅禹跡」為清代「中衛

十二景」之一（明清時青銅峽屬中衛管轄）。歷代騷人墨客以「青銅禹跡」為題賦詩歌詠之。峽口曾建有紀念大禹治水造福寧夏人民的禹祠。清初順治時，進士憚爾章詩中吟道：「燧刊八載標新跡，疏鑿千秋有舊痕。」、「黃河永著安瀾頌，留取豐功萬古存。」

《尚書‧禹貢》載：大禹「導河積石，至於龍門」。積石，今青海循化縣積石峽；龍門，今陝西省和山西省之間的龍門。大禹沿黃河從積石到龍門，中間必然就要路過寧夏了。

大禹是中華遠古傳說中的人物，卻又是歷史上確鑿存在的真實人物。大禹治水曾跋涉寧夏的傳說故事，浪漫而美麗，有其歷史真實性的一面。

先秦時代的「寧夏人」都由哪些民族部落組成

中國遼闊廣大的西北地方，很早就是古代少數民族繁衍生息的福地。春秋時期，寧夏全境居住著被史書稱作「戎」的古老民族。他們逐水草而居，過著無拘無束的游牧生活。其中，有義渠戎、朐衍戎、羌戎、空同氏戎和烏氏戎等。其中，義渠戎最為強大。《史記索隱》稱：「義渠，古西戎國，與趙、魏接境，有二十五城。」秦穆公三十七年（西元前623年），秦用武力霸占西戎。《史記‧秦本記》載：「秦用由余謀伐戎王，益國千里，遂霸西戎。」這樣，從西元前623年起，除寧夏北部黃河以西的古西戎各部落外，黃河以東寧夏南部的朐衍戎、羌戎、烏氏戎、義渠戎等，都已歸屬秦國。

寧夏最古老的行政建制和城鎮是哪些

秦惠文王十一年（西元前 327 年）滅烏氏戎後，即設定烏氏縣（今固原市南）。《括地志》載：「秦惠文王取之，置烏氏縣地。」烏氏縣是寧夏最早的一個縣。秦昭王三十五年（西元前 272 年）起兵伐義渠戎後，寧夏地區遂屬秦國北地郡。漢武帝時，從北地郡中分出部分地方，另置安定郡，郡治設在高平（今固原市）。這是寧夏歷史上第一個郡治。

寧夏境內最古老的城鎮是固原縣城（現為固原市原州區）。該城建於西漢元鼎三年（西元前 114 年），當時稱高平縣，是安定郡郡治所在地。西魏、北周時期，寧夏地區的行政建制在北魏末年的基礎上，又有較大變化。北魏正光五年（西元 524 年），將高平鎮改建為原州，州治高平城，即今固原市城。北周時改稱平高縣，西魏仍舊，隋唐因之。固原，在歷史上一直是寧夏南部地區最重要的城鎮。

歷史上曾長期生息的西戎民族消逝何方

西元前 272 年，秦昭王母宣太后將義渠王誘殺於甘泉宮。秦王趁義渠國無主，派兵徹底擊潰之。從西元前 1100 年周人出兵伐義渠，到西元前 272 年秦昭王滅義渠，西戎族在寧夏歷史上活躍了 800 多年，最終退出了中國歷史舞臺，身影消失，部族滅亡。

大部分西戎族人融入了秦人和其他部族中，成為以後漢民族的成員。也有部分西戎人在秦人的追殺中，北投匈奴，加入匈奴民族中，成為匈奴民族的成員。「蓋義渠既滅，餘眾北走，以後為匈奴，居河套南

北。」（蒙文通《周秦少數民族研究》卷七）繼續與強秦對抗，成為秦和漢在西北的強勁對手。

寧夏境內秦長城遺跡今在何處

《史記·匈奴列傳》：「秦昭王時……遂起兵伐殘義渠。於是秦有隴西、北地、上郡，築長城以拒胡。」這條用於防禦義渠戎和匈奴的長城，由今甘肅靜寧進入今寧夏西吉，沿葫蘆河北行，經將臺、馬蓮、紅莊後，繞固原城西北越清水河進入河川，再由東南至彭陽的城陽白岔、長城原，進入甘肅鎮原縣境，在寧夏境內有200餘公里。由於2,000多年的時光，秦長城毀壞嚴重，僅在今西吉將臺、固原長城渠、彭陽長城原等地，秦長城遺跡儲存尚好。長城殘址高2～15公尺，基寬約8公尺，用土夯築而成。牆體每隔200公尺築有敵臺。長城沿線的要道口和隘口，建有邊城、障塞、烽臺，分別用於屯戍、瞭望和警報，構成嚴密的防禦系統。《固原州志》載：「秦滅義渠，築長城以禦邊，即此地，在州西北十里有遺址。」酈道元《水經注》中〈河水〉記載，長城在高平川（即清水河）上游高平縣（今固原市）故城北15公里處。

寧夏為什麼被稱為「中國長城博物館」

寧夏大地上有兩大類「博物館」：一是水利博物館，有秦渠、漢渠、唐徠渠、大清渠等；二是長城博物館，有秦長城、漢長城、隋長城、宋壕塹、明長城等。如將各朝代修築的寧夏長城連線起來，其長度可綿延

1,500 多公里。寧夏地處邊塞，自古是兵家必爭之地，軍事上地理位置十分重要，歷代長城遺跡很多，文物豐富，是研究中華多民族興起、融合、統一、發展的鮮活的實物見證。

秦漢時為何重視寧夏地區的經略

西元前 220 年，秦始皇統一六國的第二年，始皇邊巡寧夏，出蕭關，越六盤，在今固原市南置烏氏縣，在今吳忠西南置富平縣。有「徙適戍以充之」，「遷北河、榆中三萬家」，開創了寧夏北部和內蒙古河套地區的農耕經濟。相傳，寧夏的秦渠就是那時興修的。

西漢初，匈奴已建立起一個強大的軍事政權，重新占領中國東北部和西北部廣大地區。漢高祖劉邦曾親率 30 萬大軍北伐匈奴，大敗而歸。漢文帝十四年（西元前 166 年），匈奴單于發 14 萬騎兵由河套直下朝那縣蕭關（今固原東南），殺北地都尉，虜人口畜產，遂至彭陽，並「使奇兵入燒回中宮，侯騎至雍（今陝西鳳翔南）甘泉」。

西元前 140 年，武帝即位，仍「明和親約束，通關市，饒給之」（《史記·匈奴列傳》）。待西漢國力漸盛，對匈奴遂變和親政策為征討之。武帝之世，漢與匈奴戰爭頻繁，大規模戰爭有 3 次。決定性的一戰是前 119 年的第三次大戰，漢武帝帶 4 萬騎兵親征，大將軍衛青和驃騎將軍霍去病各率 15 萬人馬，分路攻擊匈奴，北進達一兩千里。從此，匈奴遠遁。隨後，漢武帝大量移民屯墾內蒙古河套、寧夏河套和甘肅河西走廊等地區。司馬光《資治通鑑》中稱，自前 112～前 88 年的 25 年間，漢武帝曾 6 次出蕭關，巡視寧夏，目的是視察對匈奴的防備，更是向匈奴顯示漢朝

的強盛。對於歸附的匈奴,則安置到指定地區,「因其故俗,為屬國」。屬國都尉由漢人擔任。當時在寧夏的屬國有渾懷屬國,在今銀川市東;三水屬國,在今同心縣下馬關。

秦漢時寧夏人口發生了怎樣的變化

秦皇漢武都宣導屯墾,大量移民河套平原,使寧夏人口有較大發展。有資料認為,除了駐軍、官吏、流犯和游牧人口外,在西元 2 年的西漢時,寧夏全境人口約為 9.6 萬,人口密度為 2.7 人／平方公里。在西元 140 年的東漢時,寧夏全境人口約為 2.4 萬,人口密度為 0.4 人／平方公里。東漢後期人口銳減,主要是戰爭頻繁所致。東漢班彪在〈北地賦〉中,生動描繪了當時高平(今固原市)一帶山高野曠少人煙的景象:「跋高平而周覽,望山谷之嵯峨。野蕭條以莽蕩,迴千里而無家……」

秦漢時銀川平原興修了哪些灌渠

農業生產離不開水利,寧夏地處河套地帶,為引黃灌溉提供了便利條件。寧夏境內幾條大渠,多修於秦漢。

秦始皇三十三年(西元前 214 年),秦始皇把上萬名罪人遷移這裡,為了屯田耕作,開挖了秦家渠、漢延渠,兩渠分別可灌溉 0.967 萬公頃、1.668 萬公頃土地(現灌溉面積分別為 2.268 萬公頃、2.935 萬公頃)。到了漢代,重修秦渠、漢延渠、光祿渠、美麗渠、唐徠渠、七星渠等,這些灌渠至今猶存,是秦漢時代古文化的遺跡。

據《史記·河渠書》記載，漢武帝時自朔方至今居（今甘肅永登縣），普遍修渠灌溉。開鑿了漢渠，又名漢伯渠，在黃河東岸，流經青銅峽、永寧、銀川、賀蘭四市縣，全長 44.3 公里。唐徠渠，始修於漢太初三年（西元前 102 年），因唐代擴建延長，故稱之。流經青銅峽、永寧、銀川、賀蘭、平羅五市縣，全長 154.6 公里，灌溉面積 7.337 萬公頃，是寧夏引黃灌溉規模最大的一條幹渠。

大夏政權是在何時建立的

漢亡，魏晉南北朝時期，最後統治寧夏地區的是匈奴鐵弗部建立的大夏政權。西元 407 年，南匈奴族酋長赫連勃勃擁兵自立，建立夏國，自稱大夏王、大單于，正式建立起大夏割據政權。同年 10 月，破鮮卑薛千等三部，降其眾萬餘人。

鳳翔元年（西元 413 年），發民眾 10 萬人，築統萬城（今陝西橫山縣）為國都，自言：「方統一天下，君臨萬邦，宜名新城曰『統萬』。」後率兵突襲長安，遭殺戮者人頭堆積如山，史稱「骷髏臺」。大夏政權是時達到全盛時期，其疆域「南阻秦嶺，東戍蒲津，西收秦隴，北薄於河」。大致包括今陝西渭水以北、內蒙古河套、山西大部及甘肅東南和寧夏全境。大夏霸業，只傳了三世便滅亡。

大夏政權在今銀川以東建飲汗城，又稱麗子園；在今固原市建高平城，為夏國南部的軍事重鎮；在今靈武市建薄骨律城，又稱果園城。聳立在銀川北郊的海寶塔，又稱赫寶塔，氣勢軒昂，形態渾樸，相傳為赫連勃勃修建。

歷史軌跡：探尋寧夏的曾經

「絲綢之路」從寧夏的哪些地方通過

「絲綢之路」自漢武帝時開通以來，就成為中國通往中亞各國陸路唯一的重要通道。經過今寧夏南部的一段，有著舉足輕重之作用，十分重要。隋唐王朝對突厥、吐谷渾人的戰爭，實際上是在爭奪「絲綢之路」的控制權。國道之通暢程度，關係到政治的興衰，外交的成敗和軍事上的進退。

經過寧夏的「絲綢之路」大致有兩條：第一條是唐中葉以前的長安—涼州（今甘肅武威）北道。唐《通典》論及開元年間這條道的交通情況時道：西至涼州府，「皆有店肆，以供商旅，遠適數千里，不持寸刃」。按《元和郡縣圖志》提供各州間距離，長安至涼州約為 800 公里。道路走向：長安至涇州，西北進入平涼、彈箏峽（今寧夏瓦亭峽）、瓦亭關、隴山關（在六盤山上，當時著名的六上關之一），北上原州城、木峽關、石門關（須彌山附近），西北進入今海原縣境，經乾鹽池到會寧縣，過黃河、烏蘭渡通至河西地區。在會寧關有渡船 50 艘，每日可渡千人以上（據敦煌發現的《鳴沙石室佚書》）。當年這裡往來行旅之多，熱鬧之狀，可窺見一斑。

唐中葉，吐蕃人由青海東進，占領了六盤山一帶，直通關中，長安—涼州古道中斷，中西交通只得另闢以靈州為交會點的道路，繞道而行。東段由靈州向南，經甘肅環縣、慶陽、寧縣南下，在陝西彬縣與長涼北道交會。西段由靈州西渡黃河，沿河經青銅峽、中寧石空、中衛進入甘肅，最後抵涼州。此兩條路線基本避開固原。寧夏固原規模宏大的須彌山石窟和中寧石空石窟之開鑿，都始於北魏，隋唐增鑿而擴大，其開鑿與「絲綢之路」曾途經其地有因果關係。

「昭武九姓」粟特人是如何留居寧夏的

隋唐時，來往於「絲綢之路」的外國商人主要是「昭武九姓」粟特人。所謂昭武九姓，是隋唐時中國對中亞的康、米、安、何、石、曹、史、火尋、戊地九個不同姓氏小國的統稱。「昭武九姓」實際上指居住在中亞地區阿姆河與錫爾河之間的粟特人。古代粟特人以善於經商和富於進取心而聞名。他們在長時期內控制著絲綢之路上的國際中轉和販賣貿易。粟特人進入寧夏地區，最早在北朝時期。唐代是一個開放的國度，不少胡人透過絲綢之路進入大唐。唐代影響最大的昭武九姓移民聚落，首推六胡州。《新唐書·地理志》載：「調露元年（西元679年），於靈、夏南境以降突厥置魯州、麗州、含州、塞州、依州、契州，以唐人為刺史，謂之六胡州。」他們多是隨突厥降唐移居靈州的中亞粟特人。當時，寧夏南部的原州也有粟特人聚落。

處在絲綢之路北通道上的寧夏，自南向北都有豐富的粟特人的文化遺存。在南部固原，連續有昭武九姓的古墓葬發掘，展示了粟特人在固原的歷史。出土了大量珍貴的西域文物，有薩珊金幣、銀幣、東羅馬金幣、異域風格的金花飾、黃金覆面等。還有墓中石門上每扇門各鐫刻「胡旋舞」的人物造型。

據史書記載和考古發掘提供的資訊看，在寧夏中北部，尤其是靈州，聚居的昭武九姓粟特人有數個家族：一是康姓家族。《新唐書·康日知傳》記載：「康日知，靈州人。祖植，開元時，縛康待賓，平六胡州，玄宗召見，擢左武衛大將軍，封天山縣男。」康日知於建中三年（西元782年）舉趙州投唐朝，被封為會稽郡王。二是史姓家族。《舊唐書·史憲誠傳》稱：「其先出於奚虜，今為靈州建康人。」此人是積功至「魏

博節度使」的仕宦人，研究者認為是突厥汗國人，而非奚族，是粟特史姓的後裔。三是繼史憲誠為魏博節度使的何進滔，也是靈武人。何氏後人何文哲墓誌：「世為靈州人焉。」其父何遊仙曾任靈州大都督府長史，唐肅宗行靈武時保駕有功。這一家族也是典型的粟特人，來自河西。四是寧夏鹽池縣蘇步井唐墓，昭武九姓何氏家族墓。6座墓葬中唯有M3出土有墓誌：「大周……都尉何君府墓誌之銘並序」，「君，大夏月氏人也」。何姓為西域康國昭武九姓中的一支，M6墓石門上的線刻舞蹈形象，就是文獻中記載的康國胡旋舞。

景教文化曾在寧夏有過怎樣的興盛歷史

景教，是唐代文獻中對基督教中聶斯脫利派的稱呼。唐太宗時，景教在中國得以傳播，各大都市都建有寺院。明天啟三年（西元1623年），在西安周至縣發現了唐代著名的〈大秦景教流行中國碑〉，碑文為景教士景淨撰文。碑建立於唐德宗建中二年（西元781年），碑文簡略地介紹了景教的基本信仰，敘述了景教自貞觀九年（西元635年）從波斯傳入中國長安至建碑時150年的歷史。碑文中有關於寧夏景教的記載：「肅宗（西元756～761年）文明皇帝於靈武等五郡重立景寺。元善姿而福祚開，大慶臨而皇業立……」

作為外來宗教，景教在傳播的過程中，與佛教和道教發生過激烈的衝突，不少景教寺院被焚燒或關閉。安史之亂後，唐肅宗李亨即位靈州，靈州再度成為景教的復生之地。景教由這裡傳入長安，即向四方傳播。這塊碑文中有「法流十道，寺滿百城」的記載。靈武景教寺院的擴建，就是這一文化背景的折射。唐肅宗在靈州調集兵馬平叛安祿山的過

程中，有不少大食、回紇軍隊開往中原前線助戰。在這一時代背景下，於是肅宗再開禁令，令「靈武等五郡重立景教寺」。

這塊碑文中，還記載了唐肅宗時郭子儀對景教教團的照顧及寧夏基督教的生活。很明顯，唐肅宗恢復景教寺，目的是要藉助和利用大食、回紇軍隊的力量，以蕩平反叛，顯然是非常時期的特殊措施，但它在客觀上卻為景教的生存和發展提供了合法的空間。一時間，靈州景教寺院的修建和布道活動的開展，呈現出非常興盛的勢頭。由於靈州當時所處的特殊地位，景教活動一旦開展起來，就極具號召力，有一呼百應之勢。當時朔方景教寺院至少有 4 個。但畢竟與唐肅宗即位靈州的特殊時期有關，待時過境遷，景教還是伴隨著唐朝的終結而走到了盡頭，會昌五年（西元 845 年）被朝廷禁止。自此景教在中國隱沒了。

由唐肅宗始，至唐末約 200 年的時間，作為一種宗教文化，景教延續的時間不算短，因而成就了寧夏絲綢之路靈州道上外來宗教文化的一段歷史。

古靈州在歷史上經歷了哪些重大事件

古靈州，「秦北地郡地，漢惠帝四年置」（《朔方道志》）。古靈州自西漢惠帝四年（西元前 191 年）置縣，至今已有 2,200 年左右的歷史。至西元 1428 年，因黃河水患三易城址，新靈州城方在現今靈武市建成。古靈州城存在了 1,000 多年，在這漫長的歷史長河中，經歷了許多古代史上重大的歷史事件。古靈州，秦漢時就是著名的「朔方」要塞。開秦渠、漢渠灌溉農田，土地肥美，農牧業發達。漢以後，西元 5 世紀初，大夏赫連勃勃在此建薄骨律城（果園城）。646 年，唐太宗赴靈州與少數民族

首領會盟,被眾首領尊為「天可汗」。756 年,唐太子李亨在靈州即皇帝位,是為唐肅宗。郭子儀亦以此為根據地,率朔方軍平定了「安史之亂」。1002 年,成吉思汗率大軍與西夏的「靈州之戰」,是他一生中最後一次戰役。

明洪武十七年(西元 1384 年),黃河水淹沒了靈州城。靈州城被迫向東北方向高地遷移,最後,明宣德三年(西元 1428 年)遷到現在的靈武城。

呂氏夫人墓誌銘出土有何重大意義

「一石驚天!」(寧夏考古學專家鍾侃語)2003 年 5 月 8 日,寧夏吳忠市古城綠地園工地施工中,於一唐墓中出土了一方呂氏夫人墓誌。這是「一個重要的唐代考古發現」(鍾侃語)。這一考古發現是一件能夠改寫寧夏歷史的大事件,一時間在寧夏史學界和中國唐史研究界引起了強烈的反響。

墓誌為土黃色砂石質地,四周無飾紋。高 28 公分,寬 32 公分,厚 8 公分。銘文為正書體書寫,18 行,共 317 字,無界格。首題「大唐故東平郡呂氏夫人墓誌銘並序」。銘文全用四字句,音韻鏗鏘,文采華麗,具有較高的文學價值和書法研究價值。

這篇銘文的作者吳陟,當時代理回樂縣(今吳忠市)縣令,從七品官職。墓誌內容向我們提供了中唐晚期靈州一個官宦家庭的千年舊事,其時社會的哲學和倫理觀念,反映了中原文化對靈州地區浸潤已久,「漢風浩蕩」。這些都有補史的意義。而令專家學者最感振奮的是,墓誌序文中

的兩句話:「乙太和四年七月六日,終於靈周私第⋯⋯其年十月十四日,殯於回樂縣東原。」正是這段喪葬日期、家庭住址及埋葬地的文字,解開了一個千古之謎!專家們所說的「一石驚天!」正是指此。

回樂縣,即唐靈州州治所在。「太和」是唐文宗李昂的年號,太和五年(西元 830 年)距唐肅宗登基靈武(西元 756 年)74 年,距《元和郡縣圖志》成書(西元 813 年)僅 17 年。可以肯定地說,唐肅宗登基的靈武,就是李吉甫《元和郡縣圖志》中記述之靈州,也是呂氏夫人一家居住之地。其確切地址在大唐靈州呂氏夫人墓誌出土地 —— 今寧夏吳忠市古城灣。

古靈州在哪裡?多年來史學界對此眾說不一,爭論不休。朱元璋十六子慶王朱㮵,生活在寧夏前後 45 年,是道地的寧夏通。朱㮵親自撰寫的《宣德寧夏志》明確記載:「(靈州)故城⋯⋯今猶存其頹垣遺址,其西南角被河水衝激崩圮。洪武間,築城於城北十餘里。永樂間,已被河水沖圮。今之新城⋯⋯西去故城五餘里。」自此,明、清、民國的眾多志書、注釋和文章均據朱㮵記載之方位,明確指出古靈州在「今靈武西南」。辭書,均沿襲舊說,指出古靈州「治所在今寧夏靈武市西南」。

距呂氏夫人墓誌銘發現僅 20 天,媒體於 2003 年 5 月 28 日,發表文章報導〈唐代古靈州確定在寧夏吳忠市〉。

「絲綢之路」在寧夏的著名文化遺存有哪些

寧夏固原須彌山石窟和中寧石空寺,是在絲綢之路暢通、中西文化融會這一深刻的歷史大背景下開鑿修建的。它們是絲綢之路上最著名的文化遺存。

歷史軌跡：探尋寧夏的曾經

◆ 須彌山石窟

　　須彌山石窟為中國十大石窟之一，座落在固原市原州區西北。石窟地處絲綢之路必經關隘——石門關北側，是透過這裡的絲綢之路孕育了它。石窟初創於十六國時的後秦和北魏，興盛於唐代，是中國開鑿最早的石窟之一。現尚存有歷代石窟 132 個，其中 70 個洞窟有雕鑿的佛像，較完整的石窟有 20 多個。第五窟的唐釋迦牟尼大佛坐像最為著名。大佛儀態端莊安詳，頭部螺髻，雙耳垂肩，濃眉大眼，嘴角含笑，表情溫和。在造型藝術表現上，大佛是當時審美時尚的表現。大佛高 20.6 公尺，佛像占整座山頭上半部分，一隻耳朵就有兩人高。大佛造型比山西雲岡第 19 窟大坐佛高 7 公尺多，比河南龍門奉先寺盧舍那大佛也要高，是中國最大型石窟造像之一。

◆ 中寧石空寺

　　唐時，在今中寧市石空鄉開鑿了石空寺石窟。石空寺又名大佛寺，原來共有石窟 13 孔。關於石窟始鑿年代，一直有爭論。《中衛縣志》記載為西夏李元昊建。但《甘肅新通志》從石窟形制、造像特點、壁畫風格，認為當為唐代修建，而西夏、元代均盛行佛教，又重修洞窟和增補塑像。萬佛寺是石空寺最大的洞窟，俗稱「九間無梁殿」，寬 12.5 公尺，深 7.3 公尺，殿內大部分佛像雖已頭顱不存，但塑像精美的身段造型和衣飾紋理仍具觀賞價值。石空寺被北面的騰格里沙漠掩埋，在世間無聲無息消失了百年之久。1980 年，寧夏考古隊對古寺開始挖掘和清理，挖出的黃沙，堆成了座座小山丘，終於使石空寺重見天日。

唐初「河曲六州」是怎麼回事

隋唐時，王朝政治軍事強大，周邊一些少數民族紛紛歸附。唐初，突厥人經過與漢民族反覆較量後，也終於選擇了歸附之路。突厥頡利可汗率十萬餘人歸降，唐太宗採納溫彥博建議，將其安置在幽州至靈州一帶。《貞觀政要》載：「全其部落，得為捍蔽，又不離其土俗，因而撫之，一則實空虛之地，二則示無猜之心。」唐高宗時，突厥仍陸續歸附，均安置於「河曲六州」（河曲，黃河轉彎處）。地處銀川平原水土最豐美的靈州，即「河曲六州」之一。不同民族和諧相處雜居寧夏的局面相承而勝於前朝。唐天寶元年（西元 742 年），寧夏人口有 2 萬餘戶，10 萬多人。中唐晚時，又擴大為「河曲九州」安置少數民族。

為什麼說多民族性構成了寧夏歷史的一大特點

寧夏地處中國西北邊陲，是中國不同民族相處的地域。4,000 多年來，多民族性構成了寧夏歷史的鮮明特點。歷代生活在寧夏的主要民族：黃帝時代 —— 黃帝族；商、西周、春秋戰國 —— 西戎；秦漢 —— 漢、羌、匈奴；南北朝 —— 漢、匈奴、鮮卑、羌、氐、羯、柔然；隋唐 —— 漢、突厥、回紇、吐蕃、鐵勒、党項、吐谷渾；五代兩宋 —— 漢、党項、吐蕃、契丹、韃靼、女真；元明 —— 漢、回、蒙古（韃靼、瓦剌）；清 —— 漢、回、滿、蒙古。

我們可以充滿自豪地說，寧夏的歷史是一部由多民族共同奮鬥的歷史，寧夏的開發是不同民族長期努力的結果。

歷史軌跡：探尋寧夏的曾經

李賢墓考古發掘有何重大發現

　　北周李賢墓出土的玻璃碗1983年9月，在固原南郊發掘了北周李賢夫婦合葬墓。墓壁畫人物姿態生動，技法獨具特色，展現了北周繪畫風采。200多件隨葬的陶俑中，有胡人俑，最能代表時代特徵。出土文物還有玻璃碗、金戒指和鎦金銀壺三件波斯珍品。玻璃碗質地透明，呈碧玉色，碗外飾兩圈突起圓圈。這是中國已發現玻璃碗古文物中最完整的一件，專家鑑定屬伊朗北部吉蘭地區製造。金戒指上鑲一青金石，北周李賢墓出土的波斯鎦金銀壺石上微雕一跳花繩人像，是一件非常珍貴的西亞輸入品。鎦金銀壺高37公分，鴨嘴流，細長頸，鼓腹，高圈足座，單把。壺身腹部是錘打突起的三組六人男女圖案，表現英俊戰士受到女子愛慕的情景。壺把兩端鑄有羊頭，與壺身連線，把上方雕鑄一深目高鼻人頭像。銀壺是典型的波斯薩珊王朝時的手工藝製品。類似器物國外也曾有發現，但中國迄今沒有發現過這樣精美的銀壺。

　　這一考古發現引起了中國學術界的關注，有著十分重大的意義。三件珍貴文物是當時中國與西域、中亞各國友好往來的極好物證，說明了地處絲綢之路通道上的寧夏，在中西交通史上的重要作用。

唐詩在寧夏留下了怎樣的一頁

　　唐代文學是中國古代文學史上登峰造極的鼎盛時期，其中詩歌代表著唐代文學成就的最高峰，在寧夏歷史上也留下了唐詩輝煌的一頁。

　　唐代不少著名詩人或因仕宦或為家居或為某一事件，寫下了許多描述吟唱寧夏的詩篇。其中以送朋友赴寧夏的詩最為感人。杜甫〈送靈州

李判官〉：「犬戎腥四海，回首一茫茫。血戰乾坤赤，氛迷日月黃。將軍專策略，幕府盛材良。近賀中興主，神兵動朔方。」抒發了安史之亂後百姓遭受的苦難，盼望朔方王師揮兵南下掃除陰霾。賈島〈送鄒明府遊靈武〉：「曾宰西畿縣，三年馬不肥。債多憑劍與，官滿載書歸。」描寫了一個清官債臺高築，無可奈何遊走靈武的心情。無可〈送靈州李侍御〉則描寫了當時塞北寧夏的民俗風情：「靈州天一涯，幕客似還家。地得江南壤，程分磧裡沙。禁鹽調上味，麥穗結秋花。前席因籌劃，清吟塞日斜。」此外王維〈使至塞上〉：「單車欲問邊，屬國過居延。徵蓬出漢塞，歸雁入胡天。大漠孤煙直，長河落日圓。蕭關逢侯騎，都護在燕然。」千百年來膾炙人口，為人推崇。曹雪芹在《紅樓夢》裡藉香菱之口激賞過這首詩的藝術造詣。中唐李益曾赴靈州前線戍邊，他的〈夜上受降城聞笛〉一詩，為千古名篇，明人胡立麟在《詩藪》中譽之為「中唐絕句之冠」。

此外，高適、岑參、王昌齡、張九齡、盧綸、張籍、陶翰、韋蟾……這些鼎鼎大名的詩人都拈筆書寫了關於寧夏的詩篇。著名詩人白居易的敘事詩〈城鹽州〉，對大曆年間修築鹽州城後，吐蕃人恐慌，邊關人民安居樂業作了細緻入微的描寫。這首詩有著正史不可取代的價值。

蕭關為什麼曾為眾多唐代詩人歌吟

蕭關是絲綢之路上一個重要關隘，位於原州通往靈州的道上。古蕭關始建於漢代，唐初置蕭關縣。由於時光推移年代渺遠，關址早已無跡可尋，大體在今固原市東南百里處。

「蕭關道」，在唐代非常著名。陶翰「驅馬擊長劍，行役至蕭關」；王

昌齡「蟬鳴空桑林，八月蕭關道」；岑參「涼秋八月蕭關道，北風吹斷天山草」；皇甫冉「金貂寵漢將，玉節度蕭關」；盧綸「今年部曲盡，白首過蕭關」；賈島「蕭關分磧路，嘶馬背寒鴻」；李昌符「漸覺風沙暗，蕭關欲到時」；顧非熊「賀蘭山便是戎疆，此去蕭關路幾荒」……這樣的詩句，膾炙人口，不勝列舉。

而唐詩與蕭關最有名的詩句，就是王維五律〈使至塞上〉後二聯：「大漠孤煙直，長河落日圓。蕭關逢侯騎，都護在燕然。」唐開元二十五年（西元737年）秋，王維奉玄宗旨到河西節度使治所涼州（今武威），宣慰對吐蕃入侵打了勝仗的崔希逸部。王維從長安出發，沿絲綢之路西行，經邠州、平涼、固原、六盤山、蘭州而到武威，故必途經蕭關。而「大漠」、「長河」（「長河」特指黃河）之景象共繪於一個畫面中，這一獨特風景的條件，也僅有蕭關之北不遠處的騰格里沙漠南部邊緣，黃河流經的靈州一帶才會具有。兩句於寫景畫圖之中描繪行經之地。王國維稱這兩句為「千古壯觀」之名句。

唐初，吐蕃占領了河西走廊，「絲綢之路」南道被阻斷，於是經靈州往西域成了主要通道。敦煌文書中五代時的《西天路竟》中道：「西天路竟一本。東京至靈州四千里地。靈州西行二十日至甘州（今張掖），是汗王。又西行五日至肅州。又西行一日至玉門關。」中唐，回紇與唐建立同盟，經靈州道從事馬絹貿易。晚唐，沙州張義潮起義歸唐，派使者繞過涼州直達天德軍—靈州，與《西天路竟》路線完全一致。而長安—靈州—玉門關這條北道「絲綢之路」通道繁忙，必經過「蕭關」，隨之蕭關「非常著名」起來，因此被途經此地的許多唐代詩人紛紛歌吟之。

寧夏的党項族從何而來

　　党項之名，始見於隋代。隋文帝時期，党項人已進入今甘、川之間的岷山地區。西夏文古詩〈夏聖根讚歌〉唱道：「黑頭石城漠水畔，赤面父塚白高河，高彌藥國在彼方。」指的正是這一地區。党項部落以姓氏劃分，稱為党項八部，以拓跋為最強。

　　唐代，吐蕃民族崛起於青藏高原，党項部落受其侵擾被迫內遷。唐王朝安置他們於今甘肅慶陽一帶。後又為吐蕃強勢所迫，一部分遷往夏州（今陝西橫山縣）。人們將甘隴党項部落稱為東山部，把陝北地區的稱為平夏部。元昊所屬的拓跋氏是平夏部中的一支望族。由於鎮壓黃巢農民起義有功，酋長拓跋思恭於西元883年被唐僖宗授為太子太傅，封夏國公，賜姓李。其後嗣在五代天下大亂中，不斷擴充勢力，形成了以夏州為中心的軍事割據勢力。

　　宋初，宋太宗想趁党項上層貴族不和，削弱其勢力，激起青年首領李繼遷的強烈不滿。1002年，李繼遷率部攻打宋朝塞上軍事經濟重鎮靈州城。宋廷急調6萬大軍馳援，援兵未到靈州已失。李繼遷改靈州為西平府。靈州位於夏州西側，倚負賀蘭山，帶引黃河，地位重要，成為漢、回紇、吐蕃、党項各族勢力爭奪之焦點。攻占靈州，對日後西夏建國具有奠基的作用。

元昊稱帝為什麼要定都興慶府

　　西元1038年，宋仁宗接一表章，是元昊請求封疆裂土建邦立國的上書。文辭委婉，語言謙和，所示態度卻極強硬。對此，仁宗大為惱怒，

下詔削奪元昊官爵，撤銷所賜皇姓——趙姓，停止邊貿，並懸賞重金和高官，捕殺元昊。但這一切絲毫沒有改變元昊稱雄建國之決心。是年十月，元昊在興慶府築壇受冊，登基皇位，國號大夏，史稱西夏。

西夏前身的夏州政權的政治中心，先在夏州，後遷靈州，最後定都興慶府（後又改為中興府）。1020年，李德明（李繼遷子、元昊父）將都城從靈州遷至懷遠鎮，改名興州。1033年，元昊升興州為府，又改名興慶府。1038年，元昊在此稱帝。

選擇興慶府作為國都的原因有四：

- 從軍事地理形勢看，遠離了宋王朝和遼國軍事威脅。而其西北邊陲地域遼闊，水草豐美，畜牧孳息，地饒五穀，宋遼勢力鞭長莫及。都城西遷，為生存大計所定。
- 從交通地理位置看，銀川平原「北控河朔，南引慶梁，據諸路上游，扼西陲要害」。興慶府實處當時西北地方的交通要衝。
- 從經濟環境看，興慶府地區農牧業較發達，引黃灌溉年種年收，保證了軍需民食。
- 懷遠鎮早在後漢有了居民，宋時已是著名的「河外五鎮」中的首鎮。其城市原有之基礎規模，也是一個重要因素。

西夏疆域有多大

西夏政權最強盛時，疆土擴至100餘萬平方公里，是今寧夏總面積（6.64萬平方公里）的16倍多。清代吳廣成《西夏書事》道：「東盡黃河，

西界玉門，南接蕭關，北控大漠，地方萬餘里，倚賀蘭山為固。」寥寥數語生動地描繪出了西夏建國時的疆域圖。後來學者多沿用其說。西夏疆域包括今寧夏全境及內蒙古、甘肅、陝西、青海等部分地區，完全控制了河西走廊，占據了絲綢之路。

西夏政權從元昊西元 1038 年建國到西元 1227 年滅亡，若連同元昊祖父李繼遷和父親李德明，則共為十二世，凡 250 餘年。元昊所建西夏國，抗衡宋遼（金）200 年，三分天下，稱雄西陲，在中國歷史上占有重要的地位。

西夏是如何發展農牧業生產的

以銀川平原為中心建立的西夏國，其農業經濟（銀川平原、河西走廊、內蒙古河套地區）憑藉黃河灌溉之利，資其富強。元昊時，銀川平原上規模宏大的昊王渠，據說是把古時的艾山渠加以疏濬修復，擴大延長而成的。《元史·郭守敬》載：「西夏浚河五州，皆有古渠。其在中興州者，一名唐渠，長四百里；一名漢渠，長二百五十里。其餘四州，又有古渠十，長各二百里，支渠大小共六十八，計溉田九萬餘頃。」蘇聯克恰諾夫著《西夏史綱》中說，西夏法典中，載有灌溉制度，嚴格規定了使用水利設施和用水辦法。這些都對西夏農業產生十分重要的作用。在西夏與宋的拉鋸戰時，鳴沙（今寧夏中寧一帶）曾失，宋軍竟得「窖粟百萬」。

西夏地域遼闊，党項民族「善水草，宜畜牧」，因而牛馬羊駝皆盛，尤其養馬很有名，這就為西夏每有戰事可動用數萬騎兵提供了保障。

歷史軌跡：探尋寧夏的曾經

西夏統治者是怎樣篤信佛教的

　　西夏統治者篤信佛教，大建佛寺塔剎。元昊欽崇佛道，通曉佛經。史載元昊「陰鷙峻誅殺，然好厚圖學」。西夏建立後，尊佛教為國教，規定一年四個孟朔日為「聖節」，令官宦百姓屆時對佛膜拜，為西夏王朝誦經求福。西夏時期，「請贖大藏經」活動十分頻繁，有記載可考，僅向宋廷請經就先後有 6 次之多。每次都遣使獻馬，「請贖大藏經」。

　　西夏時期，寺廟塔剎的修建，無論數量還是規模都十分可觀。「近自畿甸，遠及荒要，山林溪谷，村落坊聚，佛宗遺址，隻椽片瓦，但彷彿有存者，無不必葺。」（《西夏簡史》）西元 1047 年，元昊在興慶府東，建造高數十丈的高臺寺及諸浮屠，以儲藏宋廷所賜《大藏經》。夏毅宗諒祚生母沒藏氏篤信佛教，曾出家為尼。諒祚即皇位後，於 1050 年，役兵數萬，在興慶府營建承天寺，歷時 5 年完工。

　　「雲鎖空山夏寺多」。在興慶府範圍內，以賀蘭山建寺最多，幾乎無山口不建寺。今聳立在賀蘭山下的賀蘭山拜寺口雙塔，即建於西夏時期。

西夏雕塑繪畫藝術取得了怎樣的成就

　　雕塑是西夏佛教藝術中一個很重要的內容，其中最突出的是彩塑。在敦煌莫高窟和安西榆林窟中，共儲存下 30 多尊。1963 年，在內蒙古額濟納旗黑水城附近一古廟遺址，出土了一批西夏彩塑，廟內西、北、南壁各有大型塑像五軀，其身材比例適度，造型優美，神態生動，衣冠

秀美，是西夏彩塑藝術的瑰寶。銀川西夏陵區出土的銅牛、石馬，體型龐大，粗獷樸質，神態自然，維妙維肖。西夏陵區出土的碑座人像，面部渾圓，眉粗眼突，兩乳下垂，臀部坐腳跟上，作負重狀。柯文輝〈西夏柱礎──西北石刻之王〉一文評曰：「這組柱礎可能是漢人或少數民族的大師所刻，比起西方早期『維倫多爾夫』的維納斯，生殖崇拜的意識已經得到淨化。」

西夏的繪畫藝術很高，尤以佛教繪畫最突出。榆林窟第二窟的「水月觀音」壁畫十分精美。其巧妙的構思，精湛的畫技，是宋元壁畫中不可多得的上品。第三窟有一幅反映生產生活情景的壁畫，學術價值很高。在敦煌莫高窟，西夏壁畫數量更多，類型最全，內容豐富，風格獨特。

西夏兵器製造遠近聞名的利器是什麼

西夏統治者極其重視兵器的製造和改進。元昊初立，設定了很多冶煉作坊，大規模研製兵器。所製「夏人劍」、「神臂弓」等都是名揚天下的利器。「夏人劍」當時享有「天下第一」美譽，受世人的高度重視。北宋大詩人蘇軾曾請晁補之作歌，讚道：「試人一縷立褫魄，戲客三招眾動容。」（據《宋史‧王倫傳》）連北宋皇帝欽宗趙桓的佩劍，也是「夏人劍」。「神臂弓」，實弩也。以山桑木為身，檀為鞘，鐵為槍膛，鋼為機，麻索繫紮，絲為弦，被時人公認為最犀利的射遠武器。沈括《夢溪筆談》中譽之「射三百步，能洞重札」。當時，興慶府所製良弓，常被宋廷購之，「每張數百千，時邊將有以十數獻童貫者」（莊綽《雞肋編》卷上）。此外，西夏將士所用鎧甲，係冷鍛而成，堅滑光瑩，勁弩不入。

歷史軌跡：探尋寧夏的曾經

西夏重要文物涼州「西夏碑」是如何被發現的

「西夏碑」全稱〈涼州重修護國寺感通塔碑〉，陳列於甘肅武威市西夏博物館。「西夏碑」是發現最早、最重要的西夏文物之一，1961 年被公布為中國重點文物保護單位。

「西夏碑」是清代乾嘉派學者張澍（西元 1777～1848 年）發現的。碑的發現很偶然。張澍發現碑後，留下了兩篇文字：〈書天祐民安碑後〉、〈偕同遊至清應寺觀西夏碑〉，記述了發現「西夏碑」的過程：「此碑在武威北隅清應寺中。有碑亭，前後磚砌，封閉已久。耆老亦不知為何碑，但言不可啟，啟則必有風暴之災。余於嘉慶甲子年（西元 1804 年）自貴州玉屏引疾歸家，暇與友人遊覽，囑和尚拆其封，不可，強之，亦不可。乃言若有禍祟我輩當之，與住持無預，乃允。遂呼庸人數輩，啟其前甍瓴而碑見，高一丈許，塵土積寸餘，帚之。乍視，字皆可識。字體方正，與今楷書無異。額篆書『天祐民安之碑』六字。余曰：碑後必有釋文，仍令拆其後面，拂拭之，乃釋文也⋯⋯此碑自余發之，（夏字）乃始見天穰，金石家又增一種奇書矣！」這一故事，成為西夏研究中的一段佳話，更道明了它在認識西夏文字上的重大價值。

西夏學作為一種國際上新型學科，是從辨識和譯釋西夏文字開始的。張澍之前，自元以來是無人知曉西夏文字是什麼模樣的。此前，北京居庸關雲臺六體刻石《陀羅尼經》，其中一體是西夏文。但直至西元 1870 年，無人可識，有人竟說是「女真小字」。1898 年，法國漢學家德維利亞（Gabriel Devéria）獲悉「西夏碑」被發現，取得碑文拓本後，撰寫〈論西夏天祐民安五年涼州大雲寺感應塔碑銘〉一文，聲稱已考定居庸

關不識字為「西夏國書」。這篇論文在學術界影響很大，在此後的近百年中，中外學者都將「考定」西夏文字功勞歸於德維利亞，而無視百年之前張澍的發現。如今，中國學術界才有人把這一「錯案」糾正過來。

「西夏碑」碑身高大，氣勢宏偉，高 250 公分、寬 90 公分、厚 30 公分。立於西元 1095 年。兩面刻文，碑陽為西夏文，碑陰為漢文，每面 1,800 字，是西夏崇宗修飾寶塔和廟宇的記功碑。這篇敘述感應塔歷史及興修寺塔的文字，也是研究西夏社會經濟、物質生產、官制民風、民族宗教、文化藝術的寶貴數據。

西夏活字印本出土具有怎樣的意義

1990 年 11 月末，寧夏賀蘭縣（今屬銀川市）賀蘭山拜寺溝方塔被不法分子炸毀。考古學家在考察發掘清理中，發現了以佛經為主的一大批西夏文物。其中，西夏佛經《吉祥遍至口和本續》是活字印本，有 9 冊（7 冊完好 2 冊殘損）。經參加這次考察挖掘的考古學者牛達生反覆論證研究，確認這部佛經是中國也是世界上最早的活字印刷品，從而糾正了長期以來人們認為木活字為元代王楨發明的說法。將木活字發明和使用的時間從元代提前到了宋代。

當然，西夏雕版、活字印刷，都是在北宋影響下發展起來的。與西夏同時代的遼、金，因地處中原，印刷業也較發達。但迄今為止未發現宋朝時漢文、契丹文、女真文活字印本，於是寧夏出土的西夏活字印本西夏文佛經，不僅有著重要的文物、文獻價值，而且是當前研究中國早期活字印刷技藝的唯一可依據之實物。

西夏王朝是怎樣覆滅的

蒙古各族和女真族建立的金國素有積怨，仇殺不斷，有不共戴天的仇恨。西夏立國近200年中，自元德五年（西元1124年）遣使向金稱臣，與金維持了近百年的宗主友好關係。為此，成吉思汗決心報復和征服仇敵金國，必先除去臣服金國的同盟軍西夏。在成吉思汗統治蒙古的22年中，曾先後6次發兵征伐西夏，最後終於平滅了西夏。

西夏天慶十年（西元1205年）三月，成吉思汗率軍第一次侵入西夏，縱兵擄掠瓜、沙各州。四月，蒙古軍帶著大量牲畜人口返回漠北。這是一次擄掠性的戰爭。從而拉開了蒙古兵6次征討西夏戰爭的序幕。

西夏乾定四年（西元1226年），成吉思汗從西域返回，騰出手來決心徹底消滅西夏，開始了第六次征服西夏的戰爭。十一月，成吉思汗率軍攻打靈州，西夏末帝李睍遣嵬名令公統率50萬人來支援，兩軍激戰，夏軍屍體堆積如山。寶義二年（西元1227年）春，成吉思汗分兵二部，一部繼續攻打興慶府（西元1205年改為中興府），自己親率一部渡河，占領積石州，斷絕西夏後路。又進入金國境內，攻克臨洮府、西寧、德順等州，至秦州清水。七月，成吉思汗病亡。中興府已被圍困半年，糧盡援絕，末帝李睍率眾臣獻城投降，被蒙古軍執殺。蒙古軍按成吉思汗生前「滅絕西夏人之父母，以至子子孫孫」的遺囑，殺俘屠城，焚毀城池。至此，西夏王朝被成吉思汗所滅。

西夏滅亡後原來的党項族去了哪裡

西夏滅亡後，作為西夏主體民族的党項族或遷徙或從軍，散居於大江南北，逐漸融入漢民族之中。

據李範文先生（寧夏社科院名譽院長、西夏學著名學者）考證，大致有以下幾種去向：

- 一投元：党項族上層一部分向元投降。有學者從元明典籍中全面蒐羅，發現元代西夏人物有姓名有官職或事蹟者，多達370多人。
- 二投金：據《金史·西夏傳》載，西夏降戶被安置在唐、鄧、申、裕等州，即今河南泌陽、南陽、信陽、方城等地。據調查，僅今在河南濮陽的西夏遺民後裔約有3,500人。
- 三東遷：河北保定北韓莊出土了西夏文字「勝相幢」，建於明代弘治十五年（西元1502年），兩幢所記西夏人名近百個，其中有不少党項人姓氏。
- 四南徙：西夏亡，一部分不甘心投降的党項族居民經甘南、松潘南下，到達今四川康定木雅地區，如今這一帶仍保留西夏時的許多遺跡和古俗。
- 五留居：相當一部分党項人仍留居西夏故土。元大德六年（西元1302年），即西夏亡後15年，元成宗於杭州大萬壽寺雕刊西夏文大藏經3,600餘卷，「施寧夏、永昌等路」。永昌即今甘肅武威市。可見這裡西夏遺民仍不少。

歷史軌跡：探尋寧夏的曾經

寧夏為什麼會成為元朝移民屯田的主要地區之一

　　寧夏北部黃河引水灌溉地區，有著優越的地理條件。西元1227年，蒙古軍侵占西夏時，「民至穿鑿土石避之，免者百無一二，白骨蔽野，數千里幾成赤地」（《西夏書事》卷二），在短時期人口急遽下降。寧夏南部地區，由於長期夏宋、夏金戰爭，人口也在下降。土瘠野曠，田地荒蕪。忽必烈在位時期（西元1261～1294年），曾下令遷來大批回回軍隊在此屯田墾荒。原西夏國相斡道衝的孫子朵兒赤，曾向世祖忽必烈上書建議，在寧夏屯墾，並毛遂自薦擔任南軍總管，負責這一地區的屯田事宜。忽必烈答應了他的請求。朵兒赤任職後，將南軍中身強力壯的人挑出來進行屯田。幾年之後，收成大增。忽必烈在位時，多次把湖北等地居民和俘虜的南宋軍人遷往中興（銀川）、開城（固原）一帶屯田。史料記載，前後被遷者多達萬餘戶，所置屯田，遍及寧夏南北各地。當時，寧夏地區僅政府各類屯田便有約3.6萬公頃。《元史》中多處留下了在寧夏民屯、軍屯的記載。

安西王開城建府對促進這一地區發展發揮什麼作用

　　元世祖忽必烈登基後，平息了渾都海、阿里不哥叛亂。他認識到地處西陲軍事要衝六盤山的重要，至元九年（西元1272年）冬十月，忽必烈封三子忙哥剌為安西王，出鎮長安，賜京兆為封地，駐兵六盤山。次年，又加封忙哥剌為秦王，於開城（今寧夏固原市南）建府。「其府在長

安者為安西，在六盤山者為開城，皆聽為官邸。」(《宋史·諸王表》)開城也是安西王夏日避暑之地。

開城建府後，大大地促進了這一地區生產開發和人口增加。至元十五年（西元1278年），在開城置屯田總管府，將廣安縣（今寧夏彭陽縣古城鄉）升為廣安州，隸屬開城路。官府募民來居，發展屯田，人口增加很快。至元十七年（西元1280年），忙哥剌卒，其子阿難答襲封。

安西王阿難答為什麼會皈依伊斯蘭教

安西王阿難答皈依伊斯蘭教，對當時伊斯蘭教在寧夏等地的傳播產生了重要的影響。據拉施特《史集》記載，因為阿難答父親忙哥剌的子女長不大，所以阿難答被託付給了一個名為蔑黑帖兒·哈散·阿黑塔赤的突厥斯坦伊斯蘭教徒，讓這個人撫養。這人妻子名祖來哈，把他撫養長大，因此木速蠻（伊斯蘭教徒）的信仰在他的心中已鞏固起來，不可動搖。他背誦《可蘭經》，並用大食文書寫得很好。他經常把時間消磨於履行戒律和祈禱上，同時，他還使依附於他的15萬蒙古軍隊的大部分皈依了伊斯蘭教。拉施特接著還記載：阿難答繼承其父所管轄的唐兀惕（西夏），「乃一幅員廣闊的大國，在該國中有二十四座大城，該處居民大多數為木速蠻」。這說明那時陝甘寧一帶已經有了不少伊斯蘭教徒定居，才有將其子交於伊斯蘭教徒撫養的事發生。

作為元世祖孫子的阿難答皈依伊斯蘭教，被信奉佛教的蒙古貴族視為大逆不道。貴族撒兒塔里黑向成宗鐵穆耳告發了阿難答的行為，成宗十分生氣，派人去規勸和阻止，逼迫他改信佛教。阿難答斷然拒絕。他說：「偶像是人造的，我為什麼要向他下拜？」成宗害怕阿難答逼急了會

擁兵叛亂，只得寬容地表示：「阿難答在伊斯蘭教的信仰方面成了合贊汗的追隨者，讓他如其心願吧，我仔細想過了，（並已看出）伊斯蘭教是好的道路和信仰。」於是，阿難答再一次統轄了唐兀惕的軍隊和地區，伊斯蘭教也取得了合法的地位，連曾經檢舉過他的貴族撒兒塔里黑，也信奉了伊斯蘭教。阿難答在營地修建了清真寺，軍營裡早晚一片唸誦《可蘭經》的聲音。

李自成起義波及寧夏了嗎

明末李自成領導的農民起義軍多次進占寧夏南北各地，使這裡一度成為起義軍的後方基地。崇禎七年（西元 1634 年）閏八月二十五日，起義軍圍攻靜寧州，二十九日又攻陷（今寧夏）隆德縣城。十月再攻下化平（今涇源縣）後起義軍又從六盤山區北上，攻占了固原北邊的鎮戎所、海刺都、西安州等地（均在今寧夏海原縣）。崇禎九年（西元 1636 年）二月，明將洪承疇調二路人馬合擊之，大敗起義軍於乾鹽池（今屬寧夏海原縣）。

崇禎十六年（西元 1643 年）十一月十六日，起義軍發起對寧夏鎮（今銀川）的進攻。由於寧夏官兵死守城池，十多天中起義軍傷亡數千人，未能攻下。二十七日，榆林被起義軍攻克，寧夏城陷入孤立無援境地。最後寧夏總兵率全城官兵出城投降。

李自成打下寧夏城，消滅了三邊官兵後，奠定了以關中為中心的後方基地。第二年（西元 1644 年）正月，李自成在西安建立了大順政權。三月十八日，李自成攻破北京城，明朝滅亡。

清代寧夏出了哪些將才

銀川自昔以武竟，開國以來稱絕盛。

豹韜虎符各起家，煙閣雲臺多著姓。

這是清代寧夏詩人王宋雲的詩句。有清一代，寧夏將才濟濟。乾隆時的《寧夏府志》中寫道：「（寧夏）聖祖時以武節奮功名、秉旄鉞者，一郡常數十人。甲第連甍，金豹累葉……」整個清代，寧夏固原等地一直是朝廷的兵源基地。順治時寧夏巡撫黃圖安曾上奏疏道：「寧鎮兵馬屢經徵調，勇練之人、膘壯之馬和堅甲利器，俱經挑發湖廣、四川。」至康熙時「寧民豐已出征」（《寧夏府志》）。康熙第三次親征噶爾丹時，看到西北邊民強悍可用，「秦地俗尚素稱簡樸，邊防士卒尤屬精銳」，「若夫秦風健勇，自昔為然，其在朔方，尤勝他郡」。他曾特別讚揚了固原的將士。

在參加頻繁的戰事中，清代寧夏固原等地湧現了一大批軍事將領。這些將才中首推「清初第一良將」，官至雲貴總督的趙良棟。在平定三藩之亂八年戰爭，最終打下成都和昆明結束戰亂，趙良棟發揮重大作用。為此，康熙特宣詔進京，在不同時期十多次詔令中提到他稱讚之。

追隨趙良棟出征平叛中，湧現了一大批寧夏籍將領。他們散布全國，掌握重要兵權。他們有：四川提督馬際伯、湖廣提督俞益謨（廣武營人）、湖廣提督（加太子太保）馬寧（回族）、廣東順德總兵陸進兵、川北總兵羅大虎、襄陽總兵師帝賓、瓜州總兵馮德昌、河北總兵江琦（康熙稱譽為「天下第一總兵」）、貴州永鎮總兵吳坤（後加議政大臣）等等。趙良棟長子趙巨集燦和次子趙巨集燮，分別官至兵部尚書和直隸總督。

征討噶爾丹立功的有固原三將：孫繼宗、田峻和王能，後來他們分別任甘肅、廣西和安西三地總督。寧夏武進士馬見伯，隨徵噶爾丹後，

歷任太原、天津總兵，又因率軍平息阿拉布坦叛亂，以功升固原提督。又有千總趙宏印，因身材高大，狀貌驚人，被康熙從行伍中發現，選拔為「隨豹尾槍行走」，從徵噶爾丹，後任貴州總兵，雍正時死在烏魯木齊前線，進為光祿大夫。

清末固原縣人董福祥，歷授阿克蘇總兵、喀什喀爾提督、甘肅提督、加太子少保銜等職。

慈禧太后的引擎怎麼到了寧夏

寧夏現存最早的引擎，是供慈禧太后使用的一臺廢舊引擎。作為歷史文物，這臺引擎被收藏在鹽池縣博物館。慈禧的引擎怎麼會到了寧夏？這裡面還有一段趣聞。70 年前，銀川沒有電。市內主要街道上栽著木樁，每個木樁上掛個玻璃罩的油燈，這就是當年的路燈。1934 年，寧夏馬鴻逵派副官處長到北京購買引擎。事有湊巧，頤和園裡專供慈禧使用的引擎作為廢銅爛鐵，當時被賣到了天津碎鐵局。得此資訊，馬鴻逵迫不及待買下了這臺引擎，除為了省錢外，還包含著他對清宮遺物的眷愛之情。

經修復的廢舊引擎於 1935 年春運回銀川，寧夏電燈公司也應運而生。這是一家官商合辦的股份有限公司，馬鴻逵任董事長，到 1949 年前，歷任經理就有 5 位。工程技術人員是從北京請來的 13 人，加之招收工人、學徒，後來增至 36 人。這些人，就成為寧夏第一批工程技術人員和產業工人。

1935 年 10 月，電燈公司正式開業送電。當時主要是向馬鴻逵公館送電，以及供一些官僚、紳士、富商住宅用電。但由於這臺引擎過於陳

舊，邊修邊發電，有時乾脆就不轉了，不能保證正常送電。一次，馬鴻逵在戲院看戲，場內的幾個燈泡突然爆炸，嚇得馬鴻逵面如土色，派人把電燈公司經理押來，責打了一頓。馬鴻逵對慈禧用過的引擎極為珍視，但它畢竟是「風燭殘年」，無法保證他的公館正常用電。1936年以後，他又不斷購進新引擎組。電燈公司到1949年，全市用電戶為431戶，有1,673個15瓦電燈泡，其中馬公館的耗電量約占全部發電量一半，其費用多攤派於一般用電戶身上。

馬鴻逵泰山挖寶是怎麼一回事

在1930年代至1990年代初，寧夏乃至全中國曾有關於馬鴻逵泰山挖寶及寶物去向的傳聞。寶為何物？現在何處？一直成為一個歷史疑案。直到1990年代初，這已是逾半個多世紀的歷史事件的真相，才大白於天下。

1930年，閻錫山、馮玉祥聯合討伐蔣中正，時任十五路軍總指揮的馬鴻逵，奉蔣之命出兵山東，圍攻泰安城晉軍。連攻不克，傷亡慘重。後採用坑道戰，用炸藥炸開西門，幾經激戰，才占領了泰安。1931年春，馬在泰安城西南的蒿里山原神廟（森羅殿）的廢墟上，修建「討逆陣亡將士紀念碑」和「烈士祠」。在清理廢墟平整場地時，分別於兩處各挖出一個石匣和一個銅盆，內有玉牒、玉條、玉印等寶物。馬即下禁令：「密存勿宣！」從此，馬鴻逵絕密收藏。寶為何物？去向何在？鮮為人知。

兩年後，《北平晨報》以「泰山發現唐開元玉簡」為題，披露了此事。嗣後，《大公報》記者又專訪馬鴻逵，馬矢口否認。不久，天津一家報紙

宣稱：馬鴻逵以數百萬元將寶物賣給了美國人。說法不一，各有訛誤。1949年第二次國共內戰末，馬鴻逵全家移居臺灣，後又故於美國，國寶杳無音信，遂成疑案。

時至1990年7月，考古學家李繼生教授陪同臺灣一赴中國考察團遊覽泰山，與客人談道蒿里山挖掘寶物及寶物不知去向的事，當時考察團團員、臺灣故宮博物院研究員鄧淑萍女士終於解開了這一歷史疑案。她說：「國寶並未遺失，也沒有賣給美國人，現存臺灣故宮博物院。」鄧女士回臺後，將相關資料與實物照片寄給了李教授。

資料中記載：唐玄宗與宋真宗禪地只的兩份玉冊，乃分別以不同的玉匱封存，一上一下封埋於杜首山（即蒿里山），直到825年後始於偶然的情況，重見天日……兩份玉冊當時為負責清理工作的馬鴻逵將軍儲存。1950年，馬將軍赴美就醫，將之存入洛杉磯某銀行保險櫃中。1971年，馬夫人（即四姨太劉慕俠）遵馬將軍臨終之命，將此國寶護送回臺，現今由臺北故宮博物院保管陳列。

發掘之封禪玉冊，實屬稀世國寶，非一般文物可比擬。兩份玉冊，分別為唐玉冊和宋玉冊。唐玉冊為粉白色大理石，共15簡，每簡長29.2～29.8公分、寬3公分、厚1公分，上下端各橫穿一孔，金縷串聯，摺疊成3排放入銅質「金匱」內。每簡上刻隸書一行9字，只有玄宗署名「隆基」，為楷書。玉冊在金匱中，外層是鑲嵌的白玉匱，雕琢精細，四周由6塊方塊玉組成，浮雕蟠龍文。宋玉冊為白玉，共16簡，每簡長29.5～29.8公分、寬2.08公分、厚0.7公分，簡的上下橫穿一孔，連以金繩。摺疊4排，每簡上刻正書一行16字。

泰山封禪玉冊疑案真相大白，聞之者皆大歡喜。

武昌起義在寧夏掀起了怎樣的革命風暴

辛亥武昌起義，推翻了清朝反動統治。1911年1月，陝西革命黨光復西安，推動了寧夏革命形勢的發展。早在這年的6月，同盟會「寧夏革命同盟支部」成立。為爭取當時有較大勢力的寧夏哥老會參加起義，支部負責人劉先智、呂錫有加入哥老會並被推為首領。

11月14日晚，鑑於當時新、甘、內蒙古的反動勢力派重兵，從三路撲向陝西，妄圖撲滅西北革命烈火。在「陝西岌岌可危」的嚴峻時刻，寧夏革命黨人「箝制西軍兵力，切斷僅有之交通通道」，在寧夏府（今銀川市）召集緊急會議，決定各地軍兵同時發動起義。11月17日晚，靈州革命黨人領導1,000餘民眾攻占了守備衙門，奪取槍支，圍攻縣署，迅速占領了靈州，宣告起義成功。

11月19日晚10時，一聲炮響，起義軍分三路攻打寧夏府城。潛伏城內的革命黨首領和哥老會裡應外合攻下城池。經過一夜激烈的巷戰，起義軍占領府城各衙署和兵營，擊斃代理鎮臺賀明堂等百餘人。寧夏府城升起了「支那革命大元帥孫」的旗幟。緊接著平羅縣、寧朔縣光復，起義軍在幾天內就推翻了清朝在寧夏的地方政權。11月23日，寧夏革命政府成立，頒布了《新政大綱》和《臨時政綱》。

由於革命黨人對府城西不遠的新城（今金鳳區）滿營多次攻打，均受挫折，戰鬥中革命黨人劉先智等數十人不幸犧牲。1912年元旦，甘肅清軍馬隊反撲寧夏府城，新城滿營清兵趁機出動。起義軍與清軍大戰三天，由於叛徒出賣，寧夏府城陷落，一批革命黨首領和各族起義民眾慘遭殺害。寧夏辛亥革命風暴永載史冊。

歷史軌跡：探尋寧夏的曾經

為什麼說海原大地震是世界最大的地震之一

寧夏是中國地震多發區之一，是著名的地震「世家」。寧夏地震資料早在西元143年就開始了地震的歷史記載。876～1978年之間，寧夏共發生強震53次，8級以上地震2次。

1920年12月16日20時40分發生的海原大地震，死亡23.4萬多人，倒塌房屋窯洞50餘萬間，西（吉）、海（原）、固（原）死亡13.8萬餘人，幾近人口的一半。這次地震的震央位於海原縣乾鹽池附近。極震區東自固原，經西吉、海原，西至甘肅省靖遠、景泰，面積達2萬餘平方公里，有感半徑1.6萬公里。震源深度36公里。

地震時山崩地裂，河流壅塞，交通阻斷，房屋倒塌，人畜死亡，景象萬分慘烈。由於地震釋放的能量大，強烈的震動持續了十幾分鐘，為世界同級特大地震所罕見。據記載，全球96個地震臺都記錄到了這次地震。震時北京「電燈搖動，令人頭暈目眩」，汕頭「客輪蕩動」，越南海防觀象臺上也「時鐘停擺」。震後，蘭州市白塔山廟碑上用「環球大震」四字形容之，可謂極為恰當、形象。

這次地震對震區人民生命財產造成了極大的損失，加之當時軍閥政府未能採取及時有力的救災措施，致使災情人為擴大。時值寒冬，災民無衣無食，無房住，忍飢受凍，流離失所，慘不忍睹。

海原大地震是中國有史以來的三次規模8.5地震之一，也是世界上最大的地震之一。在中國，將地震作為一門科學來研究，可以說是從海原地震開始的。震後的70多年間，各國科學家和考察隊，對震區進行了長期的考察和訪問，取得了世界先進水準的科學研究成果。海原大地震，在整個地震史上占有重要地位。

寧夏正式建省在何時

1928年秋，北伐成功，蔣中正出任國民政府主席，定都南京。馮玉祥自恃有功，為擴大勢力，透過國民政府擔任要職的馮系人物，提出了甘肅省分治案，以寧夏、青海距離甘肅省省城太遠，交通不便，不易發展為由，提出新設寧夏、青海兩行省提案。

1928年10月17日，國民黨中央政治會議決定將寧夏道舊屬之8縣和寧夏護軍使轄地2旗合併建立寧夏省。10月19日，國民政府命令列文公布設定寧夏省。新的寧夏省共領導9縣2旗，即寧夏縣、寧朔縣、平羅縣、中衛縣、靈武縣、金積縣、鹽池縣、鎮戎縣、磴口縣和阿拉善額魯特旗、額濟納舊土爾扈特旗。全省總面積共計27.491萬平方公里，總人口約70萬。而「額濟納、阿拉善兩旗，雖在省之範圍內，但一切管理行政之權，省府仍不得過問」(傅作霖《寧夏省考察記》)。所以，寧夏省的實際管轄範圍，僅為賀蘭山以東9縣，其面積為2.945萬平方公里(約占全省總面積的10%)。

1929年1月1日，寧夏正式建省，首任省政府委員宣誓就職。寧夏第一任省主席是馮玉祥國民軍第七軍軍長門致中。

「銀川」一詞是怎麼來的

1944年3月，寧夏省政府成立了「省城市政籌備處」，著手將省會(寧夏縣)改稱銀川市的準備工作。1945年1月，寧夏頒布文令正式改稱銀川市。

| 歷史軌跡：探尋寧夏的曾經

　　「銀川」，本是陝北米脂縣的古地名。《新唐書·地理志》：「銀州銀川郡……貞觀二年（西元 628 年）析綏州儒林、真鄉置。」陝北的古銀川，在今米脂縣西 40 公里的地方，因這裡有條河叫圁（音銀）水而得名。

　　在明清一些詩文中，開始有以「銀川」一詞讚美寧夏引黃灌區水田如鏡管道似網。水鄉景色，銀光閃閃。如，明萬曆年劉敏寬：「府憑駝嶺臨河套，遙帶銀川挹賀蘭。」清康熙年解震泰：「連山似奔浪，黃河一頻寬。城郭渺如舫，銀川亦寥廓。」清雍正時，始有人將「銀川」作為地名，如通智〈惠農渠碑〉文中：「黃河發源於崑崙，歷積石，經銀川，由石嘴而北。」乾隆十八年（西元 1753 年）寧夏知府創辦「銀川書院」，乾隆二十年（西元 1755 年）汪繹辰編寫了《銀川小志》。這是今寧夏銀川市之名的起源之一。據說，1944 年馬鴻逵主政寧夏時，有人建議用其父馬福祥之字「雲亭」，未採用。為了把寧夏縣改市，曾擬出「朔方」、「懷遠」、「銀川」作為市名，上報國民政府，最後選定為「銀川」。

寧夏風光：名勝古蹟的輝煌

寧夏風光：名勝古蹟的輝煌

銀川是否有個「小天安門」

　　南門樓座落於銀川興慶區南薰路與中山南街交叉處，門樓坐北朝南，前面有開闊的廣場和大型電視螢幕，是銀川市舉行重大慶典集會的場所，廣場下面是大型地下購物中心，北面有藝術畫廊環繞。

　　南門樓源於西夏國都興慶府的「南薰門」。南薰是南來香風，春光和煦，滋育萬物的意思。南薰門在北宋景德年間（西元1004～1007年）與興慶城門同時建造。西元11世紀初，党項族首領李德明出於與北宋對峙之需，認為懷遠（今銀川市）「西有賀蘭之固，西平為其屏障，形勢便利」，在今銀川市興慶區大興土木，營造宮室，修築城牆、城門等，並於1020年遷都於此，改稱興州。到李元昊時又稱為興慶府，1038年稱帝建大夏國。據此可知，南門樓始建年代，極有可能自西夏營建興慶府之始。

　　明洪武年間重修寧夏衛城，有「南曰南薰，上建南薰城」的記載。清乾隆三年（西元1739年），寧夏發生大地震，城府毀盡，城門也坍塌。清乾隆五年又重修，有「南樓秋色」一景之說。據《乾隆寧夏府志》記載〈南樓秋色〉詩曰：「相攜樽酒坐南薰，潦盡天高爽氣分。萬戶清砧敲落葉，千山徵雁度寒雲。豐登歲喜村煙接，蠟報時傳賽鼓聞。探騎蕭蕭烽火靜，防秋不復遠行軍。」清宣統三年（西元1911年），南薰門毀於戰火。民國初年再次修復。後中國政府將東西兩側的城牆拆除，唯有南薰門樓幸運地保留下來，開闢了寬敞的南門廣場。1979年，門樓兩側修築紫色的觀禮臺，與紫色樓基渾然一體，更將城樓襯托得壯麗恢弘。

　　南薰門通高27.5公尺，磚包臺基高7公尺，長88公尺，寬24.5公尺。臺基正中闢有一南北向的拱形門洞。臺基北面門洞兩側有對稱式的臺階，可登臨而上，憑高遠眺。在高大的臺座中央，建有重簷歇山頂二

層樓閣，高達 20.5 公尺。樓閣四面開窗，廊簷重彩，絢麗奪目。整座建築結構嚴謹，飛簷起翹，樸厚端莊，紅牆碧瓦，雄偉壯觀，形似天安門，因而當地老百姓又稱之為「小天安門」。

銀川玉皇閣為何沒有放置玉皇大帝像

銀川玉皇閣位於興慶區中心。始建年代不詳。從明代《弘治寧夏新志》府城圖上觀察，現在玉皇閣的位置屬明代府城鼓樓所在地。清乾隆年間毀於地震。後重修，內建玉帝銅像，稱其為玉皇閣。但玉皇閣修建之初並非是供奉玉皇大帝的道教聖地，而是一座報時的鐘鼓樓。它始建於元朝末年，為寧夏城的鐘鼓樓。明弘治十四年（西元 1502 年）編撰的《寧夏新志‧寧夏城全圖》記載，在慶王府北邊，城市東西主幹道東路北，現在玉皇閣的位置，有一標為「舊鼓樓」的建築符號，在「樓閣」條目中有「舊譙樓慶府後」的記載。明代《嘉靖寧夏新志》、《萬曆朔方新志》亦都有相同的內容。

鼓樓又稱譙樓，在中國古代城市中擔負著向全城報時的功能。《弘治寧夏新志‧新池》中說：「元末寇賊侵擾，人不安居，哈爾把臺參政以真難守，棄其西半，修築其東偏……正統間以生齒繁眾，復修築其西棄之半，即今所謂新城是也。」據此可知，哈爾把臺在城中間南北修了一道城牆，城市設施、居民全集中在東半城中，報時的鼓樓就在東半城中間，即現在的玉皇閣位置。到明朝正統年間，又把元朝末年廢棄的西半城恢復起來。恢復後的西城，當時人們稱為「新城」，舊城的西城門居全城中心，被改作「新譙樓」。元朝末年修築的鼓樓，就成了「舊鼓樓」。

玉皇閣是建在高大臺基上的樓閣式建築，通高 22 公尺，其占地面積

寧夏風光：名勝古蹟的輝煌

1,040平方公尺。臺基為方形，長36公尺，寬28公尺，高8公尺，全部由夯土築成，外包長條青磚，正中闢有南北向的拱形門洞。後面左側為階梯。臺座中央為高達14.1公尺的兩層重簷歇山頂大殿，殿寬5間，進深2間。底層向南接出捲棚殿5間，正中闢有玲瓏俏美的捲棚抱廈。大殿東西兩側是兩層重簷飛疊的亭式鐘鼓樓。四周圍以朱漆欄杆。登上頂層殿堂，可憑欄四望。整個建築左右對稱，結構嚴謹。

1926年11月，國民革命軍聯軍總政治部在寧夏創辦《中山日報》，並把玉皇閣作為其辦公地點。1949年後，寧夏政府對玉皇閣進行了多次維修。1963年2月，玉皇閣被自治區人民委員會公布為寧夏回族自治區文物保護單位。玉皇閣是銀川市僅存的古代木結構高層樓閣，臺閣上闢有120平方公尺的兩個大展廳，用以舉辦各種小型美術、書法和文物展覽，是寧夏文物保護、宣傳、研究工作的場所，也是銀川市開放的旅遊景點之一。2006年，銀川市政府又對其修葺，恢復原來青磚包砌的原貌，供遊人觀賞。

鐘鼓樓門洞洞額上題字有何寓意

清道光元年（西元1821年）由寧夏知府趙宜暄主持建造的銀川鐘鼓樓，與玉皇閣東西相望。四面門洞額上有趙宜暄手書的石刻題字。東曰「迎恩」，南曰「來薰」，西曰「挹爽」，北曰「拱極」。臺基東門兩側各有一券門，南券門額上題為「坤闔」，內為一耳室；北券門額上題為「乾闢」。臺基中心建有十字歇山頂重簷三層樓閣，每層樓閣四周有長廊相連。樓閣頂部裝飾有龍首，中間有連珠，呈二龍戲珠之勢。樓閣內有木梯可上二層樓，二層樓四面有雕欄環繞，整個建築造型俊俏，結構嚴謹，風格獨特。

東門洞額上題「迎恩」。屈原的《九歌》中有一篇「東君」，稱太陽為日神，太陽給予大地光明和溫暖，百姓承受恩澤，感恩戴德，理應頂禮迎迓，故曰「迎恩」。

南門洞額上題「來薰」。《史記》有句云：「南風之薰兮，可以解吾民之慍兮。」每當暖和溫潤的南風吹來，老百姓因乾旱而引動的怨懟也就消釋了，故曰「來薰」。

西門洞額上題「挹爽」。挹，酌，舀取。《詩經》有句：「挹，彼注此。」即取彼益此。本指水說，這裡卻指風而言。秋風從西方吹來，清快涼爽，百姓不再受炎暑之苦，故曰「挹爽」。

北門洞額上題「拱極」。拱，環繞；極，天之北，「天之樞」。魏晉詩人傅玄有句云：「眾星拱北極。」意為所有的星星都環繞著「北」斗柄的指向。百姓靠天吃飯，猶眾星環樞，故曰「拱極」。

東門洞兩側的旁門上有四個字：「乾闢」、「坤闔」。《易》曰：「闢戶謂之乾，闔戶謂之坤。」乾為陽、為天；坤為陰、為地。一開一合，就是登堂入室的「戶」了。

鐘鼓樓上題字引經據典，取意寄情，反映了本區域的某些自然特點和百姓的心意嚮往。

寧夏世紀鐘有何寓意

寧夏世紀廣場位於銀川市寧園東側，廣場四周花草樹木，清香宜人。中間是長34公尺，寬10公尺的「石漫溪流池」，該池從南向北有5°的傾斜坡度，裝有色調不同的水下燈，四周是用賀蘭石雕刻的模擬岩畫，水池中間的碑亭則掛置著一口重3.2噸的銅鐘——寧夏世紀鐘。盛

寧夏風光：名勝古蹟的輝煌

世鑄鐘，激勵今人，昭示後來。

寧夏世紀鐘鐘鈕為「蒲牢」造型。俗稱龍生九子，其三子曰「蒲牢」，因性好吼叫，故為鐘之鈕，喻示鐘聲洪亮。鐘鈕底長530公釐，喻為寧夏1999年總人口530萬；頂闊518公釐，喻為寧夏1999年總面積5.18萬平方公里；鐘鈕高349.9公釐，擴大千倍喻為1999年銀川市總面積3499平方公里；厚122.7公釐，擴大千倍，喻為1999年銀川市區總面積1,227平方公里；鐘鈕頂部有鐘太陽，直徑100公釐，喻為1999年銀川市人口100萬。

鐘身總高2,000公釐，喻為2000年；底部直徑1,552.7公釐，鐘身除以直徑其商為1.288，擴大千倍，喻為元代至元二十五年（西元1288年），是年甘肅中興路改寧夏府路，寧夏之名肇始於此。鐘身上節鑄蓮花瓣圖案，是為吉祥之物，祈禱國泰民安，風調雨順，五穀豐登。

鐘宮內鑄銀川城市現狀圖，以路網示之，輔以明代寧夏鎮城圖、清代寧夏府城圖、銀川名勝古蹟及現代建築，有銀川世紀滄桑、古城鉅變，喻示未來之意。中央鑄有寧夏世紀鐘銘文，言簡意賅，立意深遠。

下節為鐘裙。鐘裙上部飾有流雲圖案，其間布列二十八星座之井、鬼、尾、柳四宿。按寧夏歷代志書記載，是為寧夏疆域的象徵。下部鑄黃河之浪，喻為「天下黃河富寧夏」，其上配以鐘月亮，為擊鐘之處。

西部之光雕塑基部為什麼選用陶鬲

銀川光明廣場南側，有一主體雕塑──西部之光。雕塑基部用花崗岩砌成，呈古銅色，是黃土高原特色。這個巨大的如同三足鼎般的「巨無霸」源於新石器時代的一種炊煮容器──陶鬲，是河套古文化的

代表性文物之一。陶鬲出土於寧夏回族自治區南部的固原地區。鬲的形狀，上端為杯狀，底部是三根圓錐形的足。陶鬲表面凸凹不平和溝壑縱橫，彷彿是黃土高原上的峁、樑、壕、川、原，訴說著寧夏由古到今的滄桑。雕塑基座上方呈不規則近似橢圓形的不鏽鋼主體造型，代表九彎十八拐的黃河，抽象、靈動、曲折而又生生不息，蜿蜒奔騰，有黃河之水天上來的磅礡氣勢，又有平靜、安詳的輕輕流淌。雕塑頂端的球體造型象徵「塞上明珠」——銀川。

赫寶塔和海寶塔有何關聯

赫連勃勃（西元 407～427 年，十六國時）創立大夏國，他原是後秦姚興的部下。姚興於西元 384 年在西安做了皇帝，據載他執政 20 年中，「政治清明，經濟繁榮，儒學大興，佛教盛行」。滅後涼後，迫使天竺國高僧鳩摩羅什到西安會眾生，使佛徒有主，且規定公卿以下都要皈依於佛。民間十室而九也要供奉佛像，且大肆營建寺塔，譯佛經也達到高潮。故赫寶塔建於後秦，而赫連勃勃後來重修，是有可能的。

最早的文獻記載見於明朝弘治《寧夏新志》：「黑寶塔在城北三里，不知建立所由。」明朝寧夏銀川海寶塔萬曆《朔方新志》記載，黑寶塔「赫連勃勃重修」。清康熙《重修海寶塔者》說：「唯赫連勃勃為重修，遂為赫寶塔者。」

故此塔又稱赫寶塔、黑寶塔。清末民初稱「海寶禪院」。因赫與海音相近，故稱海寶塔。

海寶塔坐西朝東，通高 53.9 公尺，塔身高 44 公尺，9 層 11 級樓閣式磚砌方塔。形體成「亞」字。明清時以「古塔凌霄」為寧夏八景之一。

> 寧夏風光：名勝古蹟的輝煌

整個寺院占地約 2 公頃，沿著寺院的中軸線自東向西建有山門、天王殿、大雄寶殿、臥佛殿。

相傳很久以前，這裡是一片湖泊，此塔就座落在一座湖島上。每逢陰曆七月十五，人們出銀川城，乘舟過湖，參加一年一度的廟會。

西塔有何傳說

承天寺塔又稱西塔，西塔還有一個有趣的傳說──相傳西塔的「西」原名「喜慶」的「喜」，是為了紀念一隻大喜蜘蛛而得名的。很久以前，這個地方有一條惡龍作怪，民不聊生，一隻大喜蜘蛛為了保護人民，化做一柄利箭與惡龍搏鬥，終於將惡龍除掉，這把利箭也變成了「喜塔」。因塔在城西，「喜」與「西」同音，故也稱「西塔」。

承天寺塔，是中國唯一有修建年代記載的西夏古塔，史載這個古塔始建於（西夏第二代皇帝毅宗諒祚）天祐垂聖元年（西元 1050 年），因位於承天寺院內而得名。

據史料記載，西夏皇帝李元昊被寧令哥刺殺後，剛滿週歲的幼子諒祚登上王位。太后沒藏氏為保幼主諒祚「聖壽無疆」，「延永」西夏江山，役兵數萬，歷時五六年，「大崇精舍，中立浮屠」，建造了寺院和佛塔，名曰「承天」，意即「承天顧命，冊制臨軒」之意。並將西域僧人進獻的佛骨，以金棺銀槨儲埋於塔基下。西夏福聖承道三年（西元 1055 年），又將宋朝所賜的《大藏經》置於寺內。承天寺院內殿宇分列古塔前後，由兩進院落組成。承天寺塔在前院，塔後由西邊磚雕花門進入後院，後院有韋陀殿和臥佛殿。當時寺內有高僧講經說法，寺內香火旺盛，僧人不絕，它與涼州（今甘肅武威）護國寺、甘州（今甘肅張掖）臥佛寺齊名。

西府井在哪裡

在承天寺塔的前方,有一口西府井,又名「太后井」。這口太后井已有近千年的歷史,民間流傳著這樣的故事:西夏皇帝李元昊是一位雄才大略的党項民族英雄,他不但愛江山更愛美人。元昊設計害死了重臣野利遇乞,並與其嬌妻沒藏氏私通。沒藏氏為求日後能當上皇后,就想方設法要懷上龍胎,並得到興慶府(今銀川)名醫折和君里大夫的 16 字密函(西夏文字):「西南一井,水清而甜,飲用百日,可懷龍胎。」沒藏氏依計而行,果然在兩岔河生下了太子寧令兩岔。後來,篤信佛教的沒藏太后,為感謝佛祖的賜福,於西夏天祐垂聖元年(西元 1050 年),在這口甜水井旁建了佛塔。如今,院內樹木枝繁葉茂,根深蒂固,就是緣於這口太后井的滋養。現在這口太后井經過數次清淤,井水清冽甘甜,爽口宜人,各項理化指標均符合飲用水標準,並含有豐富的礦物質和多種微量元素。

「土疙瘩」為何稱為金字塔

在賀蘭山腳下,方圓 50 公里的範圍內分布著錯落有致、星羅棋布的大大小小、高高低低似饅頭樣的土堆,這裡是埋藏著西夏歷代帝王的陵墓。當地百姓俗稱「昊王墳」,源於這樣的傳說:昊王死後,為了防止後人盜墓,斷了龍脈,便一年 365 天,天天埋人,讓後人不知道哪兒是真的,哪兒是假的墳墓。一年下來,賀蘭山東麓就出現了幾百座大的墓地,這些夯實的土堆經過特殊處理非常相似,歷經千年風吹雨打,依然聳立在賀蘭山腳下。

寧夏風光：名勝古蹟的輝煌

西夏陵園中高大宏偉的塔式陵臺，據專家推測是古代的圭表，是用來測量四季的「太陽曆」。西夏陵區的塔式陵臺是七級或五級八角密簷塔，高達20餘公尺，是陵園中的代表性建築，均為黃土夯實，青磚包砌，外塗紅泥，疊層出簷，覆有滴水瓦當。每個簷角都裝飾有套獸，闢邪驅魔，巍峨壯觀。滄海桑田，時過境遷，這些陵臺雖經戰火焚毀和風雨侵蝕，仍儲存較為完好，形似埃及的金字塔，被外國遊人稱之為「東方金字塔」。

「妙音鳥」是什麼

西夏考古發現神祕「鳥人」。2000年4月30日，考古隊員在對西夏王陵3號陵墓清理挖掘中，在陵園的東北角闕，發現了一尊造型完整的人面鳥身的「鳥人」。經中國社會科學院考古所專家蔣忠義認定，這「鳥人」是《阿彌陀佛經》中記載的迦陵頻伽，這是西夏考古的首次發現。

迦陵頻伽是梵語的音譯，漢語譯作「妙音鳥」，是喜馬拉雅山中的一種鳥，能發妙音，是佛教「極樂世界」之鳥，它們應是佛教建築上的裝飾物。

西夏國為何十帝九陵

北宋建立之初，宋朝曾封李彝興為太尉。後來，其子李光睿繼掌夏州政權。西元978年，其子李繼筠繼位。980年，李繼筠死，其弟李繼捧繼掌夏州政權，依附宋朝，宋軍派兵占領夏、銀、綏、宥等四州。

李繼捧族弟李繼遷反對附宋，聯繫党項其他部落，同時與野利等豪族通婚，建立反宋聯盟，逐步獲取了統攬四州的政權。1003 年，李繼遷將其統治中心由夏州遷到西平府（今寧夏靈州一帶），繼續興兵西進，攻占了吐蕃控制的西涼府（今甘肅武威）。後吐蕃反擊，李繼遷大敗，逃回後死於靈州，其子李德明繼位。1031 年李德明死，其子李元昊繼位，並積極做稱帝的準備工作，至 1038 年正式稱帝，建立大夏政權，史稱「西夏」。

　　從西元 1038 年西夏建國開始，至西元 1227 年 8 月 26 日被蒙古軍隊所滅，西夏共傳位 10 位皇帝。史籍載有太祖李繼遷裕陵、太宗李德明嘉陵（李繼遷、李德明二位為追諡帝王）、景宗李元昊泰陵（李元昊在位 11 年）、毅宗李諒祚安陵（李諒祚在位 19 年）、惠宗李秉常獻陵（李秉常在位 19 年）、崇宗李乾順顯陵（李乾順在位 54 年）、仁宗李仁孝壽陵（李仁孝在位 54 年）、桓宗李純祐莊陵（李純祐在位 13 年）、襄宗李安全康陵（李安全在位 6 年）。第七位皇帝襄宗李安全是仁宗李仁孝的姪子，其勾結純祐的母親羅氏，發動宮廷政變，廢黜純祐。這時，蒙古迅速崛起，加緊南下侵擾，在這種內外情形下，導致了西夏的衰落和滅亡。

　　夏皇建三年（西元 1211 年）七月，宗室齊王彥宗之子齊王遵頊（ㄒㄩ）發動政變，廢黜襄宗安全，自立為帝，是為神宗遵頊（在位 13 年）。光定十三年（西元 1223 年），在蒙古軍的威逼下，遵頊只好於十二月將皇位傳給次子德旺，是為獻宗德旺（在位 4 年）。乾定三年（西元 1226 年）五月，64 歲的遵頊病死。時隔兩月，德旺憂悸成疾，也發病而死，卒年 46 歲，廟號獻宗。德旺死後，獻宗的姪子睍（ㄒㄧㄢˋ）被擁立繼位（在位 2 年）。乾定四年（西元 1227 年），末主睍率眾臣投降蒙古。蒙古軍隊為了防止夏主生變，遂遵照成吉思汗的遺囑，將末主睍殺死。至此在歷史上存在 189 年的西夏國徹底滅亡。

由於國運衰敗，連年的戰爭和西夏國的滅亡，據專家推測，最後3位皇帝也無從談起修建陵墓，因而歷史上西夏有10位皇帝卻只有9座帝陵。

西夏文為何稱「天書」

西夏是以党項羌族為主體的封建王朝，早在西夏國建立之前，為了鞏固自己民族的語言，突出本民族的特點，依照漢字而製成西夏文字。由於蒙古人稱西夏為河西，因此又叫「河西字」。西夏文字是党項族在長期語言實踐的基礎上，接受漢文化的影響，有部首、有偏旁的一種典型的方塊字。難認、難寫、難記，80%屬於會意合成字，絕大多數是楷體，但也有篆體、行書、隸書及別體，總計共有6,000餘字。

党項羌語屬於漢藏語系的藏緬語族，與現在的羌語、彝族語言和納西語言有許多相似之處。元昊稱帝後，命令大臣野利仁榮廣泛歸納、演繹、收集和整理西夏文，使其規範化，在本國頒布推廣使用，並尊為國書。當西夏滅亡後，大量的文獻資料、文物等被焚燒或被盜，西夏字也逐漸消失，儘管後來發現西夏文字，但已是鳳毛麟角，而能夠辨識西夏文字的也只能是某些專家學者了，因而後人稱西夏文字為「天書」。

西夏碑礎有何寓意

西夏陵出土的人像石座，西夏碑礎青砂石質，圓角四方體，通高60公分，長62公分，寬61公分，呈屈膝跪坐狀，兩目圓瞪，兩眉緊鎖，咬牙，嘴角兩側自下各斜出一獠牙，頭肩齊平，無額頭以上部分，頰緊

貼胸部，全身裸露，兩乳下垂，肚皮鬆圓，手臂粗壯，手腕有圓環飾物。頭頂臺面平整，下部有矮底座。

石座人像造型粗獷有力，從人像作負重難以忍受狀，專家分析應屬西夏奴隸力士的形象，而跪臥姿勢和手腕裝飾、兩乳下垂似乎與當時社會習俗有關。石座人像為研究西夏社會歷史和雕刻藝術提供了重要的實物資料，是國家級保護文物。

嵬名元昊稱帝前做了哪些準備工作

西元 1031 年李德明死後，其子李元昊繼位。元昊對其父對宋稱臣極為不滿，主張按党項的傳統文化和生產生活方式，戰爭為先，兵馬為務，建立有鮮明民族特點的獨立政權。為此，他首先在部落中實行軍事民主制，同時採取了一系列措施：

- 不再接受唐、宋所賜的李、趙之姓，改王室拓跋姓為嵬名氏，更名曩霄。自稱「兀卒」（又譯吾祖，皆為西夏語皇帝二字的音譯）。
- 頒布禿髮令，強令國人三日內一律剃去額頂之頭髮，違者處死，以突出本民族的風俗特色。
- 升興州為興慶府，擴建宮城殿宇，準備建國都城。
- 新定官制，分文武兩班，各有蕃漢官名。
- 規定官員平民服飾，以分等級，別貴賤。
- 創造西夏字，頒行全國，並建立蕃字和漢字二院，翻譯漢文經典。
- 設定蕃學，選蕃、漢子弟入學，培養統治階層的後備人才。
- 自立年號 —— 天授禮法延祚。

> 寧夏風光：名勝古蹟的輝煌

在準備建國的同時，元昊在軍事上取得了占領河西走廊的勝利，並在與北宋交界的府州（今陝西府谷）、環州（今甘肅環縣）、慶州（今甘肅慶陽）擊敗宋軍，又從吐蕃部落手中取得了今西寧及其以東的河湟地區，掃除了建國的後顧之憂。

西元1038年，嵬名元昊正式稱帝，年號天授禮法延祚，國號大夏，西夏語為大白高國，音譯為「邦泥定國」，自稱兀卒，即漢語皇帝。因地處中原之西，故中原文獻稱其為西夏。這時西夏的疆域東臨今山、陝西之間的黃河，西至玉門關，南迄蕭關（今寧夏固原北），北抵大漠。

為何叫滾鐘口

滾鐘口，俗稱小口子。在銀川市西北50公里處的賀蘭山東麓，古為賀蘭山勝境，現是寧夏著名的避暑、遊覽勝地之一。此山三面環山，山口面東敞開，形似大鐘。在風景區中央有一座小山，又像是鐘內懸掛著的鐘錘，人稱「鐘鈴山」，滾鐘口由此得名。

南望群山，有三峰俏立，形似筆架，人稱它為「筆架山」。山下有人採賀蘭石為硯，因而又稱「硯石筆架山」。若拾級而上，登臨山巔「望海亭」，可憑高四覽。向西遠眺，但見峰巒起伏，勢若奔浪；極目東望，又見千里平疇，像風平浪靜的海洋，天地相間處，雲煙浩渺，渾然融為一體。在這裡還可以觀賞到「日出筆架」、「光別鐘鈴」、「石嶂穿白雲」等自然景觀。如逢朝暉夕陽時，又可觀賞到「賀蘭佛光」。六月暑日，在景區西邊溝盡頭的青羊溜山巔上，藍天晴空，可見白雪蓋頂，這就是古寧夏八景之首的「賀蘭晴雪」。

在景區北部一條寬窄不一、蜿蜒曲折的深溝內，多有寺廟遺址，故

稱「大寺溝」。溝內樹木蒼翠，泉水清澈，怪石林立，「獅吼」、「臥虎」、「頑猴」、「仙人指路」、「青羊跳澗」等奇石，神態各異，令人嘆為觀止。順溝內向西而下，有巨石立於溝間，上刻「西爽亭」三個大字，這裡山勢開闊，泉水叮咚，綠草如茵，是最舒坦幽靜的休息之地。

滾鐘口風景區何以展現了「三教合一」

滾鐘口風景區，山巒起伏，岩石峻峭，林木蔥蘢，巍峨秀麗，早在西夏時期就是帝王避暑勝地。在口內主溝盡頭的青羊溜山上，至今還可以見到參差錯落的20餘處古建築臺基。明清時，這裡曾大興土木，先後建有賀蘭廟、老君堂、大悲閣、斗母宮、小洞天、關帝廟、興隆寺、晚翠閣、觀音廟等14處廟庵臺閣。這些寺廟皆依山而建，高低錯落，隨勢布局。賀蘭廟為景區主廟，建在半山腰上，分為上下3層臺院，建成3座殿宇，雕梁畫棟，頗為壯觀。景區內建有3座喇嘛式的小塔，分布在3個山巔。據清代《寧夏府志》記載，每年農曆六月，城鎮村堡的善男信女多進香山寺，名曰「朝山」，也是藉此遊覽避暑。民國初年寧夏軍閥馬鴻逵依山臨險，隨勢自然，建有避暑山莊一處。

風景區南側山旁的清真寺內，建有一位來自阿拉伯葉門的克馬倫丁‧本‧歐斯曼長老的「拱北」。克馬倫丁曾於西元16世紀末遠涉重洋來到中國，在銀川等地放牧、傳教30餘年，於1628年7月13日「歸真」葬在此。每逢回族的傳統節日，遠近穆斯林紛紛前來唸經朝拜，以示紀念。

這些寺廟布局合理，結構嚴謹，大多緊湊集中，充分展現了佛教、道教、伊斯蘭教的相融性，也反映了回漢各族人民的和睦相處，這在其他風景區絕無僅有。

寧夏風光：名勝古蹟的輝煌

拜寺口雙塔為何又稱姐妹塔

　　拜寺口雙塔座落在銀川市賀蘭縣西部。東塔高 39 公尺，塔身為錐體。每級由疊澀稜角牙和疊澀磚構成腰簷，向外挑出。塔刹是塔的重要部分，塔頂上砌有八角形平座，中間為一圓形刹座叫相輪。相輪一般為奇數，最多為 13 個相輪。二級以上每級每面都有彩塑的獸面兩個，左右並列，怒目圓睜，獠牙外露，十分凶猛。獸面口中銜有彩繪紅色連珠。獸面之間，是雲托日月的彩繪圖案。塔壁轉角處，裝飾有彩塑的寶珠火焰。

　　西塔高 36 公尺，塔體比例協調，比東塔較粗壯高大、豐滿一些。二級以上由數層疊澀稜角牙和疊澀磚構成腰簷，外簷用圓形獸頭構件裝飾。塔頂上連線八角形的刹座，刹座簷下面裝飾著彩繪花瓣，轉角處用磚雕力神，裸體挺腹，寧夏銀川拜寺口雙塔托住蓮花座，栩栩如生。刹座上 13 個相輪與東塔相同。此塔壁面中心放有長方形的淺佛龕，龕內有彩塑的動物和八寶圖案，龕內兩側塑有彩色獸面，口含穗狀流蘇 7 串。塔壁轉角處有寶珠火焰、雲托日月的彩塑圖案與東塔相同。眾多的造像有身穿法袍的羅漢，有拄著枴杖站立的老者和瀟灑的壯者。手執法器，腰繫長帶。有的伸臂，有的跳躍，動作自如，神態各異。塔正東的第十二級佛龕內，有西夏文。第十級平座上，放有一個完整的綠色琉璃套獸。塔頂佛龕內放有一根六角形木質中心刹柱，直徑 30 公分，上面有西夏文題記和梵文字。雙塔是中原佛塔傳統特點與繪畫和雕刻藝術相結合的產物，構成了雄偉壯觀、絢麗多彩的藝術珍品。

　　1986 年，寧夏文物部門對雙塔維修時，在西塔頂部的穹形塔室中，

發現有蒙古國的銀幣「大朝通寶」，佛教密宗唐卡〈長師圖〉、〈上樂金剛圖〉，木雕彩繪花瓶等許多文物。經考證，均為元代初以前的遺物，證明元代初年對雙塔修繕過。從雙塔上發現的殘存文字和對塔內朽木 C-14 測定，考證雙塔始建西夏中、晚期，距今 800 年左右。

雙塔東西對峙，相距約百公尺，皆為八面十三級樓閣式磚塔。兩塔直起平地，沒有基座，地層較高，平素無飾，正南闢券門，可進入厚壁空心筒狀塔室，它們像兩個孿生兄弟守衛在山口兩旁，因而又稱「兄弟塔」、「姐妹塔」等。

賀蘭山岩畫是怎樣製作的

岩畫的藝術形式有寫實與寫意兩種，主要是寫實形式，即側重於對事物的描繪，表現具體的情節、場景和真實的現象。寫意岩畫數量不多，具有很強的概括性、抽象性和符號性，即把描繪的對象捨其一般而取其特徵，在藝術手法上運用誇張變形，僅保留其原型的象徵意義。

岩畫的產生、發展、演變，在學術界目前大致有 4 種說法：

- 巫術說，認為是人的主觀意識控制自然的表現，需求什麼就將什麼刻畫在岩石上，以求得到；
- 勞動說，認為是真實生活的藝術反映；
- 遊戲說，認為是為了娛樂觀賞而刻；
- 圖騰說，認為是原始人類將自認為與氏族有血緣關係的動物或植物刻畫在岩石上。

賀蘭山岩畫的製作方法基本有 3 種：

- 磨製法，用磨製繪出的岩畫平整光潔，線條平滑，沒有銳角或石刺。多數是通體磨製，為陰刻法。
- 鑿刻法，用金屬或堅硬的石塊在岩石上敲擊，從岩石上可以看到許多敲打的點窩。
- 線刻法，似是用金屬鑿頭勾勒出形象輪廓，然後掏深線條，形成畫面明快俐落，並且有淺浮雕的效果。賀蘭山岩畫作畫時並不是單純使用一種方法，而是多採用兩種結合的方法。

古人為何最崇拜「太陽神」

在遠古時代，人們往往把畜牧的豐收、水草的豐茂、生活的幸福、居所的安定，都歸功於上天的恩賜；而年景不好、自然災害、缺衣少食、居無定所，都認為是上天的懲罰。太陽高居天體之上，普照大地，主宰萬物，所以人們特別信仰太陽，把太陽人格化。刻畫頭部有放射形線條，面部呈圓形，雙眼重環，長有睫毛，炯炯有神的形象，表示對太陽的崇拜。

據介紹，在新石器時代的許多陶器上都繪有太陽圖案，在夏商時代的青銅器、陶罐上也發現類似的圖案。太陽神岩畫，是賀蘭山眾多岩畫的精品，鑲嵌在賀蘭山上的岩畫，是不同歷史時期、不同民族共同創造的文化藝術寶藏，岩畫內容和題材豐富，內涵深邃，造型優美，數量可觀，是多民族文化長期交融的結晶。

史前「維納斯」岩畫在哪裡

中衛大麥地岩畫發現遺存有岩畫版的史前「維納斯」，它用誇張的手法，表現孕婦的特徵：體態豐腴、兩個乳房碩大飽滿、腹部隆起、臀部肥大、五官省略、手臂細長、雙腿並立。這一形象是典型的舊石器時代晚期石雕女性裸像的翻版。在古羅馬神話中「維納斯」是美和愛的女神，也稱為生育女神。石雕女性裸像最早發現於歐洲，屬舊石器時代晚期，奧地利維倫多夫也曾有過實物出土。

中衛大麥地位於衛寧北山，大致形成於3億年前，西臨騰格里沙漠，黃河在山南轉向北流。在15平方公里的區域裡，已經發現了岩石上密集刻畫的3,000多組、近萬幅岩畫，平均每平方公里達到200多組，超出世界公認的岩畫「主要分布區」密度標準的20倍，數量多，規模大，內容豐富，在中國乃至世界都屬罕見。

中國最早的文字雛形是什麼

岩畫專家最近從中衛大麥地岩畫中發現了1,500多個中國古老的圖畫文字，絕大多數尚不能識讀。

經中國北方民族大學岩畫專家普查和研究，中衛北山大麥地有3,172組8,400多個岩畫個體圖形，內容包括日月星辰、天地神靈、狩獵放牧和舞蹈、祭祀等。岩畫專家採用麗石黃衣測年方法測得早期岩畫距今1.8萬年到1萬年，並對上述岩畫個體圖形進行了深入研究。

研究顯示，大麥地岩畫區內圖畫符號是中國原始文字，1,500多個像

> 寧夏風光：名勝古蹟的輝煌

形符號具有中國原始文字的基本象形形態，在大致同時期的陶文符號和後來的甲骨文中可以找到相近的形象。由兩個以上的象形符號組成的複合體，已基本具備象形字、會意字、指事字等文字的要素。更為重要的是，這種象形符號在大麥地岩畫中絕非偶然和孤立，而是排列有序。岩畫專家最終得出結論，大麥地岩畫中，有許多象形與抽象符號已具備了古老文字的要素。很可能是漢字的源頭活水。

中國電影從哪裡走向世界

1961 年，張賢亮發現鎮北堡具有一種衰而不敗的雄渾氣勢和黃土地的特殊魅力，後來將它寫進小說《綠化樹》中，稱之為「鎮南堡」。1980 年代初期，他又將此地介紹給電影界，從此鎮北堡與電影電視結緣。

1993 年，張賢亮在此創辦影視城，現為中國 4A 級景區，年接待遊客 30 多萬人次。迄今，這裡已拍攝了獲獎無數的《牧馬人》、《紅高粱》、《黃河謠》、《黃河絕戀》、《老人與狗》、《大話西遊》、《新龍門客棧》、《絕地蒼狼》、《嘎達梅林》，以及《書劍恩仇錄》等百多部電視劇。鎮北堡西部影視城在中國眾多的影視城中以古樸、原始、粗獷、荒涼、民間化為特色，在此攝製影片之多，升起明星之多，獲得影視大獎之多，皆為中國各地影視城之冠，是中外遊客來寧夏的必遊之處，享有「中國電影從這裡走向世界」的美譽，是中國西部題材和古代題材的電影電視最佳外景拍攝基地。

「明城」和「清城」是怎麼回事

被譽為「東方好萊塢」的西部影視城被當地人稱為鎮北堡，過去只是一個邊防戍塞，在寧夏像鎮北堡這樣的邊防戍塞有20多個。但大多已毀壞，儲存較完好的就數鎮北堡。

從明弘治到萬年曆年間，即明孝宗皇帝至神宗皇帝時期，明朝政府一邊加強在西北修築長城，一邊在黃河到賀蘭山之間的狹長地帶修築關隘，有歷史可查的南路有10個關隘，北路有4個，從地形險要的中衛市勝金關南路開始，自南向北形成了堅固的軍事防禦體系，抵禦了蒙古騎兵的侵擾，當年北路中的「鎮北」指的就是今天的鎮北堡。「堡」顧名思義就是城堡、堡壘的意思，過去它裡面除駐紮大量士兵外，還有少量的士兵家屬和農民。

現在說的鎮北堡，它是由新堡和老堡兩部分組成的。清乾隆三年（西元1738年）的時候，寧夏曾發生過一次大地震，震毀了鎮北堡，後來就在距老堡不遠的地方修築了一座與老堡規模相當的新堡。隨著社會的發展，這些堡壘逐漸失去了它的軍事價值。1950年代中國大躍進時期，這裡變成了大煉鋼鐵的場所，現在的鎮北堡老堡的城牆上還留著1958年留下的土高爐遺址，而新堡城牆上的那些「洞」，就是當時農民和工人居住的「宿舍」。現在，將明朝修建的城堡稱為「明城」，將清朝修建的城堡稱為「清城」。據說當時在建明城時，曾請「風水先生」看過這裡的「風水」，說這裡處在賀蘭山山脈中間，有「臥龍懷珠」之勢，更有一條「龍脈」延伸下來，此處必出「帝王將相」，於是在此建城。清代人建清城，也曾迷信「風水」一說，將城建似「龜」形，寓意也就不言而喻了。

| 寧夏風光：名勝古蹟的輝煌

　　今之明城和清城，有拍攝眾多的影視作品留下的場景，供人們參觀遊覽、表演模仿秀。讓你來時是遊客，走時是明星。正如張賢亮書寫在展廳大門上的對聯：兩座廢墟經藝術加工變瑰寶，一片荒涼有文化裝點成奇觀。

華夏珍奇藝術城的大門為何設計成外圓內方形

　　占地4萬多平方公尺，座落於銀川西夏區鎮北堡的華夏珍奇藝術城，毗鄰鎮北堡西部影視城，是寧夏華西村的形象工程。藝術城主要由世界著名清真寺微縮景觀、西夏觀賞石、華夏古錢幣館等組成。城內有生長在大漠腹地的沙榆樹和胡楊樹等奇樹異木形成的枯樹林，配以現代綠色花草形成時間和空間差異，構成集地方特色、民族特色於一身，融西夏文化、黃河文化、伊斯蘭文化為一體，極具休閒度假、文化娛樂、美食購物、觀賞遊覽為一體的風景區。

　　寧夏銀川華夏珍奇藝術城：在中國古代，人們普遍認為，天是圓的，地是方的，在天與地之間，存在著有生命的萬事萬物。為了使天地能融為一體，人能參與到中間來，融入天、地、人合而為一的境界，因此，人們鑄造了「外圓內方」的古錢幣來充當商品流通的媒介——貨幣。

　　華夏珍奇藝術城整體外形就採用了中國最早的金屬鑄幣「鑄」的形狀，用一條古幣裝飾的泉林來希望自己的錢能像泉水一樣湧之不盡，用之不竭。而主體展館則採用展現人類起源時期的一種洞穴生活方式的風蝕巖山洞式造型，大門正是透過「外圓內方」的設計，來展現天地人融為一體的理念。

仙鶴淚化作哪個湖

　　鶴泉湖又叫黑泉湖，位於永寧縣東北 4 公里的楊和鄉境內。湖區面積 200 多公頃。

　　鶴泉湖名稱的由來還有一個美麗的傳說：很久很久以前，一位書生科舉落榜路經此地，被一鶴仙女子愛慕。書生看破紅塵，立志出家，鶴仙女子只好灑淚而別。淚水化作 6 個泉眼，積水成湖，故名鶴（諧音黑）泉湖。湖周圍蘆葦環繞，湖水碧波粼粼，景色秀麗。泛舟入湖蕩漾，曲徑通幽，別有一番情趣。

金波湖為何又叫官湖

　　官湖位於銀川市郊區大新鄉境內，距銀川市 5 公里，占地面積約 29.07 公頃，其中湖泊面積 13 公頃。現已建設成以保護官湖自然景觀和旅遊度假為主的景區。

　　官湖是銀川平原 72 連湖中最具魅力的一顆明珠，傳說排列為「第九湖」，原名叫金波湖。據史載，明太祖朱元璋封第 16 子朱㮵為慶王，封地寧夏，於寧夏鎮城建慶王府。曾將這裡闢為金波湖，構築臨湖亭、鴛鴦亭、宜秋樓等亭臺樓閣。其後 600 年間，遊人歷久不衰。或泛舟，或垂釣；或臨風把酒，伴鳥唱而吟詠；或攜侶尋幽，望蒹葭而談笑。陶然湖光，忘形葦色，胸襟悄然而淡泊，神思倏乎而遠致，宜其樂而不思歸也。古人曾描述金波湖：垂柳沿岸，青蔭庇日，中有荷菱，畫舟蕩漾，為北方盛觀。明清以來，這裡成為達官富賈、文人墨客聚會之地。〈金波湖歌〉中寫道：「冉冉芙蕖映翠荷，隨風翻覆動金波；雲收一夜好

明月，載酒扁舟聽浩歌。」

傳說明代秀才張政，在此湖邊搭建茅棚，修文習武，日夜苦練，納天地之靈氣，於當年金榜題名，官至寧夏游擊將軍。今之掌政堡，即昔日張政將軍駐軍堡寨。金波湖從此名聲大振，被鄉紳父老譽為「官湖」。各地文武秀才趨之若鶩，多有中舉為官者。有民諺不脛而走：「想做官，官湖小住三十天。」

又據口傳資料，清康熙三十六年（西元1697年），康熙帝駐蹕寧夏府城，調兵北伐噶爾丹，扈從人員數以千計。時府城水多苦鹹，唯西府井水甘洌可人，然一井之水不濟眾多官員侍衛之需。康熙帝乃命大學士伊桑阿訪諸父老，皆言城東官湖可用。於是遣寧夏總兵殷化行徵集馬隊，以木桶馱運官湖水進貢寧夏城。一時兵民馱隊成陣，觀者如堵。康熙聞狀大喜，傳諭官湖湖主：「寧夏引河溉田，諸渠環匝，眾湖盈波，尤以官湖水清洌甘美，甚愜朕懷。爾等當勤謹治湖，澤被鄉里，永惠邊民，不負朕親歷邊陲，軫念生靈之美意。」有人題楹聯一副，以志其事：「康熙駐蹕寧夏城軫念邊圉，臣民背馱官湖水垂迎聖恩。」

官湖以西，舊有龍王廟一處，不知建立所由，時建年代不詳。廟內有塑像3尊，後毀於兵燹。今追訪鄉村老翁，龍王廟內3尊塑像有何古意，均語焉不詳。索諸志乘，方知有稱莎羅模、祈答剌模、失哈剌模三龍神者。觀其名號，係古代少數民族譯語，是否為西夏所有，亦未可知。

斗轉星移，世事滄桑。今日官湖，風景依舊，已成為銀川著名旅遊勝地。遊人來此，垂絲休閒，泛舟度假，心清氣爽，其樂融融。得心神之頤養，忘塵世之喧囂，不知今日是何時也！

鳴翠湖得名的由來

　　距銀川9公里，占地280.14公頃的鳴翠湖溼地保護區，可以說是百鳥的天堂，人間的仙境。由於鳴翠湖及其周圍河流、灌渠、湖泊、沼澤連片，而在沼澤地上，廣泛分布著以禾本科和莎草科為主的水生、溼生和伴生植物，其中以蘆葦沼澤為主。保護區內浮游生物、水棲昆蟲、軟體動物、魚類、蛙類大量繁殖，使得鳥類食物來源十分豐富，形成了一個適宜水禽棲息、繁衍的場所，成為理想的鳥類棲息地及候鳥驛站。根據2023年的調查顯示，鳴翠湖溼地保護區有鳥類97種，其中黑鸛、中華秋沙鴨、白尾海雕、大鴇為中國一級保護動物，白琵鷺、大天鵝、小天鵝等14種為中國二級保護動物。

　　據史料記載，鳴翠湖原為明代長湖之中段，至明末清初，長湖淤為3段，自南至北取名楊家湖、鳴嘴湖、清水湖，長湖之名遂失。三湖形成之初，中段湖泊原無實名。清雍正年間，一位遊方道士雲遊至此，建道祖廟一座，廟側湖泊即稱道祖湖。清乾隆三年（西元1738年），道祖廟毀於地震，逐漸被荒草淹沒，道祖湖遂訛傳為鳴嘴湖。2000年，當地政府為保護湖泊溼地開發鳴嘴湖，因其葦叢搖綠，鳥啼其間，故易名鳴翠湖。

　　為了保護這些珍稀鳥類，鳴翠湖的管理者依照八卦圖樣，為牠們開挖了遊人無法涉足的「蘆葦迷宮」，建成了一個適宜鳥類棲息的候鳥驛站，使灰鶴、白琵鷺能夠安心在這裡繁衍。透過退耕還湖、退魚還湖、補充水源，恢復鳴翠湖原有的風貌和溼地範圍，為鳥類資源和水生動物資源創造一個良好的生存環境。透過禁捕、禁獵、禁牧，有效地控制和減少人為因素對鳴翠湖的影響和破壞。每年四五月間，正是鳥類的繁殖

寧夏風光：名勝古蹟的輝煌

期。夏秋之時，鋪天蓋地的鳥群總有萬餘隻，湖泊蕩漾、蘆葦飄香、萬鳥爭鳴，鳴翠湖真是名副其實。讓人不由想到：秋水共長天一色，落霞與孤鶩齊飛。目前，園區內建構了「水車苑」、「蘆葦迷宮」、「野生垂釣」、「觀鳥賞花」等旅遊專案，是集生態保護、旅遊觀光、會議度假、休閒娛樂為一體的生態示範園區。

納家戶清真寺有何來歷

在銀川市南的永寧縣城南 1.5 公里處，有一遐邇聞名的回民聚居的村莊──納家戶大寨。納家戶村落中心座落著一座翠瓦飛簷、古色古香的建築物，這就是中國西北地方著名的清真寺──納家戶清真大寺。

納家戶清真寺，是一座傳統的中國殿堂式建築寺院。寺院坐西面東，平面布局呈長方形，占地 8,000 平方公尺，由門樓、禮拜大殿、廂房、沐浴堂等部分組成。門樓為過洞式，它的上部壁面是一組仿古木結構的挑簷，橫向的欄額、斗栱，縱向的荷花柱和具有濃郁伊斯蘭風格的精美磚雕，過洞正中上部為 3 層歇山式木結構的邦克樓，樓兩側陪建有阿拉伯式的 2 層四角圓尖頂的望月樓，整個寺院形成典型的中國四合院建造布局，嚴謹、有序、肅穆，顯示了大寺的雄壯氣勢。

透過門樓進入前院，是一片豁然開朗的空間，磚鋪路面兩旁，有兩棵參天古槐，使寺院顯得十分寧靜肅穆。迎面是寺院的主體建築──禮拜大殿。殿前為面闊 5 間的歇山頂抱廈，抱廈外側欄額立柱，飛簷斗栱，典雅壯觀。與抱廈緊密連線的是一脊（歇山頂）三拱棚頂交錯勾連的禮拜正殿，殿內寬敞宏大，四壁無華，能容千人同時做禮拜，大殿兩邊改建有經院、廂房等，均為起脊出簷的大瓦房。

早在明清時期，納家戶就是著名的回莊。《陝西通志》中記載：「元初，遺族瞻思丁子納速拉丁，子孫甚多，分為納、速、拉、丁四姓，居留各省，故寧夏有納家戶，長安有拉家村，今寧夏納氏最盛。」另據寺院中的匾額中刻記：「吾家棄秦移居西夏，吾寺起建於明嘉靖年間。」由此可知，納家戶清真寺始建於明代。由於年代久遠，歷經變故，原寺院建築早已被毀，現有的建築多為清代嘉慶年間重建的，此後又多次修葺。民國時，寧夏省主席馬鴻逵曾在清真寺內創辦阿語初級講習所。

　　納家戶清真寺是一座中國傳統式的寺院建築，它從一個方面反映了回漢民族之間的文化交流與融合，也在一定程度上反映了寧夏回族的形成脈絡。它所在的納家戶，居住著4,000餘人，是一個具有濃厚回族生活文化氣息的純回民村，人們嚴格遵守伊斯蘭教義和回民特有的生活習俗。每逢伊斯蘭教的重大節日和禮拜之時，從邦克樓傳出的誦經聲，召喚著四面八方虔誠的教民。1988年，該寺被列為寧夏回族自治區區級重點文物保護單位。

黃河頌雕塑在哪裡

　　金水園旅遊區，距銀川河東機場2公里，距銀川市15公里。由金水園、西夏影視城、長城小龍頭、水洞溝遺址等風景區組成，既有塞上江南的旅遊風光，又具大西北的粗獷風情，融人文景觀和自然風光為一體，是寧夏最具優勢的旅遊區之一。

　　金水園風景區地處黃河東岸，銀川黃河大橋北側，背靠毛烏素沙漠，占地約46.69公頃，是遊黃河、觀大漠、體會休閒娛樂的好去處。園內的橫城古渡口曾是西夏首府（今銀川市）的門戶，那時叫順化渡口，

寧夏風光：名勝古蹟的輝煌

所以又稱千年古渡。西元 1697 年，清康熙皇帝在此東渡黃河平定噶爾丹，並留下「歷盡邊山再渡河，沙平岸闊水無波；湯湯南北勞疏築，唯此分渠利賴多」的壯麗詩篇。黃河古渡，曾是寧夏八景之一。位於金水園中心的主題雕塑──〈黃河頌〉，高 19.8 公尺，底部為黃河文化展廳，面積 1,000 平方公尺，展現了黃河歷史；雕塑內部設有電梯，遊人可乘梯直達頂部，領略黃河兩岸風光，可謂「西望河源天際闊，濁流滾滾自崑崙」。雕塑設計的形象是一個伸開雙臂，站在浪花中俯視黃河的少女，取名「黃河頌」，象徵熱情友好。

在觀河亭處，登上遊船逆水而上，可觀賞黃河大橋、河東機場、甘露寺等建築和古蹟；順流而下，河東有橫城堡、明長城、漢墓群、水洞溝遺址，河西有寧河臺、黃河防護林等，水河相融，景色頗為壯觀。

園內有黃河遊船、汽艇、內湖划船、河灘運動場、沙浴場、賽馬、汽車越野、草原風情、濱河小木屋等娛樂項目。

你知道「唐徠夕照一縷紅」嗎

黃河不僅帶給了寧夏富饒，也衍生出許多自然人文景觀，如「河帶晴光」、「長渠流潤」、「西橋柳色」、「連湖漁歌」等。而「金水悠悠，垂柳濛濛」，「唐徠夕照一縷紅」的勝景，則是自古以來人們對唐徠渠景緻的寫照。

唐徠渠又名唐渠，始建於漢代，至唐代時擴建，得名「唐徠渠」。渠口開在黃河青銅峽旁，流經青銅峽、永寧、銀川、賀蘭、平羅、惠農等縣市，全長 322 公里，灌溉農田約 6 萬公頃，居寧夏平原 14 條大渠之首。

唐徠渠由南向北，從銀川市區穿過。渠畔鬱鬱蔥蔥、空氣清新，渠內金色碧波，岸旁鳥語花香，遊人如織。悅目的視野，宜人的綠蔭，路人遊客，絡繹不絕，實為銀川市的一大景觀。後來，銀川市投資約 2 億元，對唐徠渠景觀進行了為期 4 年多的綜合環境整治，沿唐徠渠由南向北的流向，按照「遠古、現實、未來」三部曲創意，設計融入地域文化、不同風格的 28 個廣場，努力把這裡建設成為一處充分展現古老文化、灌溉文化、塞上江南風貌和寧夏回族風情四位一體代表性園林綠化景觀。

　　如今，這一沉澱了 2,000 多年農耕文化的唐徠渠，是一個集觀賞、娛樂、休閒、健身為一體，圍繞渠水的一個帶狀的開放式濱水公園，延綿 10 餘公里，寬闊數百萬平方公尺。這裡處處洋溢著塞上江南、回族之鄉、西夏古都的特色。

長流水的水常流嗎

　　位於靈武市白土崗鄉境內的長流水生態旅遊區，地處毛烏素沙漠深處，在方圓 2 公里內有 3 股清泉分別從沙山腳下、西草根處、石縫隙中滴滲而出，在長達 12 公里、深 50 公尺的長流水峽谷河床上，千年不盡、日夜歡暢地奔湧下瀉，蜿蜒前行，長流水因此而得名。

　　長流水的源頭，可以觀看到烽火臺、小石屋、沙漏井、古羊圈，三泉匯流處可賞姐妹潭、裸根桑、野杏林、山棗梁，沿途放眼瞭望遼闊的草原，漫步谷底，踏水踩沙，虎口瀑、雙龍瀑、蛇尾瀑、沙漠瀑布風格迥異。千鳥洞、山間窯、鱷魚石、累積巖，平湖秋月，小橋流水，是自然天成的集旅遊休閒、垂釣娛樂、野營探險、野生動植物觀賞、電視劇外景拍攝等為一體的綠色風景區。

寧夏風光：名勝古蹟的輝煌

寧夏長城有何特點

　　寧夏長城遺跡寧夏自古就是中國北部邊防前線，是中國古代的兵家必爭之地，素有「關中屏障，河隴咽喉」之稱，策略地位十分重要。中國的萬里長城被譽為世界奇蹟之一，在今寧夏留下了不少遺跡。從戰國開始，自秦、漢、隋、明幾個朝代，都在寧夏修築過長城。寧夏地形象個棗核，南北長500多公里，東西寬45～250公里，而歷代在寧夏修築過的長城總長就達1,500公里之多。有磚砌的、石壘的、土夯的、沙堆的，就地取材，形式多樣。這些特點，構成了寧夏長城的多樣性。而且歷朝歷代的長城在寧夏儲存都較為完整，是科學考察和徒步遊覽長城的絕佳地方，因此，寧夏有「長城博物館」之稱。

玉皇大帝落腳平羅了嗎

　　玉皇閣位於平羅縣城北大街與富民街的夾角處，占地面積為3.6萬平方公尺。民間傳說，玉皇大帝曾在此落腳小憩，所以後來人就在此建起了玉皇閣。玉皇閣舊有清明城隍出府之說，城隍像置於神寓，抬置於城外城隍廟，在此期間城隍要體察民情，察看穀物豐歉，到重陽節再請城隍爺向玉皇大帝匯報體察情況的過程。

　　玉皇閣始建於清光緒元年（西元1875年）間，至今已有580多年的歷史，後經多次擴建已形成了寧夏最大的道觀寺院，內有城隍殿、觀音殿、娘娘殿、三清殿、無量殿、洞賓殿、三官殿、玉皇殿、三皇殿、三母殿、文昌閣、關帝閣、鐘樓、鼓樓、黑虎靈官樓、黃虎靈官樓等16個殿宇（樓閣），供奉著60餘位道家仙宗。

2001 年，由民間投資建成的 21.9 公尺的電動感應銅製觀音佛像，是西北地方最大的觀音銅佛像。滴水觀音銅像雄姿站立，一手持淨水瓶，一手持楊柳枝，莊嚴、善良、慈祥。

　　2003 年，新增設「八仙過海」照壁，高 5.2 公尺，長 11.95 公尺，面東背西，正面是「八仙過海」浮雕，背面是其文字簡介。

　　2003 年，新增人文景觀「玉佛殿」，因殿內尊請的三尊緬甸國玉佛而得名。玉佛神態栩栩如生，質地細膩，光澤柔潤。

　　平羅玉皇閣形制獨特，規模宏偉而工藝精細，高樓氣勢宏偉，小閣玲瓏剔透，主體突出，競相媲美，樓閣出簷深遠，簷角翹指蒼穹，似雄鷹展翅欲飛。所有樓閣盡為雕梁畫棟，刀筆洗練，功底深厚，邁進大殿的人肅然起敬。登臨高閣可憑欄遠眺，上撫白雲，下殿輕風，大有飄飄欲仙之感。整個建築建為不同時期，不同工匠所設計修建，卻結合得非常嚴謹、協調，四進院落，層層相進，高低樓閣互為襯托呼應，迴廊、飛橋如金絲銀線將所有建築連成一體，珠聯璧合。

為何叫北武當廟

　　北武當廟又名壽佛寺，是一座「儒、釋、道」三教合一名揚寧夏的古寺，始建年代不詳。民間有不同的說法：一是明正統年間修建，二是建於清順治二年（西元 1645 年），三是建於清康熙四十八年（西元 1701 年），乾隆、嘉慶年間進行擴建。按此推算至今已有 3 個世紀。寺廟占地 1,200 平方公尺，依山而建，坐北朝南，氣勢宏偉，主要建築有山門樓、靈光殿、觀音樓、無量殿、多寶塔、大佛殿等，雄偉壯觀，掩映於古木茂林之中，兩旁的鐘樓、廂房、配殿相對稱，秀美而有氣勢，是一座結

寧夏風光：名勝古蹟的輝煌

構精細、精巧優美的古寺。

「武當」二字，拆開解釋就是：「武」指真武大帝，真武大帝是道教尊奉的北方之神。「當」是「止」或「在」的意思。武當，就是真武大帝之所在。因湖北省丹江口市有武當山，寧夏處西北，為了區分開來，故稱北武當廟。

兵溝為何有漢墓群

兵溝漢墓旅遊區，位於銀川市東40公里，203省道從旅遊區穿過，交通十分便利。兵溝歷史悠久，早在2,000多年前的秦漢時期，這個地方就以「渾懷障」的名字載入《史記》和《漢書》。

寧夏兵溝漢墓旅遊區一角因此地在歷史上一直是屯兵戍邊的軍事要地，兵溝便由此而得名。

兵溝漢墓旅遊區占地26平方公里，依河傍沙，歷史文化底蘊豐厚，塞上風光壯美。主要景點是「一障，二墓，三河，四沙，五谷」。

◆ 一障，就是「渾懷障」

兵溝是「渾懷障」遺址所在地。西元前214年，秦大將蒙恬率30萬大軍北擊匈奴，在今兵溝修築了「渾懷障」軍事要塞，屯兵戍守，防禦匈奴。西漢時，武帝派大將衛青、霍去病北征匈奴，衛青復蒙恬所為塞。「渾懷障」軍城自秦至唐初歷經836年，一直是歷經戰事的邊防要地，邊防牆長1,200公尺，蔚為壯觀。軍城內今建有「蒙恬展館」和「古祭壇」。蒙恬展館展示了秦名將蒙恬的生平事蹟。相傳，蒙恬在兵溝建祭壇，祭祀天地和陣亡的將士。現兵溝漢墓旅遊區按儒、釋、道風格修建了古祭

壇，壇高 9.7 公尺，為遊人提供了憑弔古人和表達心願的場所。同時人們登上祭壇，可一覽旅遊區的景觀。

◆ 二墓，就是漢墓群

在兵溝漢墓旅遊區分布著數百座漢代墓群，為秦至西漢時期戍邊將士的墓塚。旅遊區對 4 座墓葬進行了發掘，建設了漢墓地宮。地宮中 4 座墓室有 150 公尺通道相連。地宮中，方木結構的一號墓室，為中國罕見，有較高的考古研究價值。走進地宮，可一睹 2,000 多年前的墓葬情況。漢墓地宮之上，有 130 公尺長的神道，神道兩側豎立刻工精巧的石獸和武士雕像 20 座。

◆ 三河，就是黃河

滔滔的黃河從兵溝漢墓旅遊區流過。與兵溝段黃河相連繫的歷史文化和旅遊專案十分豐富。人們可以在這裡觀「長河落日圓」和群鳥翱翔，還可以在河上泛舟、游泳、垂釣。漫步河灘，令人心曠神怡，別有一番情趣。

◆ 四沙，就是大漠

旅遊區東連毛烏素沙漠，茫茫大漠，一望無際。大漠中有古烽火臺，人們在這裡可以賞「大漠孤煙直」的雄渾壯觀和塞上風光。在大漠景區可舉辦篝火晚會，也可開展各種遊樂活動。

◆ 五谷，就是大峽谷

兵溝漢墓旅遊區的東南是遐邇聞名的兵溝大峽谷。大峽谷是一處原始地貌景觀，是幾千年的風風雨雨，大自然的神工鬼斧造就的傑作。峽谷東西長 8 公里，深 20 公尺，寬 10～60 公尺，峽谷內崖壁森嚴，溝壑

縱橫,雄渾蒼涼,氣勢磅礡,是人們探險和徒步旅行的好去處。峽谷內有「珍珠泉」等泉水潺潺流出,在蒼涼中又給人一份柔情,置身峽谷,感受自然不同。

兵溝大峽谷奇特的地貌受到了影視界的青睞,近年來,在兵溝拍攝電視劇已達百部之多。著名導演陳家林稱讚兵溝大峽谷為「寧夏的好萊塢大峽谷」。

兵溝已成為寧夏乃至西部又一影視拍攝基地。電視劇從兵溝走向全中國,走向世界。

大自然將秦漢歷史文化遺存、黃河、大漠、峽谷濃縮在兵溝一個時空下,可謂得天獨厚。秦漢文化深厚,塞上風光獨特,使兵溝別具風情。兵溝是海內外遊客理想的旅遊勝地。

長城「小龍頭」是怎麼回事

寧夏的長城「小龍頭」,位於靈武與陶樂交界處,與山海關「老龍頭」相呼應,是長城與黃河相交會處,因而被稱為長城「小龍頭」。

這段長城為明代修建,它西起黃河,向東南行經水洞溝、磁窯堡,出寧夏鹽池,終點到達陝西定邊周台子鄉,全長360公里,因在黃河以東,又被稱為「河東牆」。

修復中的長城盡頭,建成寧河臺,有天下黃河第一樓之美稱,由長城登臨五虎墩臺閣俯視旅遊區,黃河岸邊,長城南北,奇異風光盡收眼底。

為什麼說水洞溝曾是人類祖先棲息地

　　水洞溝遺址西距銀川市 25 公里，位於靈武市臨河鄉水洞溝一處面南的崖壁上，是黃河流域中國古代人類活動的遺跡之一，也是目前中國發現的材料最豐富的舊石器時代晚期遺址之一。

　　1919 年，比利時人肯特途經水洞溝時，無意中發現一處斷崖上有數萬年前的披毛犀牛的頭骨化石和一件經過人工打製的石英石片。1923 年，法國神父、古生物學家德日進專程來到這裡，發掘並得到了大批石器和脊椎動物化石。1949 年後，中蘇考古學家曾於 1960 年在水洞溝進行第一次系統挖掘。1963 年，享有世界聲望的中國著名考古學家、古生物學家裴文中先生和賈蘭坡先生又親自主持了大規模的考古發掘，發現有古人用火的灰燼，有鴕鳥蛋皮穿孔製作的裝飾品，其邊緣有磨過的痕跡。1980 年，寧夏回族自治區博物館和地質部門又聯合組成挖掘隊，對水洞溝遺址又進行了新的發掘研究工作，採用地質地貌、C-14 測定等科學手段，最後確定該遺址的年代距今 4 萬～ 2.7 萬年。

　　水洞溝遺址被確認為人類遠古舊石器晚期時代文化遺址，被列為首批中國國家級重點文物保護單位。在這裡發現了野驢、犀牛、鬣狗、羚羊、轉角羊、牛、豬等動物化石 15 種 63 件和各種石器 1.1 萬多件。全部石器分為大型和小型兩部分，內容包括尖狀器、端刮器、新月形刮削器、凹缺刮削器、單面直刃刮削器、矩形刮削器等。據考證，3 萬年前，這裡有近似現在的熱帶地區景觀，人類的祖先曾在這裡棲息、狩獵，已有的湖泊、水草、原始森林、飛禽走獸與古人類和睦相處。現為寧夏主要旅遊景點之一。

寧夏風光：名勝古蹟的輝煌

寧夏有恐龍地質公園嗎

　　位於寧夏靈武市寧東鎮南磁灣的恐龍地質公園，距銀川約 50 公里，2004 年在此發現了規模較大的恐龍化石群。經過專家的進一步考古發掘，此化石群含有至今亞洲已知最大的蜥腳類恐龍。2006 年 8 月 26 日，中國電視臺對寧夏靈武恐龍化石挖掘進行了現場報導，靈武市寧東鎮南磁灣恐龍化石遺址發現 8 隻恐龍的化石。從目前來看，靈武恐龍化石點是中國境內發現的為數不多的近原地埋葬的大型蜥腳類恐龍化石點之一。

　　靈武恐龍化石點埋葬面積大、分布集中、儲存完整。對研究蜥腳類恐龍的形態學、分類學和系統演化具有重要意義。為了解中生代地理及全球古動物地理區系的形成，提供了重要資訊。

一百零八塔有何傳說

　　在古峽一帶，流傳著一百零八塔的迷人傳說。有人說，是灶君率領全家 108 個子孫鑿石開道，根治水害累死在青銅峽谷。為了紀念灶君這位功勳老人，修建了一百零八塔，最頂端的大塔就是灶君老人。也有人說，塔群是測水的標記，以水淹沒塔層測報水情，讓百姓防洪。民間傳說最多的，是穆桂英的「天門陣」。穆桂英有 108 名戰將，點將時就排成這種隊形，也稱「點將臺」，穆桂英打仗使用這種陣形易守難攻，令敵人聞風喪膽，後人建塔以示紀念。據說，不誠心的人是點不清塔群的。還有一種說法是，清順治年間，有一家人因避戰禍歷經艱難，流落至此，忽見塔群真身，認為劫後餘生乃寶塔保佑，為感念佛恩，乃聯繫僧人及周圍民眾捐資修塔及寺廟，完成「浩大之功」，可見塔群是當地民眾燒香拜佛的場所。

一百零八塔形制有何特點

距銀川市南 60 公里，在峽谷西岸峻峭的山崖上，座落著巨大的白色塔群，總計為 108 座塔，俗稱一百零八塔。是中國現存的大型古塔群之一。

一百零八塔，坐西朝東，背山面水，隨山鑿石分階而建。自上而下，按一、三、三、五、五、七、九……十九奇數排列成 12 行，構成一個等腰三角形的大型塔群，塔群的總體布局別具匠心，格局獨特，實屬罕見。

據史書記載，一百零八塔的單體結構略有差異。最上面的單塔，形制最大，高 3.5 公尺，塔基呈方形，為八角形的束腰須彌座，塔身為覆缽式，塔頂為寶珠式，面東闢有龕門，其餘各列塔均為 2.5 公尺高，八角須彌座，寶珠式塔頂。塔體形制，大致可分為 4 種類型：單級塔身為覆缽式；二級至四級，塔身為八角鼓腹式尖錐狀；五級至六級，塔身呈葫蘆狀；七級至十二級，塔身呈寶瓶狀。

一百零八塔是一種實心喇嘛塔，塔心正中立一豎木，內填土坯外砌以磚，塔體外表塗白灰而成，最早的白灰上塗有彩繪，結構合理，氣勢磅礴。

為什麼要造塔 108 座

其實，一百零八塔是佛教紀念性的建築。佛家認為人生有 108 種煩惱，為清除這些煩惱，規定僧人貫珠 108 顆，唸佛經 108 遍，敲鐘 108 響，一百零八塔是為排除 108 種人間煩惱而建。也有人說，一百零八塔是為了佛教密宗中毗盧遮那佛 108 尊法身契印所建的佛塔，建此塔群是對佛的虔誠。

寧夏風光：名勝古蹟的輝煌

沙坡頭有響沙嗎

沙坡頭，古時稱沙陀，元代名為沙山。乾隆年間因在黃河北岸形成了一個寬約 2,000 公尺、高約 100 公尺的大沙堤而得名沙陀頭，諧音為沙坡頭。沙坡頭地形地貌獨特。黃河自黑山峽穿石而過，抵沙坡頭落差 85 公尺。黃河在高 150 公尺、斜度 60 度的河山下轉了一個 S 形的彎，河面漸寬，水勢平穩。每當天氣晴朗、氣溫升高時，人乘沙流下滑，發出一種「嗡──嗡──」的轟鳴聲，猶如金鐘長鳴，聽聲如鐘，尋鐘無影，故得「沙坡鳴鐘」之勝景，是中國四大響沙之一。所謂：「百公尺沙坡削如立，磧下鳴鐘世傳奇。遊人俯滑相嬉戲，婆娑舞姿弄清漪。」正是這一勝景的真實寫照。

古人把鳴沙說成祥異。現在經科學研究得知：沙坡頭緊臨黃河，水面和沙面吸收熱和散熱不同，沙丘底部有水源，天氣炎熱時，沙丘表面溫度很高，人滑動沙丘，壓迫沙子表面熱氣往下走，而沙丘底部冷氣又往上升。沙丘以細沙為主，礦物質成分大多為石英，陽光照晒下，水面和沙面因吸熱和散熱不同產生的氣流上升，形成兩個空氣壁，在外力的帶動下，流沙移動的聲音，在空氣壁發出不同的聲響，形成「響沙」。

高廟是聾子修建的嗎

高廟是一處佛、道、儒三教合一的宗教建築群，占地約 0.4 公頃，宮殿樓閣 260 多間。其始建年代無法考證。民國初年，因廟會不慎失火後重修。高廟的建築形制十分奇特，集中、緊湊、迴曲、高聳，其構造的超群絕倫、氣勢的雄偉壯觀，無不令人嘆服。

提起高廟的建築，當地人總會津津樂道「三大聾子修高廟」的逸事。三大聾子都是中衛人，陳聾子是師傅，從小家境貧寒，無錢上學，隨其叔父學木工活，其叔父脾氣暴躁，教徒十分苛嚴，動輒拳腳耳光伺候。漸漸地他耳朵失聰，人們就叫他陳聾子。其徒弟汪聾子、狄聾子也不例外，真乃「嚴師出高徒」。陳聾子聰明好學，刻苦鑽研技藝，年輕時就已出師帶徒，遠近聞名，先後承建了多處廟堂殿宇。

　　在修建高廟過程中，陳聾子充分發揮自己的技術特長，親自繪圖設計，博採眾長，又結合中衛高廟本身的特點，將高廟布局分保安寺、南天門和高廟三部分組成。以魁星樓、大雄寶殿、南天門、鐘樓為中軸，形成東西對稱格局，由南向北逐次增高，通高29公尺。

　　前部的保安寺山門上建有魁星閣，院內券門小巧玲瓏，極為別緻，以單簷歇山頂大雄寶殿為主體建築。殿內中間塑彌勒佛，東西陪塑四大天王。大殿東側為地藏宮，西側為三霄宮。寺院東西兩邊的陪殿裡塑有十方佛。大雄寶殿之後，有24級磚砌的陡峭臺階與臺階頂上的南天門相連。

　　南天門前，有一個極為珍貴的磚牌坊。牌坊磚雕藝術價值極高，《西遊記》唐僧取經圖人物栩栩如生，十二生肖各具神韻，飛禽花卉相當逼真。一副磚刻對聯：儒釋道之度我度他皆從這裡；天地人之自造自化盡在此間。橫批：無上法橋。東西兩側的兩個門額分別是「天根」、「月窟」，不僅包含著宗教理念，而且將高廟以高見長的特點描繪得淋漓盡致。

　　南天門之上，迎面高臺基上是九楹三層高的主樓，分大雄寶殿、西方三聖殿、五方佛殿三層。主樓前是「凸」字形三層高的鐘樓，塑有觀世音菩薩、太白星等。兩側則是鐘樓、鼓樓、文樓、武樓、四仙閣、觀景

臺等。這些建築物相互間都有天橋走廊相溝通，圍繞在主樓四周。主殿兩翼是由天橋連廊連線的文聖武聖樓。東樓文聖殿，供奉孔子；西樓武聖殿，供奉關公。佛教建築鐘鼓二樓與文武二聖殿宇一樣，均有凌空橫架木製欄柵，供遊人香客憑欄眺望。

三大聾子修建高廟的故事至今仍被傳為佳話，高廟的重新修復為中國建築史留下了寶貴的藝術珍品。

蘇武與寺口有故事嗎

中衛寺口古稱北海，據說天漢元年（西元前 100 年），漢武帝派遣蘇武出使匈奴，以議和修好。可是匈奴單于反目為仇，羈留蘇武作為人質，百般誘降，最終沒能得逞。匈奴單于氣憤不過，就懲罰蘇武在北海牧羊。蘇武牧羊 18 年，心向漢朝，臥冰飲雪，矢志不渝。他的這種崇高氣節感動了看管小吏，匈奴小吏欲放其逃跑，在前有高山阻擋，後有匈奴追兵的情形下，相依多年的兩隻小羊卻又叼住他的衣襟不放，小羊的哀叫聲傳到天庭，感動了玉帝，遂派遣巨靈大仙下界解救。大仙騰雲駕霧到寺口子山頭，向山腰一指，化作一廟，將蘇武變成神像，兩隻羊變成一對金童玉女。匈奴兵搜遍全山只見廟宇神像，不見蘇武，收兵覆命。後來人們為感念蘇武歷經磨難，誓死不投降的偉大氣節，在寺口山裡修建「苦節堂」、「懷漢亭」、「蘇武廟石窟」、「蘇武斷橋」、「羚羊寺」等。現今，寺口子風景區已成為人們休閒、避暑、尋幽、探勝、攀岩、野炊、探古的勝地。

中衛寺口為什麼叫「寺口子」

在中國的地名學中，「口子」乃關口、關隘的意思。寺口子位於黃河南岸，香山北麓，是原古之通道，衛寧之屏障，地理位置非常重要，乃歷代兵家必爭之地。

關於「寺口子」，還有一個詼諧的故事。據說某年某日，一個莊戶漢子趕著一頭懷孕母驢，馱著其懷孕之妻去看望老岳母，走到寺口溝口，漢子因內急去解手，離開了妻子和驢，誰知這時突然發生地震，天崩地裂，兩座山峰正向一塊合攏，坍塌之山石將其懷孕的妻子和懷孕的母驢一起砸死，漢子悲痛欲絕，放聲大哭：我的四口子啊（妻和驢加上懷孕的子和驢駒共是四口）。此後，此地便為寺（四）口子。

這只是個笑話。其實，寺口子地處險要，是連線陝甘寧等地的關隘，由於這裡自古建有蘇武廟和米缽寺，因此，以「寺」為名叫做「寺口子」。

沙漠中有「伊甸園」嗎

通湖，顧名思義是湖水相通相連的意思。據說，有兩個喇嘛在距此3公里處的「水梢子」邊用銅壺取水，一不小心銅壺掉到水裡泉眼，幾日後，有一牧民婦人在這裡發現銅壺，方知兩地地下水系相通，因此取名「通湖」，意思是河上游泉眼相通。實際上，水梢子、通湖及東南方向的龍宮湖確實是一條水系，其泉水屬於暗河，在地下是相通的。

通湖草原旅遊區，位於中衛市騰格里沙漠腹地，景區彙集了沙漠、鹽湖、溼地、草原、沙泉、綠洲、牧村等自然人文景觀，被中外遊客譽為沙漠中的「伊甸園」。在此，可晨觀沙海日出，暮賞大漠孤煙。策馬騎

寧夏風光：名勝古蹟的輝煌

駝或自駕沙漠車、牽引傘等，也可漫步金沙、銀湖、綠洲、藍天、白雲間，流連於牧村、敖包、沙漠人家、駝鹽古道。沉醉於蒙古包中，喝著飄香的奶茶，聽著豪邁的酒歌，看著熊熊的篝火，聆聽悠揚的馬頭琴。深夜，在沙坡上席地而坐，大漠為床，藍天為帳，在寂靜的夜晚與月亮星星對話，與大自然相融。

為何叫水梢子

水梢子，在景色秀美的中衛市城區北緣，騰格里沙漠腹地，是神奇的大漠旅遊勝境。水梢子名字的來歷，據說是從祁連山流過來的一條暗河，到這裡已經到了末端，流出了地面，所以起名叫水梢子。

該旅遊區面積近467公頃，沙生資源極其豐富。西南與西北邊是一望無際的金色沙海，東南邊為通湖草原和硝池湖泊，北邊有連綿起伏的山嶺，還有多處散布著美麗的清泉，整個景區都潛含著很高的沙漠旅遊開發價值。

水梢子旅遊區重點開發了「大漠衝浪」、「清泉探源」、「蒙古歌舞」、「球類比賽」、「特色菜餚」等多種旅遊專案，是中外遊客寄情山水、尋奇覽勝、領略異域自然景觀的好地方。

黃河「洋人招手」礁石得名之由來

黃河從甘肅景泰縣流入寧夏中衛市，有一個十分有名的陡峻峽谷地帶──黑山峽。峽內河道曲折多彎，水流湍急，更有危石險灘和暗流旋

轉的大漩渦，稍有不慎便會筏（羊皮筏子）翻人亡。峽內礁石險灘，各有有趣的名字，如「洋人招手」、「攔虎門」、「一窩豬」、「白馬浪」、「兩姐妹」等。這些有趣的名字還伴有許多傳說故事。例如那塊「洋人招手」礁石，傳說是一外國傳教士乘筏過峽，由於水流湍急，水花飛濺，他眼見筏子要撞上巨石，心驚膽顫，慌忙中躍上巨石。霎時，皮筏像箭一樣隨流疾去。想要搭救他的人卻無法靠近礁石，於是，洋人揮動雙手不斷向過路筏客求救，而至今不可得。當然，這畢竟是人們編造的傳說，不會有誰當真的。但這段黃河峽谷的驚險之處，卻由這些礁石的名字而生動地反映出來了。

老龍潭是因魏徵夢斬涇河老龍而得名的嗎

老龍潭位於寧夏涇源縣城南 20 公里處，為涇水的源頭，由頭潭、二潭、三潭、四潭組成。潭區山高峽深，風景優美。它的得名在大家都看過的《西遊記》中有這樣的描寫：涇河老龍在行雲布雨時，不按玉皇大帝的旨意辦事，擅自改變時辰和降雨數量，結果違犯了天條，玉帝下旨讓唐朝宰相魏徵第二天午時將其斬首。

涇河老龍就立刻託夢給唐太宗，請太宗救他一命。第二天，唐太宗把魏徵召進宮一起下棋，想以此來拖住魏徵，使魏徵到時候不能斬涇河龍王。到中午時刻魏徵便打起瞌睡來，不一會兒臉上大汗淋漓，唐太宗還拿起一把扇子替他搧涼，想讓他睡得安穩些，拖過正午時間，才能救下老龍。正搧著，只聽魏徵大叫道：「殺！殺！殺！」沒喊叫完就醒了過來。太宗問魏徵喊什麼，魏徵說：「我剛才喊殺的是涇河老龍。正當我鬥得滿頭大汗，怎麼也無法下手時，不知從哪裡吹來了一股清風吹得我飄

然而起,我像長了翅膀一樣,輕輕地斬掉了老龍。」唐太宗一拍大腿說:「糟了——我幫倒忙了!人算不如天算!」魏徵沒伸胳脖沒動腿,就這樣在夢中將涇河龍王斬於老龍潭的三潭。現在潭對面峭壁上有個土紅色的洞,洞裡還滲出一絲紅水,據說那就是涇河龍王的血。

柳毅傳書的故事源自哪

因為有了老龍潭的得名,柳毅傳書的故事又與老龍潭結下緣分。相傳,自涇河老龍被斬後,涇河小龍接替老龍的位置,當家做主。這個小龍聰明伶俐,善於辭令。有一次,他跑到洞庭老君家裡做客,洞庭老君見他彬彬有禮,侃侃而談,英俊瀟灑,非常喜歡,就把獨生女兒許配給了他。涇河小龍將洞庭老君的女兒娶回涇河後,便露出了胡作非為、遊手好閒的真面目。後來竟將「賢妻」罰到荒無人煙的沙灘上常年放牧。洞庭老君的女兒一個人在沙灘上煎熬了一年又一年。有一天,有一應考的書生柳毅路過這裡,十分同情她的苦楚,讓她寫了一封書信帶回轉交給她的父母。洞庭老君見信,知道女兒遭此虐待,非常氣憤。他弟弟錢塘老君聽到消息後也萬分惱怒,率兵西征,討伐涇河小龍,將姪女接回了洞庭湖。如今,在寧夏涇源老龍潭的香龍河畔,可以看到一處秀拔挺立的翠綠色的山峰——龍女峰,它就是這個故事裡龍女的縮影。

美高山有何傳說

六盤山雲海,若隱若現,波瀾壯闊,真可謂:處處真成銀色海,青青獨露幾峰高。六盤山主峰米缸山,海拔 2,942 公尺,古稱高山,載入

《山海經》，以其雄偉挺拔的身姿，翠綠的披裝，雄踞黃土高原，成為西北的名山。關於米缸山的來歷，有一個有趣的傳說。

米缸山的半山腰有一塊巨石，在巨石的正面，有一塊形似缸的石頭。相傳很久以前，在「石缸」的下面有一個小孔。每當有人來到這裡，就從小孔內往外漏熟米。人們就把這座山起名叫米缸山，又稱美高山。那時候，從涇源到隆德，要翻越米缸山，都得經過漏米的「石缸」。不管是多少人，每次總是向每個人漏兩碗米，再多一粒也不漏。凡是經過這裡的人，都能吃上兩碗香噴噴的米飯。有一天，一個貪心的石匠路過這裡，他來到「石缸」前，「石缸」為他漏了兩碗米。他吃完覺得還沒有解饞，心想：「如果把漏米的小孔鑿大一點，不就漏得多了嗎？裝上一口袋，在路上可以吃幾天。」於是，他拿出鑿子，把小孔鑿得能伸進一個拳頭。小孔鑿大了，他拿著口袋在下面接，從中午一直等到太陽落山，「石缸」再也沒有漏出一粒米。從那以後，石孔不再漏米了，但「石缸」至今還立在那塊巨石前。

六盤山為何又叫鹿盤山

六盤山，是隴山的主峰，是中國西北黃土高原上享有盛名的一座大山，為何叫六盤山呢？有一個傳說：相傳很久以前，六盤山無路可攀，這裡是望不到盡頭的茂密森林，山峰高聳，無法踰越。在山腳下有座寺廟，廟裡有個老和尚暮鼓晨鐘，唸經修行，以圖求得正果。有一天，老和尚在小溪邊提水時，一隻梅花鹿在溪邊飲水，鹿見到和尚扭頭就跑。老和尚好生好奇，見鹿跑跑停停，好像在示意什麼，老和尚如果追，鹿就跑，不追，鹿就停下來，好像逗著老和尚樂似的！就這樣，追追停停，停停追

追，追了好長時間，不知不覺忽然抬頭，發現爬上了山頂。此時，老和尚回首俯視山下，如詩如畫的景緻，鬱鬱蔥蔥的山色盡收眼底，頓時，老和尚感慨不已。真道是：人間仙境何處覓，鹿引奇峰雲際開。白雲山上白雲寺，四時佳興與人同。這個故事傳開後，漸漸地，人們把這座山稱為「鹿盤(攀)山」(鹿與六諧音)，「六盤山」就被稱為「鹿盤山」了。

須彌山有何故事傳說

關於須彌山大佛，民間廣為流傳著這樣精妙的故事：據說，須彌山原來只有一個造型威儀的二佛爺，在中國遐邇聞名，燒香敬供的人四季不斷。樹大招風，這件事傳到了龍門大佛爺處，大佛爺自認為天下第一，很不服氣，決定找機會比試高低。有一年，趁須彌山廟會之際，大佛爺駕雲而來，在須彌山上空大吼一聲，落到二佛爺的右邊時，頓時驚得目瞪口呆，原來他站著還沒有二佛爺坐著高。見此情景，大佛爺再也邁不動步了，只好留下來，微微張著嘴，垂著手臂，兩目呆直地望著二佛爺，他的洞窟就是 1 號窟。

大佛爺和二佛爺比試的消息很快傳到了雲岡的三佛爺處，三佛爺著實不相信，也想和二佛爺較量一番，於是他來到了須彌山，在山溝裡望見二佛爺那高大威武的身軀，驚得渾身發抖，雙腿一軟，「撲通」一聲坐在溝裡，動彈不了。這就是現在 3 號窟中只有塑形輪廓而沒有面目的三佛爺。遠在四川峨眉山的大佛聽到三個佛爺比試的事情後，很想到須彌山遊覽觀察。他翻山越嶺，千里迢迢來到了須彌山，剛到山腳下，就被二佛爺高大的形象震懾趴下了，形成了現在 2 號窟山腳下的開山巨石。

須彌山屬六盤山餘脈，與西吉縣境內的掃竹嶺、石城一樣，都屬

於黃土高原上獨具特色的丹霞地貌。須彌山石窟就開鑿在整個須彌山東麓，地處絲綢之路必經之地──石門關北側。須彌是梵文 sumeru 的音譯，有好幾種叫法，如修米樓、蘇彌樓、須彌樓等，翻譯過來為「妙高」、「妙光」、「善高」、「善積」等意思，它是佛教典籍中的專用術語，通常人們認為是「寶山」的意思。原本是指印度傳說中佛教的名山。相傳，須彌山高大無比，為神仙聚居之處，有日月環繞之說。許多佛教故事和繪畫都以此山為題材，用來表示天上的景觀和仙境，自然也增加了須彌山的神祕色彩和濃郁的佛教氛圍。

涼天峽為何又稱涼殿峽

　　涼殿峽位於涇源縣城西南 20 公里處，以前叫涼天峽，意思是清涼的峽谷。有了元太祖成吉思汗的避暑行宮遺址，便有了涼殿峽的稱謂。風景區內有小南川、生態植物園、成吉思汗點將臺、天驕山莊、成吉思汗避暑行宮遺址等景觀。這裡森林茂密、植被完好、野生動物出沒、山清水秀、景色秀美、氣候宜人，充分展現了六盤山「無山不綠、有水皆清」的生態環境。

香水峽的荷花是野生的嗎

　　野荷谷又名「荷花苑」，距涇源縣城西北 8 公里，位於南北走向、長約 15 公里的香水峽。沿谷溯流而上，有「忤逆洞」、「荷沁巖」、「香水小橋」、「香水獨山」、「香水腦」等景點。峽谷北岸峭壁參天，華山松滿布石崖，有西嶽華山之雄險；南岸山勢較緩，樺樹、華山松、山楊、遼東

寧夏風光：名勝古蹟的輝煌

櫟等樹種和刺梅、薔薇、珍珠梅等花卉觀賞喬灌木樹種豐雜。因谷底的水生野生植物橐吾（大黃橐吾）遍地，葉片如蓋，形狀酷似荷葉，俗稱野荷；荷葉掩映於蔥蘢的樹木與清澈的河水之中，有江南水鄉之神韻。谷內空氣清新，植被完好，景色秀美。為加強生態保護，減少汙染，有生態型遊覽遊覽車在風景區接送遊客，也為遊人提供小木屋、旅行帳篷、象棋、麻將、撲克等多種休閒、娛樂服務，是人們消夏避暑的絕佳場所。

二龍河名稱是怎麼來的

二龍河位於涇源縣城南30公里處，與涼殿峽一衣帶水，相距12公里，地處六盤山腹地，為南北長5公里的峽谷，是涇河的發源地之一。風景區內茂林翠竹，奇峰連綿，山碧水清，綠波漣漣，似錦繡畫卷，是六盤山保護區森林與野生動物資源最富集的區域，被稱為六盤山「天然生態植物園」和「天然動物園」。區內以大南川（今二龍河水系）、涼殿峽兩條河流為界，有森林面積約1.33萬公頃。以森林探險、科普科考、生態觀光等純自然的生態旅遊為特色，流泉瀑布、茫茫林海、鳥語花香，給人飄然脫俗的感受。六盤山林業工人一棵棵精心栽種的約0.67萬公頃針葉林，1965年試驗成功的次生林改造林帶中亭亭的白樺、挺拔的落葉松，讓人盡情體驗北國風光之雄渾，也由衷地產生對六盤山林業工人在極其艱苦的條件下，近60年如一日保護森林資源、培育後續資源、綠化山川的無私奉獻精神的欽佩與敬仰。徜徉其中，「蟬噪林欲靜，鳥鳴山更幽」，森林、流水、百鳥所奏響的「森林大合唱」會讓您拋棄城市的喧囂與繁雜，體驗返璞歸真、回歸自然的樂趣。二龍河因有大南川、涼殿峽兩條河而得名，也以綠色長廊與銀色河流而得名。

「鬼門關」因何得名

　　鬼門關是二龍河的延伸，屬於峽谷森林探險旅遊景區。在長達8公里的峽谷內，森林茂密，棲息的野生動物種類多，自然景觀獨特。有「桂花崖」、「菊花澗」、「小鬼把門」、「鎮鬼塔」、「跌水潭」、「九階水」、「蘑菇石」等自然景觀。逆水而上，雲霧飄渺，穀風習習，令人毛骨悚然；不時從林中跳出的麅子、林麝、野兔、山雞等野生動物，又讓人感到自然界強大的生命力；唐代名相魏徵與涇河龍王打賭的故事，卻使人聯想到人們征服、戰勝自然的意志和信心。「鬼門關，進來容易出去難」使鬼門關「惡」名在外，但鬼門關的雄奇、險峻和秀美，卻叫人流連忘返。鬼門關的奇，在於它「山重水複疑無路」；鬼門關的美，在於它幽深的林海與繚繞的雲霧；鬼門關的秀，在於它清澈甘甜的泉水與眾多的瀑布流泉……到了鬼門關，才會真正領略到六盤山的「雄、奇、險、峻、秀」，才會真正體驗到涇河源頭這塊「人間淨土」的靈秀與壯觀。

胭脂峽裡有胭脂嗎

　　胭脂峽，位於涇源縣城東北8公里的黃花鄉羊槽村境內，峽谷長5公里，總面積5平方公里。據記載，胭脂峽是古代聚居在這裡的「烏氏」、「鄢支氏」演化到「胭脂川」而來的。在漫長的地質運動中，經過多次造地運動，使胭脂峽形成了神奇秀美的地質景觀，以奇異的山峰、怪石、瀑布為特色，整體結構以「幽、迷、奇、險」為特點。其中落差最大的瀑布高42公尺，有「飛流直下三千尺」的氣勢和「天女散花」般的絢爛多彩。風景區有神奇的「觀音賞曲」、「神像嬉水」、「道人拜月」、「七星

寧夏風光：名勝古蹟的輝煌

石人」、「司春女神」等景觀，形象逼真，妙趣橫生。胭脂峽西與沙南峽相通，東與崆峒峽相連，是觀光、探險的好去處。

火石寨的石頭是火燒的嗎

中國國家級火石寨丹霞地貌地質公園，位於西吉縣北部，火石寨鄉境內，園區面積97.5平方公里。

火石寨的名稱，源於這裡火紅色的山石，早在唐朝時期，這裡曾經是吐蕃的兵寨。傳說火石寨在宋、遼時期原名穆柯寨，是穆桂英的屯兵之寨，當時老道顏容為遼兵布下天門陣，宋將孟良欲取穆柯寨的鎮山之寶 —— 降龍木，逼穆桂英投宋破陣，遂放火燒山毀寨。不料火竟燒紅了山上的石頭，後來人們戲稱當時的穆柯寨變成了「火燒寨」，現在人們所叫的火石寨，取自於「火燒寨」的諧音。

其實，火石寨丹霞地貌是白堊紀六盤山內陸盆地沉積的紅色碎屑岩，經過造山抬升和外力刻蝕，經歷了億萬年漫長的地質歷史而形成的。在火石寨風景區，散布在雲臺山、石寺山、禪佛寺等地的石窟群，與著名的須彌山石窟群相連東西長達50多公里，均是北魏至隋唐時期的建築群。火石寨公園的大石城景點，儲存有大量的明代的軍事建築。火石寨丹霞地貌遺跡，自然狀態儲存較好。與中國眾多丹霞地貌比較，是中國迄今發現的海拔最高的丹霞地貌群，也是中國北方發育最為典型的丹霞地貌群，其風景區內豐富的人文景觀、動植物自然景觀，與火石寨丹霞地貌景觀相互融合，相輔相成，形成重要的旅遊資源。

味蕾盛宴：走進寧夏美食

味蕾盛宴：走進寧夏美食

為什麼說要嘗小吃找回回

　　品嘗美味佳餚，享受他鄉的別緻風味，是每個旅遊者的願望。中國的回鄉寧夏，稻香魚鮮，物產豐饒。勤勞聰慧的回族人民，在與各族人民長期融合的生活實踐中，形成了獨具一格的飲食習慣、釀造經驗和烹飪技術，並逐漸完善具有濃郁的民族風格和地域特色的寧夏清真系列飲食，打造清真品牌餐飲文化。

　　回族清真風味食品，在寧夏盛行的歷史相當久遠。元代忽思慧的《飲膳正要》、黃正一的《事物紺珠》中都有記載。如固原的禿禿麻食，在元、明朝時就頗為流行，距今已600多年。

　　回族風味食品的特色，首先在肉食的選用上自成體系。由於受伊斯蘭教飲食規定的限制，以牛羊肉為主，駝、雞、鴨、魚為輔。對牛羊肉的烹調工藝較精細。如對肉的使用上，必須用水把肉浸泡至透，去淨血水。這樣做，一是符合回族不吃動物血液的習慣，二是煮出的肉其外形和口感較之不去血液的都要好。著名的風味小吃有手抓羊肉、涮羊肉、清蒸羊羔肉、醬牛肉、燴肉、羯羊脖肉燉黃耆、羊肉枸杞芽、燴腰柱、甘草霜燒牛肉等。在寧夏農村有回民筵席十大碗，吃了回民十大碗，你也就領略到寧夏農村回民的飲食特點了。在清真大菜上，有糖醋黃河鯉魚、清蒸鴿子魚、沙鍋雞、牛頭方、金錢髮菜、烤鴨等。還有著名的「清真全羊席」，是用羊全身各部位的肉，加之其他配料精製而成。銀川市著名回族廚師王自忠的「全羊席」菜單包括：「髮菜山」、「扣麒麟頂」、「虎皮肉」、「肉鳳梨」、「羊肉藝豆捲」、「羊肉枇杷」、「肉菜花」、「肉珊瑚」、「黃袍羊尾」等，十分精美別緻，極具特色，反映了清真菜餚的一個側面。

寧夏清真菜在烹飪技術上，以烤、煎、煮、炸而擅長，如烤全羊、手抓羊肉。同時也精於蒸、燒、燜、溜、扒、燉、燴、氽、炒、拔（絲）等方法。就拿「燴」來說，有燴麵、燴丸子、燴小吃、燴夾板、燴羊肉、燴肚絲、燴牛蹄筋、燴羊雜碎、燴假蓮子、燴麻食等。清真菜在口味上，以辣、甜、鹹、酸為特色，吃起來鹹、鮮、爽、嫩，口感純正，精烹細調，進食終日而無重樣，全係牛羊肉而味道迥異。

　　寧夏回族的乾麵食品也非常有特色，而且花樣繁多。除了著名的油香、饊子外，還有餡餅、糖麻丫、羊盤纏、糖酥饃、茴香餅、麻花、餜子、花花、蓧麵柔柔、麻鞋底、餛饃、肉夾饃、孔饃、陰米等。俗語說：「油香軟，饊子脆，要嘗小吃找回回。」

你了解回族傳統食品油香、饊子嗎

　　油香、饊子，是寧夏回族的傳統食品。在寧夏，回民家家都要撈油香和炸饊子，這不僅是為了自家食用，更重要的，它是回族過伊斯蘭教節日和婚喪嫁娶等重大活動，用來招待賓客、餽贈親友的必備食品。

　　撈油香就是炸油餅。但回族的撈油香，它不同於普通意義上的炸油餅。回族撈油香有一套很講究的操作規程。首先，要淨身沐浴（回民叫「洗阿布代斯」），沒有淨身的人是不能站在油鍋前和麵板邊炸油香的，尤其是為過「乜貼」（一種回族宗教儀式）而炸的油香。其次，就是技藝上的要求：和麵發酵時的水溫、用水量都要視麵粉的多寡、氣候的冷暖而定；發酵好的麵糰在用好鹼後要充分揉勻，做好一個個麵劑子再餳會兒，就可以擀麵張子了；一般擀好的油香麵張子有七八寸平盤那麼大，中間厚，邊上略薄，中間用刀切兩道豎口，炸出來的油香其形狀、大

味蕾盛宴：走進寧夏美食

小、薄厚酷似田徑運動場上投擲的鐵餅。油炸也是很講究的，在邊往鍋裡倒油時嘴裡要邊唸《可蘭經》祈禱語；炸油香時，下麵張子要分正反面，不能亂下鍋；要不停地翻轉著炸，稱為「三翻翻」。這樣炸出的油餅色豔餅圓，皮酥裡嫩，十分可口。在回民中有個說法，過「乜貼」炸的油香特別香，被紀念的亡人們會嗅到其香味的。這就是油香的由來。

在寧夏回族聚居的村寨，每逢回族重大節日，如開齋節、古爾邦節等，一進村子，你就會聞到處處飄溢著炸油香的香氣，也會看到身穿節日盛裝的男男女女，他們手端著的盤子裡盛著油香、馓子，在挨家挨戶的互相贈送，互致「色蘭」（問好），送上節日的祝福，構成一幅熱鬧非凡的節日風光圖。

馓子的製作也是很講究的，與撈油香一樣，只是工藝和技術要求更高一些，一般人不易掌握。製作馓子不用發酵麵，和麵的技巧是在精麵粉裡加少量的鹽水、花椒水，再加水調和，反覆揉壓，搓成粗條，做成一個個劑子，抹上清油，放在盆中餳麵。待油鍋熱時，取出劑子用手搓成細長條，在手掌上纏上七圈，輕輕抻長成環狀，然後套在兩根竹筷上，放在油鍋中邊抻邊擺，擺成半橢圓形，等馓子股稍硬時抽出筷子，待炸到棕黃色就出鍋。寧夏回民炸的馓子造類型緻，香脆酥甜，股細條勻，色澤好看，深受其他民族喜愛。

你吃過手抓羊肉嗎

手抓羊肉起源於西亞，是伊斯蘭教「古爾邦節」的節慶小吃，流傳中國民間已有上千年歷史，成為清真古早味的一道名菜。寧夏的手抓羊肉，選用寧夏灘羊中的羯羊烹製，其瘦肉多，肉質嫩，易消化，無羶

味,蛋白質豐富,加之獨特的製作工藝,深受人們的喜愛。凡是到寧夏來的中外遊客,非親口嘗嘗寧夏的手抓羊肉不可。

在寧夏,手抓羊肉的餐廳比比皆是,名店首推「老毛手抓」、「國強手抓」等。其手抓羊肉有鮮、嫩、香三大特色和油而不膩、香醇可口、不羶不腥三個特點;在選羊、煮肉、切肉上有三講究;羯羊肉、羯羊脖子、羯羊湯又是三大滋補品。俗有「陝西羊肉泡饃,甘肅蘭州拉麵,寧夏老毛手抓」之說。「西域第一抓,聞香快下馬」,「不愧老回回」,是貴賓的讚嘆之詞。「老毛手抓」被中國烹飪協會認定為「中華名小吃」、「中華餐飲名店」。

燴羊雜碎的風味獨特在哪裡

燴羊雜碎是一道傳統的寧夏清真小吃,1994 年曾被評為「中國清真名牌風味食品」。羊雜碎是包括羊的頭、肚、蹄、肺、腸、心、肝等部位,經精心烹製而成。在選料上,講究用鹽池、同心、吳忠一帶的優質羯羊的雜碎;在加工上,要按不同的處理要求和方法處理不同的部件,關鍵是清洗乾淨。一碗羊雜碎裡多半是麵肺,「如果沒麵肺,雜碎就沒味」,因此,麵肺的品質很重要。要用清水反覆灌濾瀝淨羊肺裡的血水,再用優質麵粉洗出的澱粉糊灌製麵肺,邊吹邊灌,直到肺灌得脹滿變白,掛起瀝去水分,下鍋煮半小時取出,切絲待用。羊頭、肚、腸、心等燙洗乾淨,煮熟,切成絲。以原湯燒開,下入切好的羊雜碎,加蔥、薑、蒜末(苗)、味精等,放入用羊油炸成的紅辣椒(麵),出鍋盛碗時再加入香菜即成。

寧夏的羊雜碎,數吳忠的最好,到每一個地方你都會看到「吳忠羊

雜碎」的招牌。人們愛吃羊雜碎是因為它色香味俱佳，一碗紅潤油亮，肉爛味辣，熱乎乎，香滋滋的燴羊雜碎，讓你食慾大開。如果在嚴冬，吃一碗羊雜碎，會立即驅逐那渾身的寒氣，讓你舒爽無疑。

你知道羊羔肉的吃法嗎

「羊羔美酒夜光杯」，這是人們對鮮美羊羔肉的讚嘆。寧夏羊羔肉以鮮嫩、爽口、不羶不膩而享譽遐邇。如果你在春夏之交來到寧夏，那正是吃羊羔肉的大好時節。羊羔肉的吃法有多種，寧夏羊羔肉菜餚主要有黃燜羊羔肉、清蒸羊羔肉、爆炒羊羔肉、烤羊羔肉、手抓羊羔等。這些菜餚都已分別登上了「中國名小吃」、「寧夏風味小吃」寶典。以下就黃燜羊羔肉、清蒸羊羔肉和爆炒羊羔肉的特色和做法簡要述之。

黃燜羊羔肉，色澤淡黃，肉爛汁濃，滋味醇厚。選用2～3個月的羊羔，肉切成塊狀，加少許醬油，放蛋黃、粉麵抓拌，然後過油，炸至金黃，盛入碗內，再放入肉湯，加醬油、蔥段、花椒、大料，上籠蒸半小時，取出，倒扣在湯盤內，將湯濾去，加入味精、木耳、香菜葉於湯鍋內燒開，淋在羊羔肉上即可。

清蒸羊羔肉，以其顏色白爽，湯鮮肉爛，香而不膩著稱。將羊肉去淨雲皮，切條，光面向下整齊擺放碗內，放大料、蔥段、薑片、蒜片、料酒、鹽、高湯上鍋蒸透。將蒸透的羊肉扣在深湯盤中，原湯瀝入勺中，燒開，加味精等調製，淋在羊肉上，再撒上香菜段即成。清蒸羊羔肉既能品嘗到湯的鮮美，又可吃到肉的醇香。

爆炒羊羔肉的做法多樣，口味也迥然不同。如今，在銀川地區走

紅的是「黃渠橋羊羔肉」。黃渠橋是平羅縣的一個小鎮，109國道從中穿過，道路兩旁星羅棋布的幾十家餐廳，經營的是清一色的爆炒羊羔肉——黃渠橋羊羔肉。黃渠橋羊羔肉以其肉香、色豔、味辣而著稱。過往的客商以及周邊百餘里的食客，紛至沓來，就是為了一飽爆炒羊羔肉的口福。如今，銀川市區高挑「黃渠橋羊羔肉」招牌的餐廳就有近百家。

你愛吃羊肉粉湯水餃嗎

羊肉粉湯水餃，是寧夏回民最愛吃的古早味小吃之一。它湯鮮味香，稀稠相宜，在天冷時，即有發熱祛寒之效；在飢餓時，又有不增飯量卻能飽食所欲之功。難怪走遍寧夏山川，只要有賣水餃的飯館，必有粉湯水餃備客人食用。

顧名思義，粉湯水餃，粉質尤為重要。粉湯水餃的粉是選用寧夏粉質豐盈的扁豆粉，製成粉坨。此粉坨，放在鍋裡久滾不糊，半透明，有彈性，既好看又好吃。湯的烹製也至為關鍵。將少許羊肉丁炒熟，加羊骨頭湯煮沸，倒入粉塊，打去浮沫後，撒上香菜末、蔥、蒜苗、辣椒油和醋即成。還有人喜歡加入酸菜和酸菜汁，製成酸菜粉湯，那就別有一番風味。羊肉粉湯水餃，無論是做水餃還是做湯，羊肉一定要選寧夏的綿羯羊肉，否則，就沒有獨一無二的寧夏風味了。

製作羊肉粉湯水餃，在水餃下鍋煮的時候，羊肉粉湯已做成，在另一個灶上的鍋內沸騰著。把煮熟的水餃盛入碗中，再將粉湯淋上，這樣湯清且熱，餅皮有韌性且耐嚼，湯湯水水的，辣辣乎乎的，美美滋滋的羊肉粉湯水餃就吃到口了。

味蕾盛宴：走進寧夏美食

寧夏的羊肉臊子麵為什麼香

羊肉臊子麵，是寧夏回族民間古早味食品。在寧夏山川的回民家裡，招待客人的便飯首選羊肉臊子麵了。臊子麵這一大眾食品，中國各地都有，要吃羊肉臊子麵，那還是寧夏的最香。

羊肉臊子（湯），選取寧夏綿羯羊肉製作，肉鮮嫩易爛，不羶不膩，肥瘦適中。將羊肉丁下鍋炒乾水分後，下蔥丁、青蘿蔔丁、蒜片和調味料，再加水熬湯至七八成熟，將豆腐、菠菜、醋、辣椒油放入湯內，待麵條煮熟撈到碗內，淋上羊肉臊子。吃起來香噴噴、辣滋滋、熱乎乎、滑溜溜，真是吃了一碗想兩碗。寧夏的羊肉臊子麵好吃，不光是因為肉好、臊子切得好，還因為麵也好。用寧夏優質春小麥磨製的麵粉粉質柔韌，尤其適合精製麵條。經過手工擀出的麵條，煮在鍋裡不爛，撈在碗裡不斷，柔韌滑爽，十分有嚼勁。

羊肉臊子麵可以變著方法吃，大都是換「藥」不換「湯」。如羊肉臊子小揪麵、刀削麵、飴餎麵等。也有換「湯」不換「藥」的，如賀蘭山野生蘑菇麵、香辣麵、酸菜麵等。

固原風味的羊肉泡饃你嘗過嗎

羊肉泡饃，是西北回族的古早味食品，幾乎西北各地都有。然而，固原的羊肉泡饃，卻有其與眾不同的特色。

固原羊肉泡饃的選料質優。那生長在固原半乾旱草原牧區的牛羊，飼食富含多種礦物質和鹼性的牧草，其肉味美，與眾不同。用它烹製的羊肉泡饃，獨具風味。

固原羊肉泡饃的烹製獨特。將上好的羊肉清洗後放入鍋內，同時將各種未加工的原始調料諸如花椒、大料、草果、桂皮等裝在一布袋裡，封口後放入鍋內，再加適量的生薑、辣椒、大蔥等，一併煮沸，慢火完成蒸煮過程。客人食用時，先將煮熟的肉切成片放入大碗中，添上沸滾的肉湯，多瀝幾遍，直至碗中的肉與湯很熱為止。再放新鮮的蔥、姜、蒜、辣椒油、鹽、香菜等，紅綠白三色相間，熱氣騰騰，香氣四溢，以固原著名的麵食鍋盔相佐，泡入其中，其味之香郁，真是一言難盡。

好吃不過回回的肉調和是什麼

　　調和，就是把米、麵（條）和菜同煮於一鍋，調製在一塊吃，是最普通不過的老百姓家常便飯。寧夏回族民間傳統小吃肉調和，也不例外。只是其味特佳，還飽含著伊斯蘭教飲食文化的內涵。

　　總括清真菜，主要有三種形式，即：清真寺院菜（教席菜）、餐廳商業菜和民間家庭菜。肉調和，源自清真寺院菜。在很早以前，每當古爾邦節（宰牲節）、開齋節等重大節日，清真寺都要宰牛殺羊，擺筵席慶賀。肉調和則是最常吃的飯食。在一口很大的鐵鍋裡，湯是煮肉的湯，肉是剛剛煮熟的牛（羊）肉，再下入稻米一鍋煮，鍋底不斷加把柴火，熬呀熬，直到熬成了稠肉粥。你想，那滋味該有多美！據說，這是阿拉伯的傳統飲食。後來，這一吃法就普及到每一個回族家庭。與此同時，街面上也就有了賣肉調和的。這不，如今銀川大、小粥店（實際賣的就是調和）鱗次櫛比，翻座率還特別高，吃過感覺味道還不錯，可是，比起那好吃不過回回的肉調和來，還是遜色不少。

味蕾盛宴：走進寧夏美食

羊肉燜肚飯和羊齊瑪是什麼

寧夏的清真風味小吃種類繁多，別具一格。這裡幫你推薦兩樣——羊肉燜肚飯和羊齊瑪，讓你吃過後一定會豎起大拇指來。

羊肉燜肚飯，顧名思義，那是由羊肉、稻米、羊肚製成的菜餚。把上好羊肉切成3分（1分＝1/10寸）大小的肉丁，用醬油、鹽、味精、花椒水、蔥絲、薑末醃漬入味，拌入適量淘淨的糯米中，再灌進刮洗潔淨的羊羔嫩肚內，用線紮好肚口，下湯鍋燜煮。待轉硬時，在羊肚上扎幾個小孔，以防脹爆。熟透撈出，切片裝盤。吃時，上籠蒸熱即可。肉香，飯軟且黏，肚爛味鮮，若略加辣椒油或蒜泥，其味更佳。

羊齊瑪，是用各種煮熟的羊下水製成的。把羊下水切成長2寸、寬3分、重1兩的條，用泡軟的馬蓮草捆成小把，用刀將兩頭切齊碼入碗內——故叫「羊齊瑪」。注入用花椒、八角、鹽、薑片熬製的湯汁，上籠蒸一小時取出，翻扣盤中，瀝出原汁。然後用沙鍋盛清湯上火再次燒開，盛盤後淋少許羊油，撒上蔥絲、胡椒粉即成。食用時蘸辣椒油、香菜等，其味鮮香。

炒糊餑是怎樣製作的

炒糊餑，是寧夏回族民間古早味麵食，流行於吳忠一帶。糊餑，即用麵粉烤、烙而成的餅，吳忠人稱之為糊餑。用優質鮮嫩羊肉及鮮羊骨湯澆注，將薄餅炒成，嚼之有勁，滑韌適口，肉片乾香，味道鮮醇。由於膾炙人口，所以當今一些大的餐廳都把它作為一道名菜而上席。炒糊

餄的工序有二，一是製餅，二是烹炒。將精粉用熱水和成麵糰，揉至光滑潤亮後用擀杖擀開，抹油捲起再擀開，用餅鍋（烤爐）烙（烤）至兩面金黃即熟，然後切成1寸長的細條備用。上鍋倒油，待油熱煸炒羊肉片，水氣炒乾後，放入花椒、大料、茴香、桂皮、乾薑等調味料，以及蔥、蒜末、辣椒麵和糊餄，翻炒抖勻，噴上鮮羊骨湯或水。蓋上鍋蓋燜至湯干時，撒上香菜、韭黃、蒜苗、味精即可。

「黃袍羊尾」真的酥嫩甜香嗎

　　黃袍羊尾，是寧夏傳統的回族小吃，因其外表呈金黃色，故取「黃袍加身」顯貴之意。該小吃取煮熟的灘羊羊尾（如果取羊羔尾更為鮮美），去骨，切成小塊或短條，用少量醬油、調料醃製；再放蛋黃、粉麵、優質粉、食用黃色素抓拌均勻；將上漿的羊尾塊放入六成熱的油鍋，炸挺即刻撈出，去掉殘渣；再放入八成熱油鍋，炸成金黃色即出鍋裝盤，撒拌白糖食用。

　　黃袍羊尾這道小吃，色、香、味俱佳。「黃袍加身」不僅華貴，那金燦燦的羊尾塊立即吊起了人們的胃口，讓你急不可耐，伸手欲食。黃袍羊尾味香噴鼻，外酥裡嫩，甜香適口，雖是羊尾製成，卻無油膩之感，吃著順暢滑溜，口感甚佳。如果邀幾個朋友小酌，佐以黃袍羊尾助興，更是意猶未盡，趣味無窮。

　　用羊尾製作的菜餚還有：蜜汁羊尾、拔絲羊尾、高吊羊尾等。有的金黃明亮，甜而不膩；有的軟嫩適中，鮮甜兼備。

「糖醋鯉魚」是康熙敕封的嗎

　　黃河鯉魚是中國的四大名魚之一，是寧夏的著名特產。古詩云：「塞上江南名得舊，嘉魚早稻利同登。」這裡的「嘉魚」就是黃河鯉魚。在寧夏相傳著康熙敕封「糖醋鯉魚」的佳話。

　　康熙初年，為平定噶爾丹部落武裝叛亂，康熙親自率部西征，三次到寧夏。一天來到花馬池（鹽池境內），寧夏總兵王化行接駕，用寧夏特產稻米和鯉魚招待皇上。名廚準備好了飯菜待聖上御用，直到掌燈時節康熙才策馬回府。在慌忙之中，廚師燴魚時誤將糖稀當成醋烹在炸好的鯉魚上，端了上去。知其闖下欺君之大禍，廚師與總兵跪拜在地，請皇上治罪。此時，皇上正飢不擇食，吃得十分香甜，連連稱讚魚做得好，傳令嘉獎廚師，並敕封這魚叫「糖醋鯉魚」。從此，糖醋鯉魚美名四揚。

　　糖醋鯉魚在烹飪上並不複雜，明眼人一學即會。將黃河鯉魚去鱗、剖腹、挖鰓、洗淨，瀝去水分，在魚背上切斜形刀紋數條，裹上澱粉糊，下油鍋炸至金黃色，撈出置於魚盤內。把勺上火，放入香油燒熱，將配好的芡汁倒入勺內，炒成濃汁，放入番茄，淋入香油，均勻地淋在鯉魚上即成。糖醋鯉魚現已成為登上大雅之堂的宴席菜，還是農村喜慶宴上的壓軸菜。其特點為：外焦裡嫩，肉美味鮮，色澤明亮，造類型緻。

釀皮子真能讓人吃上癮嗎

　　釀皮這種麵食，現如今已經是天南地北遍地皆有的大眾食品了。無論你走到哪座城市或者旅遊景點，都能吃到釀皮子。俗話說得好：「天冷穿呢子，天熱要吃釀皮子。」釀皮那清涼爽口、酸辣夠勁的獨特風味，

是人們喜歡食用的根本原由。

釀皮的製作方法不難，但要做出道地的釀皮子，也還不是一件容易的事。寧夏回民的釀皮子，以其筋軟道地、清爽滑溜而稱快。「寧夏釀皮不用誇，黃河兩岸第一家。」無論是本地人，還是外來人，尤其是女士小姐們，吃寧夏釀皮都吃上了癮。

在寧夏各地，都有一些當地出名的釀皮攤點，大都是回民經營，掛著「清真」招牌，吃客們絡繹不絕。這些店鋪非常注重釀皮的品質，嚴把用料關，都選用精細白潔的高筋麵粉，有的甚至自己用冷磨加工麵粉，以確保麵粉筋而不沙。在和麵、洗麵筋、旋皮子上，都有各自獨到的技藝。在作料的配製上也是各有春秋，能滿足不同口味的人的食慾。在道地的寧夏回民釀皮攤點上，不僅能讓你吃得如意，還讓你吃得放心，乾淨衛生那是沒得說。

香攪團好吃嗎

攪團，又稱散飯、碗坨，是流行於寧夏民間的家常「便飯」。一般多用蕎麥麵或豌豆麵，在開水鍋中攪拌而成，冷卻後團成坨，故稱攪團。因盛在碗中成坨，又叫碗坨。過去，寧夏人比較貧窮，為了省錢省糧，攪團就成為家家常吃的便飯了。燒一鍋水，下一些米，米煮成糊湯時，一面不斷地往鍋裡撒麵，一面不停地用香鏟攪鍋，直到飯稠且熟時，一家人圍坐在土炕上，蘸著酸辣鹽水吃「散飯」。雖顯清苦，卻飽含濃郁的鄉土情趣。冷卻的攪團還可以切成塊，帶在身上，以作充飢的乾糧。這恐怕就是攪團的起源了。

「攪團香，香攪團，吃了一碗想兩碗。」此乃民謠中的唱段。這出自「貧門」的攪團真的那麼香嗎？好的攪團精軟柔韌，醇嫩爽口，老人吃著

味蕾盛宴：走進寧夏美食

不硌牙，年輕人嚼著有嚼勁，老少皆宜，人人愛吃。若熱著吃，可配上酸菜、花菜、蒜泥、辣油、醋等作料，淋在碗裡，真是熱乎乎，香噴噴；若涼了吃，可切成條或方塊，蘸著以辣椒油、蒜泥為主要成分的汁子，可謂香辣韌性，嚼味無窮；還可切成塊燴著吃，那又是一番滋味。攪團的原料和製作方法也是多種多樣，有人在製作時加上馬鈴薯塊，美其名曰「泥裡拉石頭」，據說其味更佳。

什麼是回回的「麻食子」

一說「麻食子」，可能許多人不知其為何物。若提起麵食「貓耳朵」，則婦孺皆知。「麻食子」就是「貓耳朵」，是「貓耳朵」正統的「老祖宗」。「麻食子」是回族傳統的民間風味小吃食品，距今已有七八百年歷史。早在元代，由回回人創造之，喚作「禿禿麻食」。相傳，元朝忽必烈在戰亂中曾將孫子阿南答寄養在固原，後來他到固原尋孫。一日，過一山梁突遇大雨，便在一回族牧羊老人索里哈的窯洞裡避雨，雨久下不停，索里哈想招待忽必烈吃飯，可是他窮得連砧板也沒有，情急之下便和了一塊蕎麥麵，掐成蠶豆大小的塊，在手心裡搓成了一個個內空外花的麵捲，煮給忽必烈吃。飢腸轆轆的忽必烈連吃了三碗，問：「這麼好吃的飯叫什麼？」索里哈看看手搓的蕎麥捲像一顆顆麻雀蛋，就隨口說叫「麻食子」，忽必烈點頭稱道。從此，「麻食子」的名字就傳開了。不信，你現在到固原去逛逛，賣「麻食子」的小飯館比比皆是。

「麻食子」形美味更美，很快就傳遍了大江南北，成為中國家喻戶曉的美味小吃。在寧夏山區叫它「吡飴子」，山西人稱之為「貓耳朵」，陝西漢中人叫「燴麻食」，還有的地方叫「飥飥」、「魚兒穿沙」等名。

蕎麵飴餎與燕麥柔柔怎麼吃

　　你要是到寧夏南部山區去，可要親口嘗一嘗當地回族古早味食品——蕎麵飴餎和燕麥柔柔。那可真是與眾不同，回味無窮啊！

　　蕎麵飴餎這種風味小吃，在寧夏已有三四百年的歷史了。它的製作方法獨特而有情趣：在一個大鐵鍋上邊架著一個木製的壓麵床子，鍋裡的水滾沸著，床子裡被擠壓出如粉條狀的蕎麵飴餎，飴餎落入水中，即煮即吃。吃時，碗裡淋上用羊肉丁、馬鈴薯丁等料炒製而成的臊子。其味獨特，韌筋爽溜，辣香微酸，柔軟光滑，清香可口。

　　燕麥即莜麥，是寧夏南部山區的特產，在國內外久負盛名。美國《時代》週刊介紹的十大有益健康的食品中就有莜麥。將莜麥燙或煮後，搓去茸毛，晒乾磨成粉；用溫水調和，擀成餅狀，上籠蒸熟，用飴餎床子擠壓成粉條狀，這就叫燕麥柔柔。燕麥柔柔可淋上臊子，湯湯水水，熱熱乎乎地吃；亦可冷卻後，放上油、鹽、辣油、醋、蒜泥、芥末等涼拌著吃。那獨到的莜麥，濃郁的醇香，讓你流連忘返。

「沙湖大魚頭」為什麼那麼鮮

　　沙湖旅遊區盛產鱅魚，又名花鰱，即胖頭魚。個頭碩大，一般體重5公斤左右，大者有10～15公斤重。鱅魚魚肉細膩，無論紅燒，還是清燉，其味十分鮮美。

　　在沙湖旅遊區的餐廳裡或銀川市進寧北街的沙湖飯店，專門設有沙湖魚宴，每有嘉賓，必有剛剛出水的大花鰱魚頭宴款待。那沙湖大魚頭，盛在一個12～15寸的大拼盤中，滿滿的，讓你驚嘆不已；其味鮮

嫩可口，令人讚嘆不絕。真是既飽口福，又飽眼福，食者無不喝采。

原來沙湖中有一種特製的捕魚「迷魂陣」。用細竹竿在湖中扎柵布陣，形似一個巨大的網箱，設有道道「機關」，讓魚兒進去容易，想出去沒「門」，最後則聚集在一個「網箱」內。一旦餐廳急需用魚，只需駕小船直奔「網箱」，拿起笊籬，像撈餃子一樣把魚撈起，要大要小，盡由人意。「迷魂陣」不僅保證了餐桌上魚的鮮活美味，它還成為沙湖一景，供遊客觀賞，遊客還可以過把癮——自己動手撈魚。

你知道「青貨」碾饌子嗎

寧夏人說的「青貨」，是指那些出自鄉土的、保持原始清香味的，或經稍許加工剛剛上市的，諸如瓜果菜蔬之類的食物，這裡面還包含著「吃青」的意思。像吃苦苦菜、蒸艾、拌榆錢兒、碾饌子等，都是人們百吃不厭的「青貨」。而碾饌子則屬「青貨」中的上乘佳品。

碾饌子是由青稞製成的。每當仲夏時節，蛙聲咯咯，小麥開始灌漿，青稞已日趨成熟。到夏至節令，青稞的籽粒已經飽滿，由軟漸硬，色卻鬱青，是磨碾饌子的最佳時機。一年365天，也只有夏至前後這麼幾天才能吃上碾饌子。可見其稀罕了！

碾饌子的製作也頗有趣味。將摘下的青稞穗，經揉、搓、拌、簸，去其麥芒、皮殼後，放入鍋內爆炒至熟，再搓揉篩簸乾淨，置入石磨上推碾兩遍，粒粒青稞就變成了寸把長的、青綠色的、粉條狀的碾饌子，撒上香油攪拌，使其保持青綠鮮嫩。吃時，盛入碗碟內，調以油、鹽、醋、辣油、蒜末拌之，食之清香爽口、柔韌相宜，別有風味。

銀川的切糕軟又黏嗎

　　民間有一句俗語：「回回兩把刀，一把賣牛肉，一把賣切糕。」可見切糕在回民和回族飲食中的重要地位。在寧夏，切糕數銀川的最好，那潔白清香、精軟黏韌、甜而不膩的切糕，讓你吃過一次想二次，正可謂「同心的雜碎銀川的糕，吳忠的糊餑最耐飽」。

　　切糕是回族民間傳統的食品。它是用江米（糯米）麵和成麵糰，再與紅棗混合蒸成的糕，又叫棗子糕。切糕已有好幾百年的歷史了。四五十年前，銀川街頭賣切糕的人手推一輛獨輪車，「吱扭」、「吱扭」地響著，一邊吆喝著：「切糕！切糕！」車前車後簇擁著一幫婦女和小孩，你一塊我一塊地爭相購買。只見那賣糕人從不用秤量，一刀下去不偏不倚，不多不少，手裡很有「分量」，這成為當時銀川市井一絕。隨著時光的變遷，這市井風光已不復存在，但銀川的切糕卻依然賣得紅火。

　　切糕的吃法，一般是撒上些糖直接食用，也有把切糕夾在餅中食用的，還有人把切糕買回去上鍋用油煎或炸著吃。江米有「益氣止瀉、溫中散寒」之效，富含脂肪、蛋白質和多種維他命及礦物質，所以，切糕是老弱婦孺皆宜的美食佳品。

銀北的麥芽糖舊時有名嗎

　　麥芽糖是寧夏山區回族愛吃的一種民間風味糖果，已有數百年歷史了。那酥香脆甜、好吃耐嚼的麥芽糖，營養豐富，健身袪病，是老少皆宜的美味食品。

味蕾盛宴：走進寧夏美食

舊時的銀川，秋風一過，大街小巷就會出現一個個手拎籃或肩挑擔的小商販，吆喝著「呱呱糖！糖板子！」那後邊總會戲謔著一群頑童：買的，吃的，打的，笑的，十分熱鬧，成為城市的一道風景線。這種風光能一直延續到來年的春天。寧夏的麥芽糖數銀北的最好，即平羅、惠農一帶，據說當時就有30多家熬糖的作坊，舊時有名的「毛家糖坊」，就是惠北回民毛義山、毛義川兩位製糖藝人辦的。

麥芽糖是用米、穀等糧食製作的，銀北的麥芽糖主要用的是大麥和大糜子。其製作工藝尤為講究，須經過去殼洗淨、曝晒蒸煮、高溫入甕、密封淋汁、熬糖製形等工序，非高手莫能。

麥芽糖的品種多樣：製成白色棒狀內多孔的，叫「呱呱糖」，咬著酥脆，嚼著黏牙，那一張一吸嚼糖時的聲音和嘴部的動作，酷似「呱呱」叫的青蛙，故以得名；農曆臘月將至，「灶糖」就上市了，灶糖體形大，像一個個連在一起的小饅頭，相傳是上供給灶王爺的供品，好讓灶王爺吃甜了嘴──上天言好事，黏住了牙──不能說壞話；做成板狀的、內銜炒熟的黃豆的，叫「豆板糖」；製成黃澄澄、硬邦邦呈三角狀的，叫「皮糖」，是最耐吃的一種；還有一種「麵糖」，呈方形，如紙薄，層層疊疊，吃起來酥軟夠甜，咬起來掉渣，咽起來噎人，真是吃著香甜，餘味無窮。

甜醅如何吃

甜醅，是寧夏南部山區回族民間傳統飲食，它是用莜麥（燕麥）或青稞製成的。將莜麥的茸毛搓洗乾淨，放至鍋內加水燒開，再用文火煮至莜麥顆粒開口為止。待晾涼後，將甜醅曲均勻地攪拌於其中，裝入瓦

盆，放在熱處讓其發酵，至穄麥色明亮、味香醇時，甜醅就釀好了。吃法，可以直接食用，亦可與冷開水混合製成飲料。甜醅香醇濃重，甜溢味美，解渴消暑，提神開胃，實乃美味佳品。

寧夏南部山區的回民，常以甜醅待客。在固原等地的小食品店或飯館裡，有時也會買到甜醅。如果你趕上了山區的集市，那裡一定會有賣甜醅的，花錢不多，就讓你大飽口福。

孔饃與陰米酥為何物

孔饃與陰米酥都是寧夏回族民間傳統的食品。

關於孔饃，還有一段民間傳說。相傳很久以前，賀蘭山一帶野草叢生，荒無人煙，牧羊人到這裡放羊，來回就得十天半月的。有一個姓哈的回回到這裡來放羊，他隨身背著乾麵粉和一對銅罐，銅罐一大一小，可相互嵌扣，是路過鐵匠鋪時，買來當鍋做飯用的。一日，哈回回用羊奶和了一塊麵，吃揪麵片，不料麵粉和多了，剩下一塊麵糰，他就扣在銅罐裡，等第二天再吃。第二天一看，麵發酵了，滿滿一罐子，吃又吃不成，扔了又怪可惜的，他靈機一動：何不烤成乾糧充飢？於是他在地上挖了一個坑，撿了一堆乾柴放入坑內點著，等火勢著過剩下木炭星時，把嵌扣好的銅罐埋入火星裡。過了很久，火星全熄滅了，他從灰燼中取出銅罐，打開一看，一個又圓又大、焦黃發亮的烤饃出現在他的眼前，掰了一塊嘗了嘗，嘿！又沙又軟，香酥可口。哈回回烤饃的方法漸漸在牧羊人中間傳開。

後來，主人辭退了哈回回，哈回回沒羊可放，為謀生計他進了寧夏城。在城裡東轉西轉也沒有找到工作，他索性就賣起了烤饃。由於哈回

回烤饃技藝獨特、味道香醇，很快就招攬了許多顧客。因為這種饃是烘烤出來的，起初人們叫它「烘饃饃」。又因為它像麵包一樣鬆軟多孔，香甜味美，大家又都叫它「孔饃饃」。從此以後，寧夏城賣孔饃的都是清一色的回民，都使用特製的銅質嵌扣緊密的「孔饃鍋」。如今，民間這種傳統烤製的孔饃已不多見，取而代之的是用電烤箱烤製的新式孔饃。

陰米酥，是一種用糯米製成的酥餅，是回族招待親朋好友的美食。其做法是，先將糯米浸泡多時後上鍋蒸（煮）熟，涼後，用手拍成一個個圓餅狀，放在背陽的地方陰乾，俗稱「陰米」。將乾透的陰米放入油鍋煎炸，至陰米呈黃色時撈出。陰米酥脆香酥甜，色香味俱佳。可乾食，亦可泡在奶茶裡或蘸著作料吃，其香酥味不減。

回族風味小吃中「燴」有何含義

寧夏回族民間傳統的風味小吃，可真謂名目繁多，琳瑯滿目，數不勝數。烤、煎、煮、炸、爆、炒、溜、燴、燒、燉、蒸、燜、涮等烹飪手法，樣樣不缺，廣泛採用。在眾多手法中，「燴」是採用頻率最高的手法之一。

無論是回民家庭的家常便飯，還是街頭巷尾的清真小吃餐廳，乃至大的星級飯店，到處都是「燴」字當頭。從極普遍的燴肉、燴麵、燴菜、燴粉，到大眾化的燴羊（牛）肉、燴羊雜碎、燴丸子、燴小吃、燴夾板、燴肚絲、燴牛蹄筋、燴假蓮子、燴蘋果、燴狗牙豆腐、燴酥肉等，再到上一級品味的燴腰柱、燴什錦、燴鯉魚、燴酥鯽、燴鴿子魚、燴沙湖大魚頭等。就連回族民間傳統的「筵席十大碗」，其中就有八大碗都離不開「燴」。由此可見，「燴」在回族民間古早味小吃中的地位和作用了。

儘管都是燴，但由於各自選料、用料、製作、烹調的不同，其味道、特色也迥然不同。絕不是大雜燴，而是風味各異的特色小吃。這就是回族最講究、最愛吃的「燴」製菜餚。如「回民筵席十大碗」中的燴丸子：丸子酥爛，湯濃味香；燴夾板：夾板軟韌可口，外酥裡嫩；燴肚絲：肚絲韌性，香辣適口；燴羊肉：湯鮮肉爛；燴假蓮子：用馬鈴薯炸成假蓮子，色黃軟嫩，滑潤香甜；燴蘋果：白湯，金黃的蘋果，散見的青紅絲，軟爛甜香；燴狗牙豆腐：軟嫩，湯濃味鮮，別有滋味；燴酥肉：酥脆鮮香。雖都是大眾菜餚，但各有各的味道。

銀川滿族的風味飲食有哪些

自從紈褲子弟「隨龍入關」，入主朔方，寧夏也就出現了滿族。滿族集中聚居在銀川的新滿城，即今日的新城（現為金鳳區）。這個由東北移居塞上的民族，帶來了他們傳統的民族飲食，加之塞上江南，魚米之鄉，肥牛嫩羊，以及與回漢民族的生活交融，入鄉隨俗，創造出了銀川新城別具一格的旗人飲食風味。兩三百年來，銀川新城滿族的風味飲食，受到銀川及周邊地區眾多食客的青睞。

◆ 豆汁兒

新城一年四季都有這種小吃。它是把小綠豆或扁豆泡軟，用水磨磨成糊狀，稀釋發酵，煮熟即飲。如配以大餅、鹹菜，實為一種清淡經濟的吃喝。還可在豆汁裡下米或麵條，稱之為「粉水調和」、「粉糊子麵」，是銀川人愛吃的食品。

◆ 酸菜火鍋

火鍋源於東北，品類繁多。新城酸菜火鍋，融東、西北風味於一體。以細絲酸菜裝鍋底，上放豬羊肉，豬肉須煮熟再過油，這樣吃起來不膩。將肉切成薄片擺放鍋上，一邊是燒肉，一邊是熟羊肉，再放些炸好的夾板、丸子之類。加肉湯，架火燒火鍋，煮開可食。

◆ 羊肉酸菜湯澆麵

這是新城滿族人冬天麵食中的一絕。旗人沒有不喜愛吃酸菜湯麵的。新城旗人利用塞上的肥美羊肉，創造的羊肉酸菜湯澆麵，不僅譽滿銀川，而且已成為寧夏人冬季最受歡迎的家常便飯。

◆ 羊肉熬水蘿蔔

這是一道應時菜。每逢春末夏初，銀川的水蘿蔔一上市，新城的餐廳裡便賣起此菜餚。將羊肉上鍋煸炒，放少許水熬湯，成白湯，放入水蘿蔔一塊煮。出鍋時加薑汁、胡椒麵、蔥、香菜，口味淡雅清香。還可製成羊肉水蘿蔔湯澆麵，十分可口。

◆ 羊肉胡蘿蔔滾豆腐

這是特別適宜老年人和身體虛弱者食用的藥膳小吃。做法是選用上等羊肉，切丁、煸炒、汆湯，肉爛後放切片紅蘿蔔熬至軟透，再放切片豆腐，開鍋即成，湯菜一鍋出。若蘸韭菜花吃，別具一種風味。

◆ 窩兒苤藍

此菜在老滿族人的家裡還能見到。過去紈褲子弟兵出征時，家人為其必備之物中就有窩兒苤藍，幾百年來它流傳至今。新城的滿族人，每到秋季，就買一些苤藍，削去外皮，在其中部挖一個小窩，將炒熟粉碎

的小茴香掺上鹽麵填滿於窩內，在陽光下晒去窩內醃出來的水分，然後儲存待用。經過醃晒的窩兒苤藍，體積縮小幾倍，宜儲存攜帶。食用時，切細絲，用開水浸泡，濾去水分，拌以香油、作料即可，為鹹菜中之上品。

◆ 混糖餑餑

旗人把用麵粉做成的食品統稱餑餑，如水餃叫「煮餑餑」。每逢中秋時節，新城糕點鋪就有混糖餑餑賣，又叫混糖月餅。是把紅糖、胡麻油滲入白麵中，用水或奶和麵，不宜硬，做成圓餅，放吊爐烘烤。這種沒餡的糖餑餑，吃起來酥軟香甜，尤其受老年人的喜愛。

漿水麵與酸苦苦菜好吃嗎

固原地區盛產小麥，麵食則成為家家戶戶的主食。在這裡，過去盛行一種漿水麵，它是農家婦女智慧的結晶。吃麵離不開醋，可是山區莊戶人家吃醋非常困難，精明的家庭主婦們便創造出一種醋的代用品──漿水。在開水鍋裡焯幾片白菜葉和少許蘿蔔絲，撈出後納入瓦罐中，封口置於鍋灶溫暖處，令其發酵，每日新增適量的清麵湯，三五天後漿水便做成了。漿水其味酸香，酸度不及醋烈，香味卻比醋濃，可用其拌麵，亦可做湯澆麵，清湯的、帶菜的、有肉的、涼的、熱的，吃法各異，風味獨特。漿水，這一道地的固原土產，已深深融進了固原的歷史文化和飲食文化之中。

無獨有偶，在寧夏山區民間，有一種叫酸苦苦菜的飲食，可稱其為漿水的「同胞姐妹」。酸苦苦菜，是把苦苦菜用開水焯透，用清麵湯或米湯發酵。其做法和漿水如出一轍。它不僅可用來佐餐，就是空口單吃，

也是止渴充飢的上品。在過去艱難的歲月裡，它為人類立下了救命延生的功勞。說也奇妙，有胃病怕吃酸的人，若吃上一碟酸苦苦菜，那胃呀，比吃「胃必舒」還舒坦。

如今，隨著城鄉人民生活水準的提高，生活習俗的改變，已經很難看到漿水麵與酸苦苦菜了。

你吃過地軟子嗎

在寧夏山區，有一種野生的菌類名叫地軟子，亦稱地皮菜。黑色，圓圓的如銅錢大小，一串串、一片片地趴在荒山、草灘、田埂的地皮上。陰雨天後，地軟子則舒展開了身子，是拾撿的極好機會。只見三五成群的婦女孩子們，手提籃子在拾地軟子，孩子們邊拾邊唱：「天轉轉，地轉轉，羊糞蛋蛋變成地軟軟。」

地軟子是天然的保健食品，含有多種維他命和微量元素，營養價值極高。用地軟子製餡，可蒸著吃包子、捏著吃餃子；亦可拌冷盤，做湯，其味極佳。在銀川的一些餐廳和大的超市裡，地軟子小籠包子是顧客搶手的食品。在西吉縣的鄉村裡，有個大年三十吃地軟子攪團的習俗。據說，吃了地軟子攪團，就不再想吃地軟子包子了，可見其味更鮮美。

你聽過正月十五「叼燈盞」的鄉俗嗎

要問起正月十五的風俗，人們會不約而同地說是吃元宵、鬧花燈，這幾乎成為華夏民族的共同習俗。可是，你知道嗎？在寧夏南部山區還

有一種別樣的風俗，它叫「叼燈盞」。「燈盞」是類似窩頭的一種蕎麥麵食。正月十五這一天，山村的婦女們就圍著鍋臺蒸燈盞。燈盞形似元寶，拳頭大小，中間捏出一個小窩，裡面用來放胡麻油。還有捏成十二屬相的。臨近傍晚，女人們在「燈盞」的小窩裡盛滿香油，用燈芯草纏些棉花作撚子，放在燈盞的小窩裡，一盞盞的點亮。然後，分別放在堂屋、灶房、倉房、圈棚等處，以祈求一年風調雨順，五穀豐登。這一夜的前半夜，家家都不閉門戶，只等別家的孩子們來「叼」燈盞。如果誰家的燈盞被叼走得多，象徵著誰家的人氣旺盛，一年吉利。天黑了，村子裡影影綽綽竄動著許許多多小身影，那是「叼」燈盞的孩子們。

入夜了，人們又都圍坐在一起，每個人面前都有一個燈盞，大家說著笑著，看誰的燈盞亮，燈花大。傳說燈花兒最大的，這個人一年賺的錢最多。油燒乾了，大家就一起吃燈盞。倘若這一天有滿天紛揚的大雪，那是最好的兆頭了，當地的諺語說：「正月十五雪打燈，一年莊稼準保成。」

寧夏的礦泉水哪裡的好

寧夏優質的飲用水源、礦泉水、純淨水，幾乎是到處都有。要從優中選優，當推彭陽縣和吳忠市利通區了。

彭陽礦泉水，是產自縣城西一處天然礦泉水井，井深360多公尺，含水層為下處白堊統砂岩，人工的孔隙裂隙水，承壓自流，日湧水量5,000立方公尺。水質清純，甘甜可口，富含多種營養成分和微量元素，屬重碳酸硫酸鈉鎂型。其感官要求、限量指標、汙染物和微生物指標，均符合飲用天然礦泉水指標。尤其是含有鍶，被命名為鍶型飲用礦泉

水，含鍶量為 2.568～2.768 毫克／升。鍶是人體骨骼和牙齒生長所必需的元素，具有調節血管構造，保持人體營養平衡和促進人體微循環等作用，特別是能預防高原地區多發性心血管疾病。

能與彭陽礦泉水媲美的，要數吳忠市利通區的罐裝礦泉水了。該水產自利通區孫家灘開發區內牛首山南麓的滾泉，據史書記載，該泉已有 560 多年的歷史。其礦物質和微量元素均達到中國國家標準。鍶的含量為 2.6 毫克／升，與彭陽水相當。水質也與彭陽水一樣，日開採量為 91 噸。

彭陽、吳忠利通區的礦泉水，是中國含鍶量最高的礦泉水。

回族為什麼愛喝蓋碗茶

蓋碗茶，亦稱三炮臺、刮碗子，是回族傳統的飲茶習俗。因為飲茶的工具是由托盤、喇叭口茶碗和碗蓋三部分組成，故稱蓋碗和三炮臺。喝茶時，須不斷地用碗蓋刮著茶碗喝，所以寧夏人稱為刮碗子。

蓋碗茶流行於中國各地回族之間，相傳始於唐貞觀年間。該茶因配料不同而有不同的名稱。一般有紅糖磚茶、白糖清茶、冰糖窩窩茶、三香茶（茶葉、冰糖、桂圓）、五香茶（冰糖、茶葉、桂圓、葡萄乾、杏仁）、八寶茶（紅棗、枸杞、核桃仁、桂圓、芝麻、葡萄乾、白糖、茶葉）等。寧夏的八寶茶在各地商場超市都設有專櫃銷售，品牌多樣，不僅是當地人青睞的飲品，也是外地遊客首選的地方特色產品。

寧夏回族可以稱是飲茶最盛的民族，其生活起居，步步離不開茶。有民諺云：「不管窮漢富漢，先刮三晌蓋碗。」回民過乜貼（宗教活動）擺茶、待客敬茶、三餐泡茶、餽贈送茶、聘禮包茶、齋月散茶、節日宴茶、喜慶品茶等等，真是事事、時時離不開茶。他們根據季節的不同、

個人口味和身體保健的需求，配製出不同的茶。夏天多飲茉莉花茶，冬季愛喝陝青茶。驅寒和胃，飲紅糖磚茶；消積化食，飲白糖清茶；清熱瀉火，飲冰糖窩窩茶；提神補氣、明目益思、強身健胃、延年益壽，飲「八寶茶」。還有明目清心的枸杞袋泡茶，止咳化痰壯陽的鎖陽膏茶，滋陰補腎的羊骨髓茶和八寶甜麵茶等。真是名目繁多、琳瑯滿目、豐富多彩的茶文化。

「客人遠來，蓋碗先擺。」蓋碗茶是回民待客必備飲品，講究「輕、穩、靜、潔」的飲茶禮節。端茶碗、擺茶，要輕；沏茶要穩要準，不可濺出；環境要幽靜，窗明几淨，不可嘈雜；茶碗要先用開水沖淨，一塵不染，再抓茶和配料，表示為客人敬上的是一盅新茶。「新」乃「心」也，表達主人對客人一片熱忱和誠心。

「金茶銀茶甘露茶，比不上回族的蓋碗茶。」、「回回老人壽數長，早起禮拜喝茶湯。」在中國第三、第四次人口普查中，寧夏的百歲男女老人分別為 22 人和 33 人，其中回族就占了 21 人和 27 人。這些回族老壽星的共同特點，就是早起禮拜，嗜飲茶，絕菸酒。可見蓋碗茶對強身健體大有裨益。

你會喝回族的蓋碗茶嗎

乍一看題目，你可能心裡嘀咕：誰還不會喝茶呢？非也！在回族家裡做客，如果你不了解蓋碗茶，又不會正確地端茶碗，正確地喝茶，那會鬧出笑話來的。

回族是一個很好客的民族。你只要在寧夏山川走一遭，無論是到回民家裡去做客，還是有事上門打擾；無論你是貴客親友，還是陌生路人，

主人總是十分熱情地請你上位就座,先端上一盅蓋碗茶來款待你。可見蓋碗茶是回民招待賓客的見面禮,是主人表示歡迎和喜悅的代言物。

用來盛茶的蓋碗是由盅座、茶碗和盅蓋三部分組成,多由高級細陶瓷燒成,上面繪製彩色的蘭菊花卉和伊斯蘭經文,十分文雅別緻。茶多是八寶茶,簡單的也要有三四樣「寶」,如茶葉、紅白糖、紅棗、枸杞那是不能少的。如此雅致的蓋碗茶當然要講究喝法了。

喝第一盅茶事關重要。當主人擺上茶後,你應不慌不忙地雙手從盅座把茶端起至胸前,以示對主人的謝意。然後,左手托著茶碗,用右手的拇、食指抓住盅蓋的頂部,拿起盅蓋斜傾著在茶碗裡刮幾下,這就是寧夏回民說的「刮碗子」,它是喝蓋碗茶的代名詞。再後,把盅蓋斜扣在茶碗上,端至嘴邊輕輕一吸,香氣噴鼻的蓋碗茶就流入你的口中。切記,不可一口氣把茶水喝光,盅子裡要常留著半碗茶,待主人添水後再飲;亦不可用一隻手直接拿起茶碗來喝,這樣做都有失禮節。

茶喝過一盅後,之後的茶就可以隨意喝了:刮碗子既可端在手中刮,亦可放在桌上刮;喝茶既可雙手端著飲,亦可單手拿著喝。但有一條你要記住——喝茶時盅蓋一定要斜扣在茶碗上,否則,會鬧出讓你有茶吸不到口的尷尬。

品過六盤山區的罐罐茶嗎

中國是茶的故鄉,茶文化可謂無處不在。六盤山區的罐罐茶,實為中國茶風俗花園中的一枝奇葩。

百里不同風,千里不同俗。六盤山的罐罐茶有著與眾不同、頗具特色的喝茶方法。罐罐茶,顧名思義,必須有一個茶罐。有趣的是,六盤

山喝罐罐茶的行家們的茶罐,是一個高不過三四寸、直徑不過半寸、底粗口細的粗砂黑釉陶。專用陝青茶或粗磚茶,將茶葉撚碎放入罐子中,倒入冷水,放在火爐上,直等熬過三滾四沸,然後潷出那麼一小口,潷完後再重加水熬,邊熬邊喝邊加茶葉。不管人多人少,就那麼一個小罐,輪著喝,俗稱「搗罐罐茶」。抿上一口,又苦又澀,半天回過味來,才品出茶香。「任憑天氣怎樣枯焦,只消早夕喝上兩罐罐,整天都不覺得口渴。」「鹹水、窖水都有股味兒,罐罐茶可以除去怪味。」當地的老鄉如是說。一方水土養一方人,難怪罐罐茶受人們的寵愛。

在陰雨綿綿的日子裡,在閒暇的時光中,一個紅紅的火爐,一個小小的茶罐,一瓦罐涼水,一兩個茶盅,便足夠圍坐的六七個人喝上兩三個時辰。這鄉間的融融情意,流傳至今,成為塞上民俗風光圖。

「寧夏紅」何以成品牌

「每天喝一點,健康多一點。」這是中國家喻戶曉的廣告語,它說的就是枸杞果酒「寧夏紅」。「寧夏紅」是採用鮮枸杞榨汁、發酵、運用生物工程技術釀造而成的一種高級健康果酒。它最大限度地保留了枸杞的精華成分,含有豐富的功能因數、維他命、常量及微量元素。

「寧夏紅」枸杞果酒色澤純正,酒體澄清,口感醇厚,回味悠長。它既保持了枸杞鮮果色香味之新,又具有超高的營養和保健價值。同時,具有延年益壽抗衰老、補腎生精健體魄、滋潤皮膚美容顏、清神爽氣增免疫的功效。飲用「寧夏紅」,既能享受飲酒的樂趣,又能得到身體健康,感受天然的綠色滋補。

「寧夏紅」在中國走紅以後,不僅帶動了寧夏枸杞產業的發展,對中

國的枸杞產業也形成了一定帶動作用。「寧夏紅」還入選「中國最具影響力的20個酒類品牌」，與茅臺、五糧液等國酒齊名。行業專家評審團給了「寧夏紅」這樣的入選理由：「寧夏紅是葡萄酒以外的果酒代表，在寧夏紅之前，還沒有一個果酒把市場做得像葡萄酒市場一樣大。枸杞做酒的時間很長，但沒有一個如此成功。寧夏紅在這一領域是開拓性品牌作到了第一，它讓其他果酒類看到了希望。」

你知曉張寡婦黃酒嗎

在寧夏，只要提到張寡婦黃酒，一般上年紀的人都知道。張寡婦黃酒品質殊優，不僅蜚聲塞上，而且名揚西北。

張寡婦，名張袁氏，1867年生人，與其夫在金積堡（今吳忠市境內）開一小酒鋪，以賣醪酒為生。夫病故，時年23歲的張袁氏獨撐門面，做起了釀製黃酒的生意。由於她聰穎過人，性格剛強，潛心摸索釀酒技術，經過3年苦心研製，終於製出了一種配方別緻、工藝獨特的上乘黃酒，在金積堡七八家酒鋪中脫穎而出，深受鄉鄰的好評，人人愛喝張寡婦的黃酒。久而久之，張寡婦黃酒就出了名，時為清朝光緒年間。

張寡婦黃酒色香味俱佳，酒汁明澈亮黃，甘醇馥郁，猶如玉液瓊漿；汁液濃釅，斟之掛碗，飲之沾唇，沁人肺腑；可是長時間存放，埋在地下，年代愈久，酒質愈佳。此酒還是滋補佳釀，具有舒筋活血，養陽潤肺，祛寒補氣等功效，常被中醫用做最佳藥引。在甘肅，至今還流傳著「蘭州的二一旦藥，離不開張寡婦的黃酒」的口謠。那時候，來自西安、青海、內蒙古的沽酒者，絡繹不絕。馬鴻逵也把張寡婦黃酒作為

特產，送給南京政府的達官貴人。後來，此酒又傳入沿海、香港和新加坡等地。當時銀川天主教堂的英國神父，也將此酒作為禮品帶回英倫三島。因為張寡婦黃酒的緣故，商家紛至沓來，金積堡成了寧夏最繁華的地方。

張寡婦的經營之道，令世人稱道，她尤其注重黃酒的品質，原料選最好的，水用最甜的，十分注意衛生，從不弄虛作假。張寡婦黃酒的配方和製作工藝一向不為人知，為防止祕方外傳，她只傳給兒子。到1980年代，張寡婦黃酒祕方傳到她的重孫張玉林手中。1982年，張玉林照著祖傳祕方炮製了一罈黃酒，將它獻給了「寧夏土特產品品嘗會」，經專家品評一致認為，此酒與當年張寡婦親釀的黃酒毫無二致。人們頻頻舉杯，祝賀這一百年名酒又獲新生。

寧夏的優質紅棗都有哪些

紅棗，是物美價廉的滋補品。《本草綱目》稱：「棗肉味甘、平、無毒，主治心腹邪氣，安中；養脾氣，平胃氣；通九竅，助十二經。」寧夏紅棗產區大都分布在黃河兩岸，以靈武、中寧、中衛等地最為集中，如今賀蘭山東麓又成為優質紅棗的種植區。寧夏的紅棗以其肉質細密，色絳味甜，富含維他命，遐邇聞名。優質紅棗有：

◆ 中寧紅棗

核小肉厚，自古以來就是遠近聞名的優良品種。在中寧縣棗園堡一帶，成百上千畝的大棗園，綿延數十里不絕。每逢八九月間，碩果纍纍壓彎枝頭，棗香飄溢沁人心脾，呈現出十分壯觀的棗園景色。

味蕾盛宴：走進寧夏美食

◆ 靈武長棗

果實呈長橢圓形，顆粒碩大，顏色深紅，鮮棗脆甜可口，單粒果重平均在 15 克以上，是棗中上品。一直遠銷香港、澳門，盛果期每日空運的鮮棗達數噸。

◆ 賀蘭脆棗

實乃棗中奇葩，每粒棗的平均單重都有 35 克多，最大的棗單重約 100 克。一般而論，一斤棗也就秤 10 個左右。這是特別培育出來的矮化密植型棗樹，適宜在賀蘭山東麓地理環境和氣候條件下生長，是鮮食棗的優良新品種。該品種定植第二年畝產可達 750 公斤；4 年後，則穩定在 1,500 公斤左右。

寧夏清真肉食品產業狀況如何

寧夏利用塞北廣袤的草原和寧夏灘羊、肉牛的優勢，中國政府大力發展牛羊肉產業，全區已形成具有一定優勢特色和初具規模的肉牛、肉羊產業基地。清真牛羊肉產業不僅滿足了城鄉回族人的生活需求，還積極開拓國內和國際牛羊肉市場，努力培育清真品牌，逐步達到規模化、規範化，以適應市場需求。清真牛羊肉產業的發展，又帶動了清真餐飲業、飼料工業、草產業、皮毛絨加工產業等相關產業，呈現出產業鏈齊頭並進的良好發展。

清真牛羊肉，是寧夏四大策略性主導產品之一，產業帶遍布寧夏，有大型加工企業 11 家。寧夏農墾賀蘭山清真肉羊產業集團，是目前中國最大的清真羊肉加工基地，該集團產業齊全，符合國際出口品質衛生標

準和清真食品要求規範,也是寧夏區內唯一獲得出口資格的清真肉羊產業集團。

銀川著名的餐飲店有哪些

來銀川的外地人,一定想了解當地著名的餐飲店和各自的特色。下面作一扼要介紹:

- 寧夏凱達大酒店。是一家四星級旅遊涉外飯店,位於南門廣場東側。該店的「寧夏枸杞營養宴」,突出膳食營養,調理人體陰陽平衡,防病除疾,受到自治區烹飪協會及專家的充分肯定和好評。
- 沙湖賓館。位於文化西街,集吃、住、行、遊、購、娛為一體,深得社會各界的好評和認可,被中國烹飪協會授予「中華餐飲名店」。沙湖春色、古夏烤羊背、魚米之鄉、沙湖大魚頭等,是該店的特色菜。
- 德隆樓餐廳。地處市中心,其特色菜涮羊肉、德隆扒雞、烤羊羔、紅扒牛頭、鐵鍋蛋以及京、魯、川、全席大菜,備受顧客青睞。在中國首屆清真烹飪大賽時,德隆樓奪得了金、銀、銅3項4個獎牌。
- 老毛手抓美食樓。被譽為「中華名小吃」、「中華餐飲名店」、「寧夏餐飲名店」,是創始於1915年的回族老店。接待過30多個省市、40多個國家、100餘家媒體的百萬賓客。「毛強」是「寧夏著名商標」。
- 迎賓樓。銀川市老字號餐飲,久負盛名,這是一座地處市中心,集羊肉泡饃、各種火鍋、冷飲等多種飲食為一體的綜合性餐廳。賓客多為本市的老顧客,也是旅遊者品嘗寧夏風味的好去處。

- 銀川黃鶴樓清真飯莊。中華餐飲名店，以大眾化、地方風味化經營寧夏風味名優小吃，珊瑚百花王、松仁牛仔粒、西瓜八寶飯是其代表菜餚。
- 京津春餐業。始建於1960年，是寧夏清真老店。以經營京、津、魯菜和寧夏地方特色菜餚而馳名區內外。二樓有自選中、西式速食，三樓有KTV雅座。

還有許多的名菜名店，如銀川飯店的羊頭搗蒜、龍眼麒麟頂，世紀大廈的罈子全羊和什錦南瓜盅，工會大廈的鮮枸杞園魚、五色發糕和椒鹽羊棒骨，一品羊肉搓麵館的一品羊肉老搓麵等等。以上名菜、名點，都是清真小吃美食節的獲獎菜餚。

寧夏風土：民居與生活的百態

寧夏風土：民居與生活的百態

回族民居有哪些種類

　　寧夏是一個回族聚居的省區，回族民居大致呈現大分散、小聚集的分布形式。其民居種類也因川區、山區、城市、鄉村而不同。

　　山區回民多居住窯洞，在一些山大溝深的地方，人們世世代代以窯洞為居所。有的人家還用土壘製成院牆，在院內一塊平坦的地上，坐東面西再蓋一、兩間一面坡的小土坯房，與窯洞相伴，實為深山溝的一個點綴。如果山裡有水草較豐盈、土地較為平坦的地域，那裡一定會出現回民的聚居社區，小的十幾戶、幾十戶，大的成百家、上千家。寧夏六盤山區處處可以看到這樣的回族民居群落。這裡的民居，則是一面坡或者兩面坡（起脊）的土坯房。山區民居，建成坡頂房，是因為這裡雖然天旱少雨，一旦下雨，則是暴雨和冰雹。

　　川區鄉村的回族民居，與山區不同，幾乎是清一色的平房。早先這些平房多為土木結構，呈一字形或「虎抱頭」形布局。「虎抱頭」，則是在一排面南的房屋西頭，緊接一個坐西面東房屋，多做廚房用，產生阻擋西北風禦寒的功能。回族的平房也不同於漢族的平房布局，它呈一字形排列，坐北向南，兩明一暗（外屋兩間、內屋一間）式居多。不講究布局的中軸線，也沒有四合院。清真寺，是回族民居群落的代表性建築。回民居住的村鎮，其民居都是圍繞清真寺而建。

　　有句俗語說：「回民有錢蓋房，漢民有錢存糧。」在寧夏農村，隨著生活條件的改善，建築材料也由土坯、土木變成了磚石、水泥、鋼筋、混凝土、鋼骨結構等。住房也由土坯房、窯洞逐漸換成磚瓦房、樓房等。在川區村落，幾乎難以尋覓土坯房的蹤跡。在山區，回族民居也基本告別住窯洞的歷史。

城市的回族，由於長期與漢族雜居，其民居沒有什麼顯著特點。過去，在城市的某一角落有回族的聚居社區，如銀川市的南門一帶、西關周圍，大都是平頂房民居。現今，由於城市改造，民居全部建成樓房。像銀川市，平頂房的民居已蕩然無存，隨著回族居民搬遷到樓房居住，原來回族聚居的社區也漸漸消失。

南部山區的窯洞民居有何特點

　　寧夏南部山區地處黃土高原，那裡的民居大都是窯洞。這是西北地方特有的居住類型。在天然黃土斷崖面挖掘的窯洞叫崖窯，它是利用黃土的直立性強，易挖培成型，稍加人工改造，就使之成為適合人居住的房屋。窯洞在建造中，用水量極少，更不需大量的木材、磚瓦、水泥等建材，非常適合乾旱少雨、交通不便的山區營造居住。而且，窯洞又有冬暖夏涼的優點。於是，寧夏南部山區的居民，世世代代就以窯洞為生存之居所。

　　窯洞底方頂圓，大小、深淺不一，有些裡面還有套窯。山區回族的窯洞，一般是正中間的作為主窯洞，裡面約1/3的地方盤著一個大火炕，家中的長者居於此，也是接待客人的處所。主窯的兩邊有側窯。一孔是供燒水做飯的火窯，一進門也有一盤火炕，裡端和鍋臺相連，鍋臺既做飯，同時又燒炕，火窯炕上也可住人。另一孔側窯，供已婚的兒子、媳婦居住。窯洞中的套窯一般用來儲藏物品。還有專供老人唸經禮拜的小窯洞，叫高窯子，一般位於窯外上側。

　　在山區還有一種叫「忙上炕」的土窯洞。這種窯洞挖得不深，窯頂通常也很低，窯門小得像個碉堡的窗口。這窯裡的炕沿就挨著門，上了炕

寧夏風土：民居與生活的百態

就等於進了門，進了門也就是上了炕，所以叫「忙上炕」。冬天，煨熱了炕，堵嚴了門，任憑外邊寒風呼嘯，窯裡暖烘烘的舒服得很；夏天，敞著門睡覺，清爽透涼，仰面能看見滿天的星斗，瀟灑無比。

還有一種土箍窯，多建在住平頂房民居的地方。它是在平地上用土坯和麥草泥，藉助窯楦子壘砌箍拱而成，同樣具有窯洞省水省料、冬暖夏涼的特點。土箍窯是人們對窯洞這一古老民居文化的傳承與發展，展現了民居文化的內在連繫。正如窯洞是由原始人類居住的洞穴逐漸演變而來的一樣。不過，現在這種土箍窯早已退出了民居舞臺，已難覓蹤跡了。

如今，隨著社會的發展，人民生活的富裕，許許多多山裡人也像都市居民一樣住上了高樓洋房，居住窯洞的人已為數不多了。窯洞也慢慢退出民居的歷史舞臺，將作為文物讓人們追思那逝去的歲月。

銀川的四合院與馬鴻逵的「將軍第」是什麼樣子的

舊時銀川民居，多為四合院。在銀川市中山南北街、解放街、鼓樓南北街等地，是四合院聚集的區域。四合院強調對稱協調，主次有序，沿中軸線左右展開的布局，傳統色彩很濃。銀川典型的四合院，正面是上房（廳房），一般為三間，體量比其他房屋高大一些，地基也高於其他房屋，房前有一高出地面的平臺。上房的左右各建耳房一間，如有後院，一側的耳房便是通往後院的過道。院子的左右兩側各建廂房數間，三、五、六間不等，相互對稱。與上房相對而建的房屋叫對廳，間數與上房對應。在對廳左側開一門叫腋門，出門是大門道，直通街門。如對

廳臨街做店鋪用，則街門開在對廳的中間，不再另設腋門。一些有錢有勢的人家，則擁有幾個四合院，形成前後院、左右偏院相連，主次分明，各有不同的功能。尤以馬鴻逵的官邸為代表。

馬鴻逵的官邸座落在中山北街，時人稱「大公館」，是一座有三進院落的正院和隔街的偏院組成的大宅第。正院坐北朝南，門前的巷口有一座三楹的木構牌樓，大門是磚木結構，高聳的門樓鑲嵌一石額，上書「將軍第」三字。門前有一堵磚雕的大照壁，石鼓、石獅各一對。大門兩側是衛兵的住房。進大門是前院，東西兩側廂房是侍從人員住地。過前院進二門，迎面一幢磚木結構、高大軒昂的二層平頂式樓房，面闊五間，進深三間，樓下是會客廳，樓上是書房，樓房四周迴廊相繞。東西兩側各有 5 間「磚包城」結構的廂房，是主人工作、活動的中心。繞過樓房進入後院，後院由上房、廂房及其他建築組成，是主人和家眷生活起居的地方。隔街還有偏院，是停車、養馬，為其服務的各種輔助建築。

如今，隨著城市改造，舊房拆遷，四合院漸漸退出歷史舞臺，至今已蕩然無存。

作為歷史，作為古蹟，四合院的逝去，不能說不是時代的遺憾。

「寧夏城」街巷名稱演變之趣聞

銀川市，舊名「寧夏城」。1947 年，國民政府批准設定銀川市。當時，只管轄現今銀川市的興慶區。而今日銀川市金鳳區的西部城區叫新城（滿城），因此，人們又稱「寧夏城」為「老城」、「舊城」。寧夏城的大街小巷歷經了千百年的變遷，歷史地印證了時代的鉅變，社會的發展。而街巷名稱的幾經更換，也生動有趣地反映出時代的特徵。

寧夏風土：民居與生活的百態

「寧夏城」原是一座方形的磚色城，四周由城牆包圍，建東南西北4座城門樓。城內以鐘鼓樓（十字鼓樓）為城市中心，道路全部呈東西、南北走向，非常有序。

過去寧夏城街道的稱謂，以「市」為名者居多，如米糧市、騾馬市、糠市、磑子市、北柴市、草巷子、蘆蓆巷、羊肉街口、鐵匠街、車巷子、木頭市等；以「位置」、「處所」取名的也不少，如南頭道巷、法院巷等；有以「人名」、「姓氏」命名的，如王元街、丁家巷、納家巷等；還有以街道「狀貌」稱謂的，如山河灣、柳樹巷等。柳樹巷就是現今最繁華的「行人徒步區」（鼓樓南街），只因早先街道旁有許多古老的大柳樹而得名。山河灣是一條小巷，卻有東南西3個出口，分別與鬧市糖市（鼓樓北街）、解放街、米糧市（民生街）相接；巷道曲折拐彎，內有一個進出黑乎廟的路口，黑乎廟是舊時演唱秦腔的露天大劇場。因此，這裡從早到晚，人聲鼎沸，有氣壯山河之勢，故名曰山河灣。如今，這些舊街名，絕大多數已不復存在，唯獨山河灣的名稱，自古到今都沒有改變過，實為銀川街巷之少見。

銀川街道名稱在近代經歷了多次的變更，大的變更有5次：第一次是在1942年，蔣中正要來寧夏，馬鴻逵大改街巷名，以迎合蔣中正的治政綱領；第二次是1950年代初；第三次是「文革」時期；第四次是「文革」後的「撥亂反正」（中國在毛澤東等人發動的文化大革命結束後，鄧小平等人為糾正文革錯誤、改變當時中國混亂局面、使中國局勢趨於穩定而進行的一系列平反和社會改革，發生於1970年代末至1980年代初）時；第五次是20世紀末，大興都市計畫時期。比如原王元街，1942年改稱民族南、北街，現今更名為玉皇閣南、北街；原柳樹巷、糠市，更換為復興南、北街，現今叫鼓樓南、北街，其地理特徵更為鮮明。

街道的更名更能反映銀川市幾十年來翻天覆地的變化。1960 年代修築的銀新路，是當時唯一連線老城銀川和新城的公路，是一條不到 10 公里的石子路。到 1970 年代，在其北邊又修了一條，這兩條路分別叫銀新南路和銀新北路。本世紀初，這兩條路都建成了漂亮的八車道高級公路，則更名為黃河路和北京路。尤其是北京路，是貫通銀川市的 50 里長街，堪稱一條亮麗的風景線。

銀川的新舊「滿城」在哪裡

　　滿族，是中國 55 個少數民族之一。清朝建立後，康熙十五年（西元 1676 年）派八旗軍駐防朔方，滿族也就落戶於寧夏，當地人稱其為「旗人」。至雍正三年（西元 1725 年），進駐寧夏的清軍改為永久駐防，全部滿營官兵都在寧夏定居。因此，寧夏旗人從雍正三年開始建造「滿營」。「滿營」又稱「滿城」，是旗人居住的城堡。銀川的「滿城」，先後有兩座，俗稱「舊滿城」和「新滿城」。

　　「舊滿城」是雍正三年開始建造的，位址在寧夏府城（今銀川市興慶區）東北 5 里處。城建成之後，為旗兵的永駐之地，稱為「寧夏滿營」。在乾隆三年（西元 1738 年）的一次強烈地震中，這座建成不久的滿城，就全部坍塌為廢墟。究其緣由，皆因「所擇地基，本屬低窪，且土性鬆浮，原非可以建城之地」。於是，「另擇高燥地基，以為久遠良圖」的「新滿城」建設，從乾隆五年（西元 1740 年）開始動工。自此到 1949 年中共建國的 200 多年間，這裡的地名一直就叫「舊滿城」，「文革」時改名「滿春」，即今日的銀川興慶區大新鎮滿春村。

　　「新滿城」選址在寧夏府城西 15 里處的平湖橋西南，俗稱「新城」，

是現今銀川市金鳳區所在地。城為正方形,「東西三里七分半,南北也如之,共延長七里五分,高二丈四尺」。東西南北 4 座城門命名為:「奉順」、「嚴武」、「永靖」、「鎮朔」。建有「城樓四座,馬道四座,甕城門四,門樓四座,角樓四座,鋪房八座,炮臺二十四座,水溝二十四道,城河一道,寬三丈,深一丈」。城內各級官署和八旗駐地,皆按固定的方位整齊布局,有將軍府、都統署、協領署以及兵丁營房等。城內還有關帝廟、萬壽宮、城隍廟、馬王閣等廟宇和牌樓建築多座。各旗的旗駐地及莊園分布於城四周,曾呈現一派果園繁茂、綠樹成蔭的景象。

如今,舊滿城只剩下了歷史的遺址。新滿城隨著時代的變遷亦不復存在,替代它的是現代化的都市風景。

功能齊備的土建築群體 —— 大寨子

大寨子,是過去寧夏少數鄉紳大戶人家的住宅,多建在鄉村,一般都歷史長久,遠近聞名。在銀川平原有許多地名就是以其命名的,如銀川的「陳家寨」、賀蘭的「馬家寨」等。

大寨子的最大特色是它的圍牆。寨子無論大小,必有高高的、用土夯築而成的圍牆,否則就不稱其為「寨子」。大寨子圍牆一般高 2 丈多,牆頂約五六尺寬,外沿砌有女兒牆,有的還建有譙樓,供更夫巡夜放哨用。圍牆的功能主要是為了防禦。

寨子的大門叫車門,顧名思義,其門之大可供馬車、牛車出入。整個寨子猶如一座小的城堡,寨子裡建有一個或兩個四合院供主人使用。進了車門是寨子的外院,外院多是長工夥計的住房、庫房、碾房、磨房以及車棚、牲畜圈棚等建築。穿過外院,踏入院門,則是內院,是主

人、家眷生活起居之所，一般為四合院結構。上房、廂房以輩分排序居住，上房兩側的耳房或對面的廳房，則是下人，如奶媽、侍女的住所。由此可見，整個寨子是一個功能齊全的建築群體。

稱大寨子為土建築群體，是因為它主要是用土建造而成，與城裡的磚瓦樓房相比，尤顯其「土」。大寨子的主人，又都是土豪鄉紳之類。中共建國後，土地改革鬥地主、分田地，各處的大寨子都分歸貧下中農所有。其後，「大躍進」、「農業學大寨」（1960 年代初至 1970 年代末在中國開展的一場政治運動）年代，寨子牆逐漸被挖掉用於平整耕地。再其後，改革開放（1979 年），農村規劃居民點，傳統的莊子和大寨子已不復存在。

暖烘烘的土炕有何特點

舊時的寧夏民居住房，一進門，一盤大土炕就映入眼簾，幾乎家家都是如此，特別是在鄉村，不論是山村，還是川區。如今，在城市，土炕早已銷聲匿跡；就是鄉村，土炕也不易見到。如果問問當今的年輕人：「什麼是土炕？」那確實是個鮮為人知的問題。

土炕，是北方極為普遍、最經濟、最實用的民居建築物，是居家生活最不可缺少的實物。舊時的民居大都是一間或一大間住房，房子蓋好後，首先屋裡要盤炕。面南的房屋，炕一般都盤在屋裡西邊。一盤炕與屋子的南、西、北牆連線，幾乎占去房子的一半空間。顧名思義，土炕，就是用土建成的、供人睡覺的、能用柴火烘燒取暖的寢具。在農村，砌炕叫盤炕，它是用土坯砌好炕牆和多個支柱，上面擔上一塊塊炕面子（用麥草、土和成泥製成的正方形板狀物），再用細泥抹平。在炕的

前牆留一個燒火的洞，或在這裡盤一個燒炕、做飯兩用的土坯爐灶，在炕的西南角沿屋牆砌一個煙囪。盤炕、砌爐子講究訣竅，技高者盤成的炕，燒火燒得旺，不倒煙，滿炕都熱，還省柴火；技拙者盤的炕，火不旺不說，還倒煙，費柴火。

土炕是中華北方各民族之搖籃。尋根問祖，北方人，哪一家的先民們沒在土炕上生活過？「三十畝地一頭牛，老婆孩子熱炕頭」正是那個時代的寫照。一家十幾口圍坐在暖烘烘的熱炕上，親密溫馨，真是其樂融融。土炕好大、好暖、好舒坦啊！睡在上面暖和、平整、腰板直。真想再體驗那久違的土炕。

回族聚居村落——納家戶有何來歷

位於銀川市永寧縣城西北角的納家戶，是寧夏著名的回民聚居村。在納家戶現有人口中，98.5%都是回族，回族中75%又都姓納。納家戶距今已有600多年的歷史，它的歷史淵源、宗教禮儀、民俗文化、農耕商貿等，很早以前就享有盛名。如今，這裡又建起了「中華回鄉文化園」新的旅遊景觀，中外遊客紛至沓來，絡繹不絕。

據說，納家戶人的祖先是元朝忽必烈時期的大政治家賽典赤‧瞻斯丁及其子納速拉丁。《陝西通志》記載：「瞻斯丁子納速拉丁，子孫甚多，分為納、速、拉、丁四姓，居留各省，故寧夏有納家戶，長安有拉家村，寧夏納氏最盛。」納家戶回民聰慧精明，勤於農耕，擅長經商。長年來，這裡經濟昌盛，文化繁榮。清朝同治二年（西元1863年），納家戶人發動了反清起義，會同通昌、通貴、平羅、寶豐的回民義軍，一舉攻占了寧夏府城（現銀川市）。同治六年（西元1867年）初，左宗棠部

進軍寧夏時遭到黃河北岸義軍的強烈抗擊，其中抵抗力最強的就是納家戶人，他們採用地道戰，拚死抗拒清軍，直至糧盡彈絕。納家戶人英勇頑強、可歌可泣的反清起義，充分顯示了他們反歧視、反壓迫的民族性格和英勇頑強、堅貞不屈的精神。

納家戶回民屬伊斯蘭教「格底目」教派，寺院實行「三掌教」制度。納家戶人在歷史的繁衍發展中，其宗教地位日益顯耀，出現了宗教集權現象，下屬小寺的主持阿訇由總寺「伊瑪目」指派，小寺的教民每當大的節日要到大寺聚禮、散「乜貼」。每當會禮，總寺的禮拜人數逾萬。納家戶回民的飲食起居、婚喪嫁娶、禮儀禮俗，極具個性特色。八寶蓋碗茶、手抓肉、油香、撒子、炸糕、羊雜碎等風味小吃，以及二毛裘皮製品、純毛掛氈等手工製品遠近馳名。

納家戶清真寺是寧夏著名清真寺之一，距今已有400多年歷史，融漢唐藝術和阿拉伯風格於一體。大寺規模宏大，風格獨特，由正殿和門樓兩部分組成。正殿為捲棚歇山勾連塔形式，高低錯落，鱗次櫛比，非常壯觀。殿內40餘根紅漆木柱挺立其中，宏闊雄偉，氣勢不凡。正殿前方，巍巍聳立著重簷歇山頂的門樓建築即「邦克樓」。門樓左右陪立著十分美觀的「望月樓」。登高遠望，「東面黃河西靠賀蘭山」的塞上江南美景，盡收眼底。

回族民居遺址 —— 馬月波寨子在哪

寧夏是回族聚居地區。然而，隨著歷史變遷，真正儲存下來的、歷史較長且有一定價值的回族民居，在寧夏已是鳳毛麟角。位於吳忠市利通區東塔鄉境內的馬月波寨子，就是為數不多的、年代較早的回族民宅之一。

馬月波寨子建於民國初年，距今已有一個世紀。馬月波是當地一位十分富有的商人，馬月波寨子是主人按照自己的意願設計建造的，曾是當地最雄偉壯觀的建築。寨子是一座三合院式建築，分前院和裡院，共建房屋100餘間，有寬厚高大的寨牆包圍，拱式的大車門，南正中角有一條用條石墊基、磚石鋪面的大路。民居的磚雕與木刻裝飾達到了很高的水準，充分展現了回族人民的智慧和回族建築工藝的高超，是回族民居建築的瑰寶。

遺憾的是，十年浩劫（文化大革命）使這座原本完好的寨子被逐步拆除，現僅存正房和東西廂房，還有一段長數十公尺、厚三四公尺、高四五公尺的寨牆。風化雨蝕，門窗、廊柱已經脫漆、開裂。幸運的是，利通區已把馬月波寨子定為縣級文物保護單位。吳忠市邀請相關專家學者召開了吳忠歷史文化學術會，採納專家建議，已將這座古蹟的保護和挖掘工作，提到了議事日程。馬月波寨子有望恢復其歷史真面貌。

回族庭院有哪些特點

回族是一個極具審美觀的民族，歷來有清潔、文明、愛美的傳統。寧夏回族的庭院，最能反映這一特點。

走進回族聚居的村落，你就會看到街道平整清潔，戶戶門前乾淨俐落。庭院中栽滿了花草樹木，有的還栽種藤本植物，在院子的過道搭起一個拱廊；有的人家喜歡培育盆花，窗臺上、院落裡花紅草綠，環境幽雅，空氣清新。在院子的一側，大都有一口水井，井臺高出地面，上有木製或磚砌的井沿，井口上必有井蓋，打水桶放在井蓋上。現今多用壓水井或小型機井，但必有井罩扣在上面。回族視水如同生命，用的水尤

其講究潔淨，不能有絲毫汙染。

　　回族婦女很愛美，她們喜歡在院子裡種植鳳仙花（俗稱指甲草），不只是為了觀賞，還用來做化妝品。她們用鳳仙花的花瓣加明礬搗碎，晚上敷在指甲蓋上，再用葵花葉子包裹住，第二天打開，手指甲便呈橙紅色，光澤豔麗，久不褪色。在還沒有指甲油的年代，愛美的女人常用它染手指甲，不僅美觀，還保養皮膚使之不生肉刺。

　　回族的庭院井然有序，窗潔門淨，勤奮打掃，一塵不染。雞鴨籠養，牲畜有圈。廁所在院子的後面，廁所裡備有黃土，大小便後隨時用土掩埋。有的較為豪華的住宅，特別是寧夏南部同心、固原公路沿線一帶，都有內、外院之分，內院是主人一家的住宅，外院是待客室和儲藏室。外大內小，中間有院牆相隔離，院牆上開一月形拱門相通。院牆、院門上多用綠瓦做成飛簷，門窗多用黃漆塗刷，更顯美觀、大方、亮麗。

　　早在1930年代，記者范長江在《中國的西北角》一書中這樣寫道：「寧夏河東至金積、靈武，為回族最多的地方，尤以金積為回民最密之區，他們處處表現不一樣的精神。金積境內的道路水渠，沒有不是井然有序的，農地中阡陌整齊，荒廢之地絕難發現，對於農事之耕耘除草，也能功夫實到。」可見，回族愛美、勤奮的特質表現在各方面。

回族民居裝飾上有什麼特色

　　寧夏回族民居在布置與裝飾上，十分鮮明地表現出他們追求生活享受、表達宗教信仰和藝術情感的特點。

　　首先，在色彩的運用上，把他們對於自然和生活的熱愛，對於宗教

信仰的虔誠，表現得淋漓盡致。綠色，是穆斯林民族的建築主色調，無論是清真寺建築，還是民居建築，都可以感受到回族對於綠色的青睞。那富有生機的綠色和純潔無染的白色，象徵著伊斯蘭教聖俗相生的哲學意蘊；那土地和沙漠所映現的黃色，象徵著中國穆斯林世世代代灑在它們之上的汗水；那海天一碧的藍色，曾經襯托過他們祖先們的身影；而如火如荼的紅色，又正是中國穆斯林性格的騰躍。這鮮明的五色，構成了中國穆斯林特殊的色譜，也同樣點綴著寧夏回族民居的庭院和居室，表現著寧夏回民獨有的審美心理。

其次，在民居雕鏤繪描裝飾圖案上，也有其獨到的見解。回族尤其喜歡以牡丹、葡萄等花木，山水等自然景觀以及一些抽象的幾何圖形作為裝飾圖案，在房屋的簷頭、檁榫、門窗、牆壁、家具乃至照壁上，或雕或畫，古樸典雅，別具一格。就連回族家中張貼的畫，以及地毯、毛巾、枕巾的圖案也如此這般。此間，人物的圖案或畫像是絕對沒有的。偶爾出現個別鳥等動物，也僅僅是整個圖形的點綴。這都反映出穆斯林民族的宗教思想。

此外，在回族家庭的擺設上，一般多懸掛伊斯蘭風格的工藝鏡、克爾的掛毯、「杜阿」掛件等。其圖案多為中外著名的大清真寺、天房、花鳥圖案和阿拉伯文的《可蘭經》書法作品。在一些傳統的回族家庭中，桌案上還設有香爐、香瓶、香盒的「爐瓶三設」，兩側則擺放《可蘭經》經匣。沒有以上陳設的，也要在案上正中央放一個小紅木箱，上面置一香爐，箱內放置經文書典。這種典型的回族家庭陳設，目前已不多見。

回族日常生活中有哪些交往禮俗

　　回族穆斯林在生活中極為重視的日常交往禮俗，在各穆斯林民族中具有代表性。回族在兄弟、姐妹、夫婦、妯娌以及長輩與晚輩等家庭成員之間的團結和睦、互敬互愛和彼此尊重，是令周圍人們稱讚和羨慕的。

　　在處理家庭成員關係的問題上，回族在日常生活中做到有禮有節、井然有序。回族日常生活中對女性的要求較為嚴格。如在衣著上，要求女性外出時要戴上蓋頭，不能穿領口過低和露出四肢的服裝。在一些極為傳統的回族家庭中，婦女是不允許剪頭髮、不允許化妝的，要崇尚自然美。他們認為，真主既然把一個人締造成這個樣子，就不能再刻意地改變它，否則就違背了真主的意願。婦女要恪守「節」、「孝」、「善」、「順」，杜絕「第三者」的出現，維繫家庭和諧，反對離婚。女性在回族日常交往活動中扮演著極為重要的角色。

　　在日常生活中，處理長輩與晚輩之間的關係上，回族一貫信奉「上慈下孝」的原則。主要表現在對長輩的「敬」和對晚輩的「愛」。如正房多由長輩夫婦居住，其擺設、裝飾都充分顯示出主人的身分，有客來訪時往往先引見給老人，日常飲食起居都由晚輩服侍等。家裡有重大事情，也是多聽長輩的意見再定奪。長輩對晚輩的「愛」，主要表現在對媳婦的關愛上，盡力做到對媳婦不存有偏見，調解好兒子與媳婦、媳婦與媳婦（妯娌）、媳婦與小姑、媳婦與叔伯之間的關係。長輩在主持家務上，力求公道、合理、不偏不倚，讓每個家庭成員心服口服。有事召開家庭會議商議，是回族民居中的一個優良傳統。

　　在日常生活中，回族兄弟姐妹之間的團結互助精神往往令周圍其他

民族自嘆弗如。諸如對老人的贍養、飲食娛樂、財產分割等利益相關問題上，總展現出你推我讓、和氣商議、圓滿解決的氛圍。在同輩人之間，從親密的稱謂、暢快而有節制的言談，到共同擔負生產生活的職責、親密無間的相處，呈現出一派「家和萬事興」的景象。

回族穆斯林待客時，一般男女不同席吃飯。客人留宿時，女主人要代為鋪好被褥。主人陪著客人說話聊天，直到客人休息後主人才能休息。

回族穆斯林講究人不能客死他鄉。在回族禮俗中，垂死的人一定要在家中由家人守候著直到嚥氣。人快嚥氣時，請阿訇唸「討白」為其懺悔。人亡故稱為「無常」、「口喚」，有聲望的人亡故，稱為「歸真」；其屍體稱作「埋體」，忌諱說「死」。人亡故後，親人不能嚎啕大哭，否則就是違背了真主對亡人的召喚。在回族禮俗中，迎娶新娘的第一天，婆婆、小姑或妯娌都要避而不見，據說這樣做是避免「衝撞」著，以免今後她們彼此發生矛盾和衝突。

回族家居中的「杜阿」有何意義

「杜阿」，是阿拉伯語音譯，意為祈禱詞，是回族穆斯林民居中最鮮明而常見的一種裝飾，也是回族民居不同於漢族民居的一大特色。

「杜阿」多張貼於回族民居的門楣、客廳或主居室的中堂，做禮拜處的西牆壁上。「杜阿」有製成大小不一的長方形牌匾的，是用來貼掛在院門、房門、窗戶的楣框上，以表明居家的穆斯林身分。這在回漢雜居的地方，是區分回、漢民族的一個重要象徵。有的製成工藝鏡、錦標、掛毯、字畫等，懸掛於房屋的中堂，以表示贊主、祈禱、規誡、教誨之

意。在回民居室的眾多裝飾品中,「杜阿」是必不可缺的。居室中可以沒有其他的裝飾,但不能沒有「杜阿」。

「杜阿」是用阿拉伯文或波斯文寫成。在伊斯蘭用品專賣店裡,各種質地、規格、式樣的「杜阿」都有售。後來興起的伊斯蘭書法熱,請著名阿文書法家書寫「杜阿」條幅、扇屏、畫面,已成為回民居家裝飾的新寵。

「杜阿」的內容很多,常見的有「清真言」:「萬物非主,唯有阿拉,穆罕默德,真主使者。」這是穆斯林張口必誦的宗教語句。還有祈禱詞,如:「主啊!求您為我們打開吉祥之門。」、「主啊!把安寧下降給我們吧。」有的「杜阿」寫的是「太斯米」,「太斯米」是指《可蘭經》每章開頭的「奉至仁至善的阿拉之名」這句贊主詞。還有些「杜阿」展現的是伊斯蘭教的名言警句:「阿拉確實是喜歡廉潔的人」、「阿拉喜歡一切做善功的人」、「阿拉與堅韌之人同在」等。

清真寺及其建築特點

清真寺,又稱禮拜寺,是伊斯蘭教聚眾進行禮拜的場所。阿拉伯語稱為「麥斯吉德」,意為叩拜之所。中國最早的清真寺建於唐代。到了元朝,中國統一,伊斯蘭教廣為傳播,回族逐步形成,清真寺則相繼出現。因稱伊斯蘭教為「清真教」,故寺院才被稱做「清真寺」。

清真寺建築特色豐富多彩,形式多樣。有庭院數進,寬敞明亮,曲欄環繞,松柏碑亭,典型的中國廟宇式建築;有古樸雄偉,雕梁畫棟,大殿寬敞的中國宮殿式建築;還有不少阿拉伯式或中阿合璧式的清真寺建築,即有大圓屋頂、拱形門窗、攢尖塔挑。如銀川市南關大寺、寧夏

寧夏風土：民居與生活的百態

伊斯蘭經學院，都是這種建築形式的代表。

清真寺多採用單體建築、院落式布局，有明顯的地域特徵。單體建築包括禮拜殿、沐浴室、講堂、阿訇及學員的生活用房、喪葬用房，以及邦克樓、望月樓。院落設大門，二進院門。禮拜殿為主體，位於東西中軸線之西端。禮拜殿前南北廂房為講堂、生活用房。禮拜殿由前廊、前殿及後殿組成。後殿最為尊貴，內外裝飾均著意渲染，融入券洞等伊斯蘭建築手法，尤其突出阿拉伯經文書法藝術，頗具濃郁的伊斯蘭宗教氛圍。

寧夏全區現有清真寺 2,000 多座，遍布寧夏山川回民聚居地區。著名的清真寺有銀川南關大寺、中大寺、永寧納家戶大寺、同心大寺、同心韋州大寺、固原三營大寺、西吉北大寺、石嘴山大寺等。從這些清真寺及其活動中，人們可以清楚地看到回族人民充分享有宗教信仰自由的權利。

銀川著名的清真寺有哪些

說起銀川的清真寺，最大最壯觀的要數南關清真寺了。它建立於清順治元年（西元1644年）。現有寺院是1981年重建，為阿拉伯建築風格，建築面積1,300多平方公尺。分兩層，總高度達22公尺，底層有禮拜殿、阿訇住房和男女浴室；二層為方形大禮拜殿，可容數千人禮拜。頂層有一組渾厚飽滿的綠色穹頂高聳雲天，穹頂之上一勾新月高懸，四角4個小穹頂，互相映襯。這裡又是自治區內獨具一格的旅遊景點，長年中外賓客絡繹不絕。

中大寺位於城區解放西街，始建於1931年。是銀川未受「文革」破

壞的唯一儲存完好的一座古老清真寺，按中國傳統式樣建造，磚木結構，做工精細，布局合理。進大門，迎面是高大影壁。兩側相連月亮門通內院。大殿有斗栱、飛簷，雄偉壯觀。

納家戶，是永寧縣楊和鎮回族聚居村落，是元朝平章政事納速拉丁的納姓後裔集居地。納家戶清真寺，始建於明嘉靖三年（西元1524年）。寺院坐西朝東，呈長方形，占地2公頃多，是一座傳統的中國四合院式建築布局的清真寺。如今的寺院，已是幾經翻建。

在銀川西門橋下，有一座獨具伊斯蘭風格的宏偉建築群——寧夏伊斯蘭經學院。它是集清真寺、講經堂、教學樓、公寓樓、生活區等為一體的現代化建築，建於1970、1980年代。經學院清真寺，以阿拉伯建築風格為主體，十分壯觀宏偉。

位於銀川靈武市崇興鎮臺子村的靈武臺子清真寺，始建於清代同治十一年（西元1872年）。呈阿拉伯式前、中、後三進院落。前院為邦克樓、沐浴室；中院為磚木結構的捲棚頂大殿（54間），南北配房；後院為經文女子學校，共有房屋95間。該寺是寧夏影響較大的清真寺之一。

寧夏南部著名的清真寺有哪些

在寧夏南部地區，有幾座意義非凡的清真寺。它們有的歷史久遠，有的在伊斯蘭文化傳承上卓有建樹：

◆ 吳忠中大寺

位於吳忠市朝陽街，建於1936年。原有磚木結構的大殿（二層樓）、配房、沐浴室等40間。1938年，寺內創辦中阿師範學校，次年改為阿

匋高級講習所。1958年被關閉，寺房改造成民宅。1987年退還，重建。現有二層樓大殿、配房、沐浴室等52間，占地1,600多平方公尺。

◆ 同心清真大寺

位於同心縣城南2公里處。相傳明萬曆（西元1573年）、清乾隆（西元1791年）、光緒（西元1907年）年間先後3次修整擴建。是寧夏現存歷史最久的清真寺，約有400多年的歷史。大寺建築獨特，氣勢雄偉，融中國傳統木建構築和伊斯蘭木刻磚雕裝修藝術為一體。

◆ 同心韋州清真大寺

位於同心縣韋州鎮南街，是寧夏規模較大、歷史悠久的伊斯蘭教寺院之一。相傳，由當地回民募款建立於明洪武年間（西元1379年），明萬曆年間和清光緒年間又進行兩次擴建。原有房屋255間，寺田110畝。1966年清真寺遭拆毀。現存建築係於1979年由當地回族募資重建。

清真寺裡建邦克樓的意義何在

「邦克」，是回族穆斯林宗教生活用語，係波斯語音譯，譯稱「宣禮」、「喚禮」，俗稱叫拜。回族穆斯林教民每天必做5次禮拜，每次禮拜前，清真寺的滿拉就在宣禮樓或禮拜殿前高誦「宣禮詞」，召喚穆斯林上寺做禮拜。邦克樓，就是供宣禮員（滿拉）登臨召喚穆斯林禮拜之用的。

邦克樓是清真寺造型布局的一個重要特徵，多建在禮拜大殿前院中。最早的邦克樓首建於西元8世紀的敘利亞，中國現存最早的廣州懷聖寺之光塔，是仿照阿拉伯建築形制的邦克樓。後來在清真寺中逐漸為中國傳統的樓閣式建築所取代，平面為方形或六邊形，層數不一，多者

可達 6 層。

邦克樓名稱又多譯為「宣禮樓（塔）」、「喚邦樓」、「教化樓」。因其兼供齋月期間入齋、出齋時瞭望新月之用，故有時亦稱「望月樓」。寧夏的清真寺大都另行建造望月樓，建築格式與邦克樓一致，並以寺院中軸線成對稱分布，一般都高過禮拜大殿屋脊。所以，從遠處一眼就能看到邦克樓，便得知清真寺之所在了。

最有名的「拱北」在哪裡

拱北，阿拉伯語音譯，原意為「光頂圓屋建築」。在中國，「拱北」是指伊斯蘭教「先賢」、門宦首領、道祖、老人家的陵墓，是中國回族穆斯林文化中與清真寺並重的一大景觀。穆斯林的拱北沒有鋪張奢侈的陪葬品，其建築也不追求豪華，唯求肅穆莊嚴。「拱北」永存在穆斯林心中，它和清真寺一樣，與穆斯林的宗教生活、精神生活保持著血肉般的連繫。寧夏青銅峽洪樂府拱北、海原九彩坪拱北、吳忠板橋拱北、同心紅崗子拱北、固原二十里鋪拱北等，都是中國歷史上較大的、有名的拱北。

◆ 洪樂府拱北

位於青銅峽市峽口鄉，是由住宅、道堂和拱北連為一體的宗教建築群。始建於清乾隆末年。這裡先後修建有哲赫忍耶門宦數代宗教領袖的陵墓，安葬有哲赫忍耶在歷代反清起義中殉教的烈士，逐漸形成密集的墳墓群，故稱洪樂府拱北或「墳上」。西元 1871 年，清軍殘酷鎮壓回民起義，強占洪樂府，夷平拱北。清滅亡後，拱北又經重建，規模擴大。

1958年後,又遭毀壞,各種設施蕩然無存。1978年後,落實民族宗教政策,又得以重建。

◆ 九彩坪拱北

位於海原縣九彩鄉九彩坪,係嘎迪忍耶九彩坪門宦五、七輩道祖和九彩坪拱北的老人家安宏秀、楊枝雲等人的墓地。始建於西元1895年,後因海原大地震、「文革」,屢遭破壞,經多次維修,恢復原狀。建築包括拱北(有3座亭子)和道堂,建築面積近6,700平方公尺,均係水磨磚砌成。每逢農曆正月二十五、九月初九、十一月初七,各地教眾前來拜謁拱北,舉行爾麥里聖會,進行誦經、禱唸等活動。

固原二十里鋪拱北及其建築獨特在哪

在固原市南10多公里處,有一個地方叫二十里鋪,銀(川)平(涼)公路從中穿過。沿公路向東望去,一座氣勢雄偉、森嚴而神祕的建築物順山勢而就,鬱鬱蒼蒼的綠障環抱著它,潺潺的清水河自腳下流過,依山傍水,清靜幽雅,令人神往。這就是二十里鋪拱北,當今寧夏南部山區最負盛名的拱北之一。

拱北建於清康熙十六年(西元1677年)。乾隆十九年(西元1754年)擴建後,曾勒碑記事,名曰〈回教先仙碑〉:「先仙不傳其名,康熙中,鄉人每見有在山誦經者,近而視之杳無蹤跡。後有西域老叟至北,曰此山有仙遺塚,吾教宜禮奉焉。啟土視之,得墓誌一方,泐於成化二年(西元1466年)。」可見,拱北墓葬是幾位「無名氏」的回教先人,已有500多年歷史。

拱北建築格局為六進式。圍牆內第一進是門廳，二進院落，三進磚坊，四進拱北內門，五進墓室，六進後院。墓室前有祠院，左為客房，右為外院，規制完備。拱北內有大小3座陵墓，攢尖頂亭式的墓祠，硬山、歇山等形狀的門廳、庭院諸建築，覆以富麗堂皇的琉璃瓦；飛簷、鴟吻、斗栱、亭剎，或伸張，或高聳，輪廓豐富，突出了中國古典建築特有的靈秀莊嚴之勢。工藝上，無論墓祠，還是門牆，皆有精巧的雕刻，雲紋、蓮花紋、龍紋、古錢紋等浮雕，以誇張和變形手法，裝飾著堅挺的建築，舒適而緊湊，精緻而華麗，顯示了回族工匠的高超雕刻技藝。

　　二十里鋪拱北的建築風格，向人們展示了伊斯蘭文化與中原文化的進一步融合。在伊斯蘭建築上，中國傳統文化的成分不斷增多，清真寺及拱北建築亭閣樓臺化，講究精美華麗，注重雕飾；布局上講究對稱，並開始吸收和借鑑中國廟堂殿宇的建築形制。

什麼是伊斯蘭教「道堂」

　　道堂，中國伊斯蘭教用語，是伊斯蘭教蘇菲派門宦首領的所在地及其傳教行政中心。道堂一般設施較多，不僅有莊園住宅，還有拱北、清真寺（禮拜殿）建築，以及修功辦道的道堂和靜房，亦有設經堂學校的。建築多採用中國傳統建築形式。

◆ 鴻樂府道堂

　　位於寧夏青銅峽市峽口鎮，是中國伊斯蘭教哲赫忍耶門宦數代篩海（門宦信眾最高的精神領袖）的駐地和傳教中心。由住宅、道堂、拱北和

清真寺連為一體的宗教建築群組成。始建於清乾隆末年。

◆ 板橋道堂

位於寧夏吳忠市板橋鄉。建於1943年，由道堂、住宅、拱北、清真寺等建築群組成。道堂和住宅建在一座方形城堡內，3座拱北（馬進西夫婦及馬騰靄陵墓）建在道堂及住宅城堡的東邊。建築精緻美觀，特別是城堡式道堂、莊院建築更顯莊嚴。每逢節日，遠近各地150多坊的教眾前來上墳，參加爾麥里聖會，其勢尤為壯觀。

銀川北西雙塔的建築風格獨特在哪

在銀川市老城北郊和城內有兩尊古塔，一座是海寶塔，一座是承天寺塔，當地人稱為北塔和西塔。「雙塔並峙」，乃自古銀川八景之一。

海寶塔又名赫寶塔、黑寶塔。它建造在一個方形臺基上，呈樓閣式9層11級方形磚塔，由塔座、塔身、塔剎三部分組成。臺基前有30級石砌臺階登上塔座，塔座亦為方形，四周有磚砌護欄牆，中立塔身。座壁東向劈券門，上有歇山小抱廈一間。入券門透過左右暗道20級可登塔內。塔內是一個上下貫通、平面呈「亞」字形的空間，以木梁樓板層層相隔，每層有木質樓梯，四面有板門，可自由關閉。緣木梯盤旋154級而上，可達頂層。塔身9層，四面均有券門通道，木質圍欄，採光通風極好。頂層磚簷上為塔剎，是用綠色琉璃磚砌成的桃形四角攢尖的剎頂。塔身外部四面開券門，微向外凸，券門兩側各設一假龕，共108龕。塔身四角和塔剎下的外簷，都綴有鐵馬，共計48個，遇風作響，聲若編鐘。

海寶塔這種四方形的奇特造型，加之出軒的獨特風格，是中國古塔建築中頗為罕見的。該塔以其年代之古（1,600 年以上）與形態之異而於 1961 年被中國國務院定為第一批中國重點文物保護單位。1963 年 10 月，董必武（中國前副主席）登臨此塔賦詩讚曰：「銀川郊外赫連塔，高勢孤危欲出雲。直以方形風格異，只緣本色火磚分。登臨百級莫嫌陡，俯視三區極可欣。四野農民皆組社，慶豐收亦樂清芬。」

　　與海寶塔相對峙，在其西約 3 公里的市區內座落著另一尊古塔，它就是承天寺塔，迄今也有 900 多年了。這是一座八角形 11 層樓閣式古塔建築，高 64.5 公尺，塔身和塔頂也是分別由青磚和綠色琉璃磚砌成。塔的簷角上掛有風鈴，風吹鈴響，叮咚悠揚，牽曳出過往行人幽遠的懷古情思。登上塔頂，舉目遠眺，滔滔黃河水，巍巍賀蘭山盡收眼底；市區千樓競秀、車水馬龍的壯麗景觀就在面前。塔下的承天寺院，是今日寧夏博物館所在地。

　　銀川雙塔橫空出市，遙遙相對，千百年來並立於銀川，見證歷史變遷，閱盡人間滄桑，為銀川城增添了幾許古風雅韻，成為中外遊客競相觀賞的遐邇聞名的景點。

銀川玉皇閣的建築風格有何特色

　　在銀川市興慶區解放東街與玉皇閣北街的交會處，有一座雄壯偉岸的瓊樓玉宇，那就是著名的寧夏文物保護單位——玉皇閣。

　　玉皇閣是一座重樓疊閣、飛簷相啄、結構緊湊、玲瓏別緻的傳統木結構大屋頂建築。整座樓閣通高 22 公尺許，占地約 1,040 平方公尺。樓宇建造在一個下大上小的磚砌長方體臺座上，臺座長 36 公尺、寬 28

公尺、高 8 公尺，彰顯樓閣偉岸峻麗、高屋建瓴之勢。座下正中劈一拱形過洞，可通車馬行人。臺座上部的主體結構，是高大雄偉的二層重簷九脊歇山頂大殿，殿寬 5 間，進深 2 間。底層向南接出捲棚殿 5 間，正中闢有玲瓏俏美的捲棚抱廈。大殿東西兩側是兩層重簷飛脊的亭式鐘鼓樓。大殿的二層是寬敞的殿堂，殿外朱漆欄杆圍以四周，可憑欄眺望。從遠處望之，玉皇閣氣勢雄偉，猶如大鵬展翅，凌空欲飛，給予人向上打拚之啟迪。

玉皇閣建築年代不詳。據考證，在西夏和明朝時期，玉皇閣地處城府的東邊，擔負著報時與瞭望敵情的功能。清康熙、乾隆年間，寧夏大地震城市被毀，後重修之。因內建銀鑄玉帝像，因而稱之玉皇閣。

寧園 —— 玲瓏剔透的仿古建築園林

在銀川市鬧市區，位於解放東街南側，有一座以仿清代古建築群為主體的街心公園 —— 寧園。寧園建於 1987 年，2000 年又擴建「世紀鐘」庭閣，與鼓樓、玉皇閣西東銜接，相得益彰，堪稱銀川市城區的瑰麗景觀。

寧園的園林建築古樸典雅，高低錯落，自西向東分布為盆景區、主景區和假山花池區。主景區由興慶殿、沁茗閣、碑廊及水池組成。興慶殿是園中最高大的殿宇，其建築風格以清代殿宇為主體，設計奇妙，造工精細。殿前有一方形水池，水池中置漢白玉石雕「哪吒鬧海」。興慶殿左側，是捲棚式仿古建築沁茗閣。右側，則是由一個四角重簷亭和一個六角亭連線的曲折碑廊，名「翰墨」。廊壁刻有一些知名政治人物及國內外書法家的作品。碑廊的右側及周邊，有一組大型假山，有池塘、藤架、花池。

有一小路相隔，在寧園的東邊就是「世紀鐘」庭閣。閣內懸掛一口大鐘，是當年為迎接 21 世紀的到來而建造的。鐘高 2 公尺，底部直徑 1.55 公尺，上面刻有古今三個朝代的銀川市市區圖，並鑄有寧夏世紀鐘銘：世紀更新，範銅為鐘，千禧之際，用以齊聲，寧夏騰飛，銀川振興，斯器播遠，萬年鏗。鐘樓南北造水池、噴泉，東西為小廣場，置廊坊，供遊人休憩。鐘樓間隔解放東街，與玉皇閣相望。

寧園這顆鑲嵌在銀川繁華鬧市中的「明珠」，以其獨有的風姿和深邃的文化藝術內涵，帶給市民無限的詩情畫意和豐富的人文景觀。她是銀川市遊人最密集的景點，天天都有秦腔票友自樂班的演出，還有唱歌的、跳舞的、練功的、釣魚的、消閒的、納涼的、聽戲的，遊人絡繹不絕。

高廟古建築精巧奇妙在何處

在寧夏中衛市城北隅，有一座重樓疊閣、殿宇緊密、簷牙相啄、曲廊有致的寺廟，以其設計奇巧、造工精細而遐邇聞名，飲譽海內，它就是高廟。

高廟的建築特點是：集中、緊湊、回曲、高聳，格局別緻。在占地 4,100 平方公尺的面積上，建造了 260 多間建築物，最高層離地面 29 公尺。高廟坐北朝南，在南北中軸線上，所有建築物左右對稱，逐次伸進升高，形似大鵬展翅，威武挺拔；簷角高翹，給予人凌空欲飛之感。其間上下聯襯，高低相配，集殿宇樓閣、臺觀廊坊於一處，爭妍鬥巧，舳艫互摩。

高廟的建築藝術，頗具東方特有的古代木結構式特色。其布局合理，錯落有致。最下面的部分是保安寺的山門，山門之上是魁星樓。進山門迎面是一座雙層的磚雕牌坊，即彌勒閣。由此拾級而上，是大雄寶

殿，內塑釋迦牟尼坐像。寶殿東側為地藏宮，西側為三霄宮。東西兩邊的配殿裡，塑十方佛及二十四諸天。穿過大雄寶殿，登上24級臺階，直達南天門。臺階的前12級建成天橋形，天橋兩側被環繞一週的樓宇圍成兩個天井，稱作「東天池」、「西天池」，並由天橋下的隧洞相互連通，隧洞被稱為「地獄輪迴洞」。

登上南天門，迎面臺基上是3層高的正樓。一層的五嶽殿、東配三官殿，西配祖師殿。從兩側配殿登上主樓二層，是玉皇樓。登上三層，為三清宮，內塑道家祖聖老子造像，東西兩側為三教宮。主樓底層兩側，為文樓、武樓。

三層主樓正面，建有3層中樓，造型秀麗別緻，小巧玲瓏。中樓的兩側是鐘鼓樓、四仙閣、觀景臺等，這些建築物用廊橋相互連線勾通，使之左右對稱，相互映襯。

在清咸豐八年（西元1858年）建造的磚雕牌坊上，雕刻著這樣一副對聯，上聯是「儒釋道之度我度他皆從這裡」，下聯是「天地人之自造自化盡在此間」，橫批是「無上法橋」。由此可見，高廟是一座儒、佛、道三教合一的寺廟。

高廟以其獨特的群體古建築和包羅萬象的合體宗教信仰，吸引著八方來客，使廟內香火不斷，興盛不衰。高廟也因此而馳名，被列為寧夏回族自治區重點文物保護單位。

董府在建築上有哪些「之最」

董府，即董福祥的府第。董福祥（西元1841～1908年），寧夏固原毛渠井人，清末著名將領，中國近代史上最顯赫的人物之一。清朝同治

年間，董福祥因鎮壓寧夏馬化龍起義軍、西北回民起義和平定新疆阿古柏叛亂中屢立戰功，由五品軍功擢升為正一品提督。後調京師，充武衛後軍統領。1900 年，西太后派董福祥利用義和團抗擊八國聯軍，董率部刀劈日本書記官，打死德國公使。北京淪陷，董福祥保駕西太后和光緒皇帝出逃西安，途中被賜予節制滿漢軍權。「辛丑合約」的簽訂，董福祥成為八國聯軍要嚴懲的第二號人物。後經西太后力保，才免予死罪，留太子少保銜，革職還鄉。臨行時，西太后賜銀 4,000 兩，董帶家眷親丁 3,000 餘口，返回故居寧夏金積堡。因舊董府已不敷應用，便又在青銅峽的余家橋附近，建造了新的董府。

　　董府建築可謂興師動眾之最。建築基地原為湖塘，湖底全部用煤炭墊起，厚約 1.5～2 公尺，上面再夯以黃土。當時動用數百峰駱駝從磁窯堡馱炭，攤派數千名民工、車輛拉土，花了半年多時間，才把地基墊起。所用木料來自甘肅，石料採自陝西，磚瓦、石灰就地燒造，木匠來自四川，鐵匠多來自包頭，石匠則出自陝西。整個工程動用人工 300 萬餘人，建築用銀幾千兩，耗糧 500 多萬斤。

　　董府建築可謂建築占地之最。董府分宮保府和董營村兩部分。宮保府又分內寨和外寨，內、外寨分別築有 2 丈多高、1 丈多厚的寨牆。內寨是董福祥及其眷屬的住地，占地面積 10 公頃。董營村是董福祥離京返鄉時原隨從將領及老弱親丁的住地。宮保府和董營村總共占地面積約 200 公頃。

　　董府內寨建築群實為寧夏民居之最。內寨的大門向東，建築布局分「六院」；以中院為中軸線，左右對稱布局南院和北院，三院又分為前院和後院。南、中、北三院，又都採用二進門庭，分別構成雙四合院，各自單成一體。這各自的單體，又透過走廊和過間，將不同的群體組串為

一個整體，構成董府內寨的統一建築群。其中，中院的後院算為中樞，也唯獨這個後院採用二層樓結構，上下共有大小房屋 56 間，由一木製樓梯上下連通。這個後四合院均為大屋頂飛簷，磚木結構，平座斗栱，做工精湛，氣派宏偉。正樓坐西面東，樓頂覆蓋琉璃瓦，牆壁為磚雕，雕梁畫棟，分外肅穆幽靜。前後「六院」，置於內寨中央，西、南、北三面距內寨牆都有 20 步寬的走道。西寨牆根建有私塾 3 間，供兒孫們讀書之用。內寨之外有外寨，建有房屋數百間，供府中的用人、親丁、護衛等人員住用，還用做倉庫、馬廄等。外寨之外，便是董營村了。

董府經歷了整整一個世紀的變遷，部分建築物雖然坍毀與破壞了，但主體建築猶存。作為古建築，它在演義歷史的同時，更彰顯了中國民居建築的輝煌成果。

銀川西花園將軍樓意義何在

在銀川火車站以西 500 餘公尺、懷遠東路以北約 400 公尺交會處，有一座清代的建築物，它就是西花園將軍樓。西花園是清代鎮守寧夏滿營將軍修建的將軍府屬園林，將軍樓是園內的主體建築。現今，西花園已不復存在了，但這一帶的地名仍然叫西花園。將軍樓還屹立在其間，卻因年久失修，極顯破舊。

將軍樓面南而建，是一座傳統的崇臺樓閣式建築，由臺基、正堂、裙房三部分組成。臺基長 20 多公尺，寬 15 餘公尺，高 3 公尺多，為夯土築起，四周用磚包砌成。臺基南面用青石砌成 20 餘級臺階，臺基上四周砌有花磚欄牆。臺基中央是一幢捲棚式的正堂，面闊 3 間，進深 2 間，中間向後突出，呈「凸」字形。曲線形的屋頂上面沒有屋脊，覆以灰色筒

瓦，正面有 4 根廊柱，上建 1 公尺多深的廊簷，前後簷角微翹。正堂屋門開在中間，左右各有一方形窗戶。在正堂的東西兩面，背靠山牆各建有 3 間裙房，裙房為平頂覆土式立木「出廈」房，其體量比正堂矮一些，三面「出廈」，形成半圈迴廊。正堂與兩面裙房巧妙地結合，組成一個橫「工」字形的建築群體，在銀川現存的古建築中尚屬首例。

西花園及其將軍樓始建於何年，現已無籍可考。但它作為清朝駐寧滿營將軍的避暑勝地、消遣娛樂處所，則是不爭的歷史事實。花園原占地 10 餘畝（約 0.67 公頃），種有花草樹木，又在「新滿城」（現銀川新城）的西面，故稱西花園。而園內崇臺樓閣式的建築，被老百姓稱為將軍樓。將軍樓是銀川市保存下來的、唯一由滿族統治者修建的園林建築，它對研究滿族的歷史及其風俗頗具價值，而其獨具特色的建築風格，是中原傳統建築文化與西北少數民族建築風格相結合的佐證。

銀川岳飛詩碑今何在

銀川岳飛詩碑，又名武穆詩碑，是寧夏所列第一批重點保護文物──岳飛送紫巖張先生北伐詩碑。詩碑全文如下：「送紫巖張先生北伐：號令風霆迅，天聲動北陬；長驅渡河洛，直搗向燕幽；馬蹀閼氏血，旗梟克汗頭；歸來報明主，恢復舊神州。紹興五年秋日岳飛拜。」碑的左下角刻有清朝寧夏觀察使徐錫祺修補詩碑紀實。

〈送紫巖張先生北伐〉詩，是膾炙人口的岳飛〈滿江紅〉詞的姐妹篇。紫巖張先生，乃南宋主張抗金的宰相張浚。岳飛詩碑，不僅再次佐證了岳飛是中國歷史上的愛國名將，而且有力地證明了岳飛實為宋代著名的詩人和書法家。詩碑具有很高的史學和文學價值，成為寧夏文物之

瑰寶和珍貴的人文景觀。

據考，岳飛送紫巖張先生北伐詩碑在中國有 5 處刻石之多，分別位於杭州岳廟、河南湯陰岳飛紀念館、開封朱仙鎮、濟南原府署和銀川中山公園，均刻立於明朝。寧夏武穆詩碑大約始立於明成化年間，大有早於其他 4 處之可能。同一名人之同一詩文書法，在中國有如此之多刻石，實為罕見。它足以反映出岳飛愛國忠義之精神受到天下人們之褒獎。遺憾的是，歷盡滄桑在寧夏立存近 500 年的岳飛詩碑，雖經歷代數次重修，7 次變遷，都完整無缺，竟在「文革」十年浩劫中以「四舊」被用鐵錘徹底砸毀了。而慶幸的是，1993 年銀川市政府依據專家學者考證的相關資料和原詩碑拓片，於銀川市中山公園重建武穆詩碑，再造其原來的面貌。

舊時中衛城隍廟的建築與「城隍出府」有何趣聞

幾千年來，在傳統君權和神權思想的禁錮下，城隍被視為掌管某一座城市的神，中國大地的許多城市舊時都建築城隍廟，中衛市也不例外。

中衛城隍廟的建築形同縣衙，分大殿、中殿和後殿三院。入二門建有高大戲臺，面對大殿，用以唱戲，祈保平安。前院兩廂祠堂，塑有神像：有牽馬扯鐙者、手執虎頭牌杖者、手提繩索者，形似聽候差遣，捉拿鬼魂之狀。中院兩廂祠堂內塑有十殿閻羅，猙獰凶惡，令人望而生畏。大殿上懸一金字匾額，上書「賞善罰惡」，兩柱刻有木製楹聯，上聯

「為善不昌，祖宗必有餘殃，殃盡則昌」，下聯「為惡不滅，祖宗必有餘德，德盡則滅」。殿臺由木柵環繞，兩壁有磚刻浮雕。後通中殿，是供奉城隍之所。後殿為寢宮，頂棚地板，桌椅床榻一應俱全。城隍軀體由木雕成，金面長鬚，凝重溫雅。其四肢以鐵芯連線，十分靈活，可騎馬，可乘轎，袍服冠戴，宛如活縣官。遇有廟會，即行抬出，供於大殿之上，接受香火。

每年清明節，為城隍出府（城）之日。出府時，城隍頭戴矯天翅帽，身穿龍袍，足蹬朝靴，乘坐八抬大轎，擺半朝鑾駕，四面龍鳳旗作前導。有手執「迴避」、「肅敬」牌者，有執金瓜斧鉞朝天鐙者，前簇後擁。笙簫鼓樂吹奏，僧道居士誦經。大轎之後，緊跟活馬三匹供役，皆鞍韉齊備，兩匹上騎金童玉女（木雕），空閒的一匹為城隍坐騎，由衙役牽行。「城隍出府」儀仗，長達里許，其勢威嚴壯觀，場面熱鬧非凡。城隍的行宮設在西門外城牆邊，建有城隍廳、孤魂堂、戲臺等。廳上懸一匾額「你來了嗎」四字，詼諧幽默，發人深省。清明會期3天，唱戲，誦經，叩拜，香煙繚繞，終日不絕。與此同時，召開物資交流會，出售農副產品。城鄉青年男女大都前來趕廟會，藉機找對象，談戀愛。

中共建國後，宗教活動被視為封建迷信遭禁止，「城隍出府」的儀仗也就自行消亡。城隍廟後來被拆除，改建為中衛縣警察局，「威風」一世的城隍偶像也付之一炬，焚於山谷之中。

寧夏風土：民居與生活的百態

古今路途：寧夏交通的演進

古今路途：寧夏交通的演進

寧夏古代交通有何特色

　　有了人類，便有了交通。寧夏也不例外。但寧夏的交通，有其獨特的地方特色。

　　首先，是地理特色。寧夏位於河套地區的西南部，黃河百害，唯利一套。黃河流經寧夏，不光是利於農業灌溉，還為水陸交通提供便利條件。自北魏以來，黃河的天然航道始終是寧夏的一條重要交通線，延至清末、民國年間，水路已擔負起煤炭、食鹽、皮毛、土特產和一些生活日用品等進出口物資的運輸。引黃河水的灌溉，使銀川平原溝渠縱橫，道路四通八達。狹長的賀蘭山、六盤山都是南北走向的山脈，阻擋了東西的交通，但山脈最窄並有河谷之處，都有道路的存在。毛烏素、烏蘭布和騰格里沙漠三面環抱，沙漠與農耕區的交界地帶，都有大道的存在。

　　其次，是民族特色。寧夏自古就是少數民族聚居區，曾經有10多個民族在此定居、繁衍生息。各民族充分發揮自己的聰明才智，製造適宜本地區、本民族特點的交通工具。如北魏時期有個游牧民族，因習慣「乘高車」，故名高車。後來又發展乘牛車，這種車車輪直徑較大，適合女性。因寧夏道路有多泥濘、多坎坷、多沙磧及春季易翻漿的特點。匈奴、党項、蒙古等少數民族多利用牛羊革囊，衝進空氣，紮緊囊口，作為水上載渡工具。後來，將若干個革囊組併成皮筏使用。輕巧便利，不怕觸礁，載重量大。

「渾脫」是怎麼製作的

　　明代文學家李開先〈塞上曲〉：「不用輕帆並短棹，渾脫飛渡只須臾。」詩中的渾脫，是一種古老的水上交通工具。中國西南、西北有許多

河流，水流湍急，礁石林立，不能行船。為了解決過渡的問題，古代人民便「縫革為囊」，充入空氣，作為泅渡工具。因此，唐代以前，一般將這種工具稱作「革囊」。到了宋代，製作方法有了改進。「渾脫」的製法是將羊宰殺以後，從兩腿交襠處開口，割去頭蹄，掏出內臟，然後從開口處按自後而前直到頭部的順序，像脫衣裳一樣，把羊皮囫圇剝下來，用水浸3到4天，至有異臭味後取出晾晒一日，去毛洗淨即成原皮。灌入鹽水和香油，紮好開口，待熟製發酵並有油浸出時再加以鞣製，再注入新的油液熟製。這些羊皮筒子經過發酵、脫毛、柔韌，然後用麻繩繫住脖子口、尾部和4隻蹄部，再從蹄部用嘴吹氣後，用麻繩子繫口，就成了渾圓氣鼓的渾脫。一次充氣，可以使用很長時間。這種剝製皮張的方法，稱為「渾脫法」。渾，解釋為「全」；脫，即剝皮。從此，「革囊」之名就改叫「渾脫」。

羊皮筏子是怎樣製成的

寧夏黃河羊皮筏子筏子，按其製作原料的不同，分為牛皮筏和羊皮筏。羊皮筏子是西北人民古老而簡易的水上交通工具，其形成與牛皮筏子同時代，《水經注》、《太陽陰經》等都有記載，已有近 2,000 年的歷史。

羊皮筏子，當地人叫它「排子」，划「排子」的人叫「排子匠」。所謂排子，就是由多個羊皮「渾脫」並排綁在木架桿上製作而成的氣囊「船」。木架桿橫桿細，豎桿粗，經緯交織，就地取材，製作簡便。一般的排子由14個渾脫分3排組成，上下各5個，中間4個，上下錯開擺放。渾脫與架桿用繩索相繃連線，捆上取下十分方便。羊皮筏子載重量為1噸左右，可乘6～8人。由於羊皮筏子較輕，又沒有動力，故只能順流

古今路途：寧夏交通的演進

而下，不能逆水而上。返回時，由筏工用肩扛回去，既輕巧又靈便。皮筏瀝水後不過百多斤，浮力極好，排子匠只用一支小小的木槳就能撥得它在水裡轉動。

長途漂流要用大筏。大筏由2個或4個小筏拼裝而成，並在上面鋪有木板，遊人可在筏子上走動。由於筏子很輕，吃水很淺，所以它不擇水深，不擇碼頭，可以隨時靠岸。渾脫柔韌，不怕碰撞，還可縫縫補補，隨時吹氣紮口。只要不在筏子上亂動，它就永不沉底，既安全又愜意。總之，其優點一是吃水淺，不怕擱淺，對航道要求不高；二是不怕觸礁碰岸，安全性好；三是製作簡單，操作靈活。沒有碼頭，照樣靠岸；四是運輸成本低，不消耗能源。

最早的汽車股份有限公司是怎樣成立的

汽車的出現，是交通運輸史上的一個重要里程碑。興辦汽車運輸業，改善地方交通，是順應時勢和民心的事情。1920年4月，由寧夏鎮守使馬福祥發起的寧夏汽車股份有限公司宣告成立。在當時，準備「以汽車往來包頭、寧夏」。由馬福祥主導，地方豪紳、各界人士出資。資本構成以官僚資本為主，商業資本為輔。原計劃購置汽車若干，實際上只購回機車幾輛。道路計劃開闢兩路，一是開闢寧（今銀川）包（包頭）線，二是開闢寧蘭（蘭州）線。就在汽車股份公司成立之年，直皖戰爭爆發，馬福祥離開寧夏另有任用，加上當時寧夏經濟落後，民族工商業極不發達，公司資本來源不足，線路計劃不周，車輛選擇不當等原因，致使公司中途夭折。

寧夏第一條現代化公路是哪條

　　1925年，馮玉祥將軍部署國民革命軍進入甘肅，因軍事運輸「急待行駛汽車」，遂派工兵整修寧夏城至包頭的大車道，通過了輜重、炮車和汽車。1926年，西北汽車公司將這條「已成汽車路」、「長四百餘英里」的路正式向世人公布。經過歷年整修的寧包路（寧夏至包頭），是「寧夏省築路之始」，也被公認為寧夏的第一條現代化公路。民國初年，寧夏經濟落後，政治腐敗，先進的交通運輸工具發展緩慢。此時的寧夏雖有三四條公路幹線，但都是土路，雨天一片泥濘，成了「水泥路」，晴日塵土飛揚，堪稱「揚灰路」。鐵路運輸無從談起，汽車運輸1930年代才出現，不僅數量少，運輸價格也十分昂貴，這一時期，民間運輸占主導地位。如今，全區公路交通發展快速，以銀川和固原為中心，向四面八方輻射。

舊時的馱運主要靠什麼

　　馱運就是將貨物（或旅客）直接置於牲畜身上載運。牲畜既是動力，又是運載工具。這種特殊的運載形式，在經濟落後、地理條件特殊的寧夏，沿用了數千年。寧夏的馱運主要有兩種：

　　駱駝運輸在浩瀚的戈壁、沙漠中，駱駝是最適宜的交通工具，素有「沙漠之舟」之稱。中國商代就有飼養和使用駱駝的記載。駱駝耐飢耐渴，腳蹄肥大，善於在沙漠中行走而不滯陷。駱駝載物要將兩側的貨物量等量平衡，因為駱駝走起路來同側前蹄和後蹄一起向前邁進，每前進一步，整個身體的重量會從一側移到另一側，使身體產生橫向的搖晃。駱駝的體力大，強壯的駱駝可負重180公斤左右，日行35～40公里。

一般要六七峰駱駝結隊而行，俗稱駝隊。在過去，駱駝運輸的作用僅次於水運。駱駝不能駕馭車輪較小、車轅固定的車輛。沙漠之舟和水上之舟互相交替、互相銜接，是寧夏民間運輸的一大特點。

驢、馬、騾馱運驢、馬、騾等牲畜既可以用來駕馭車輛，又可以直接用於馱運，但一般用於短途運輸。驢又稱毛驢，形體較小，體力較差，一般僅能載重40～50公斤，僅用作旅客乘騎代步及民眾售糧買炭等近距離運輸。馬、騾多用於駕車，馱運較少。一般不能耕作和駕車的馬、騾才用於馱運，馱運量也就是百十斤左右（50公斤內）。

舊時的水運情況如何

據史書記載，早在南北朝時期，寧夏境內黃河上就有了大規模的水運。黃河自甘肅黑山峽衝出，進入寧夏境內以後，由於地勢平坦，險灘不多，河床基本固定，水流平穩，因此自古便於船隻行駛。寧夏境內的黃河一般在立冬前後結冰，至翌年清明前後開河，俗有「立冬半月不行川」及「立冬流淩，小雪封河」之說。

舊時，寧夏幾個縣多是各種貨物的集散地。比較集中的有中衛縣（現中衛市），寧安堡（原屬中衛縣，現為中寧縣），橫城堡（今黃河東岸靈武市），石嘴子（今石嘴山市惠農區）等。使用的運載工具多為高幫船，船長10公尺，中間寬4～5公尺，深1公尺左右，載重2～3噸。七站船，船長12公尺至13公尺，高1.8公尺，中間寬6公尺，可載30噸。五站船，仿七站船造，因船有五板之高，故名五站，載重量在20噸以下。小划子，船身較小，一人操槳，靈活便利。還有牛皮筏子、羊皮筏子等都是舊時寧夏當地人們常用的載渡工具。

最負盛名的古渡口是哪個

　　天下黃河富寧夏,黃河在寧夏境內有許多古老的渡口。據《西夏紀事本末》卷首所附地圖來看,就標有順化渡、呂渡、郭家渡。明、清時期的官渡就達 10 多處。其中包括橫城、高崖、臨河、永康、常樂、寧安堡、青銅峽、石嘴山、陶樂、上河沿等。

　　橫城,距銀川市東 15 公里的黃河東岸。橫城渡,是西夏時期的順化渡,是西夏的重要渡口之一。由這裡往東北,有直通遼國首都的「直道」,沿途有西夏國的驛站 13 個。向東,可經過夏州(西夏州名,今陝西靖邊縣白城子)、綏州(今陝西綏德,宋朝在此設綏德軍)驛道直達宋都汴梁。向西,便是西夏都城興慶府,位置十分重要。

　　明朝的橫城渡更加繁榮。橫城渡周圍的黃沙與綠原,烽火臺與長城,黃河與渡船,灘渚與芳草,戎卒與渡客,構成了一幅獨具特色的塞外圖景。明代,寧夏為「九邊」軍事重鎮之一,為保護渡口,在此修建寧河臺。翰林王家屏的〈寧河臺記〉稱其「朔方一壯觀」,「橫城之津危,則靈州之道梗。靈州之道梗,則內郡之輸挽不得方軌而北上,而寧夏急矣」。說明了橫城渡在軍事上、交通上的重要性。因橫城之北有個地名叫黃沙嘴,所以,明代又把橫城渡叫做「黃沙古渡」。明慶王朱㮵(朱元璋之十六子)曾作〈黃沙古渡〉:「黃沙漠漠浩無垠,古渡年來客問津。萬里邊夷朝帝闕(指明都北京),一方冠蓋接咸秦(咸陽、秦中即關中)。風生灘渚波光渺,雨打汀洲草色新。西望河源天際邊,濁流滾滾自崑崙。」詩中不僅描繪了橫城渡的壯麗景色,還詮釋了它在交通上的重要地位。因此,橫城渡在古渡中最負盛名。

古今路途：寧夏交通的演進

舊時的人畜力車都有哪些

人畜力車運輸是1950、1960年代寧夏民間的傳統運輸工具，它們與當時少有的汽車、機車、公車等現代交通工具相互共處與使用。以人和牲畜為動力，多作短途運輸。主要有：

◆ 牛車

寧夏的牛車造型很奇特，車廂很小，但車輪直徑卻很大。套上黃牛，給人一種「牛小車軲轆大」的感覺，好似小牛拉大車。但這種牛車很適應當地的地理條件，因為寧夏山區，多引黃河水灌溉，路面多坑坑窪窪不平整，且到春季路面多泥漿，車輪大則力矩大，過渠越溝自然方便。牛車主要由車轅、車廂和車輪（包括車軸）組成。選用的材質，車廂多為楊木、柳木，車轅、車軸和輻條多用較堅硬的榆木。農村用它運肥、運糧、運草、運送農副產品等，使用比較廣泛。

◆ 馬車

馬車以馬、騾為動力，因為馬、騾行走速度較快，車輛的結構也要求堅固，並且馬車有煞車裝置，遇到緊急情況，可以採取拉閘措施，在1960、1970年代比較流行。馬車的車輪雖為木質，但車輪的直徑較小。根據套馬的數量，寧夏人又叫三套車或四套車等。一般載重量在1.5噸左右，加之後來車輪用充氣橡膠輪胎，所以逐漸代替了牛車。農村生產隊（中國人民公社時期生產大隊、小型農場、林場直接管轄的農業生產作業單位）運肥、運送公糧、拉磚、拉沙子和拉土等多用此車。

◆ 轎車

　　轎車當時在寧夏為數不多，一般作婚喪嫁娶或在市內交通使用。轎車是在馬車的基礎上加設車廂而成。車廂或以篷布縫製，有門窗，寬、高1公尺，長1.4公尺，有4個輪子，因形狀如轎而得名。轎車主要以客運為主，車廂內可乘坐2～3人，多以馬或騾駕馱，有單套或雙套，且有長、短途之分。

◆ 架子車

　　架子車有2個車轅，2個充氣的橡膠輪胎，1個木質的車廂，車廂兩側各裝有護欄，既可以牽拉又可以推行。架子車當時在寧夏各地普遍使用，承擔著大部分的物資運輸任務。那時，家家戶戶買煤、買糧、拉土、拉糞等都要用架子車。

◆ 三輪車

　　三輪車比架子車輕便、快捷、省力，運貨載人勞動強度相應要小。但因價格、製造等原因，1980年代初，三輪車在銀川市多了起來，搬運工人紛紛用三輪車代替架子車。人們買糧、買煤、搬家、送個病人，三輪車都能解決問題，非常省事。一些開飯館的，賣菜的，擺小攤的，做小生意的也都騎著三輪車。

◆ 腳踏車

　　腳踏車本地不能製造，都是從外地購進。民國初年，寧夏山區道路平坦，人們除騎驢、騎馬外，多用腳踏車代步。最早使用腳踏車的多是幹部、公職人員和家庭條件較好的人。那時，誰家要是有輛腳踏車，就像現在有輛小轎車一樣讓人羨慕。腳踏車的牌子有很多，如「飛鴿」、「鳳凰」、「永久」等。

古今路途：寧夏交通的演進

舊時寧夏有航空機場嗎

　　航空事業的發展，加速了運輸速度的提高，但運輸價格也特別昂貴。寧夏的航空事業始於 1934 年，此後的 15 年間，曾修建過 5 處簡易的民用和軍用機場，開闢過至蘭州、包頭、北京的航線，民班機機時飛時停。航空主要服務於軍事、政治等方面的需求。

◆ 東昌機場

　　東昌即今賀蘭縣通貴鄉的「通昌」，因諧音訛為「東昌」。1934 年，時任寧夏省主席的馬鴻逵，號召士兵、民工等，在距省城東 20 公里處的黃河岸邊，選擇一塊較平的河灘地而草草修建。後因交通不便，地勢低窪，常有積水等原因而廢棄。

◆ 滿城機場

　　原銀川市新城，今銀川市金鳳區，舊時這裡原是滿族聚居區。1935 年，寧夏省政府以「反共」為由，決定在滿城修建機場。限期遷出居民，連日修建，很快竣工。滿城機場小，跑道也很短，不能滿足一般飛機的起降要求。

◆ 西花園機場

　　1943 年，為了適應抗日戰爭中空軍作戰的需求，在滿城之西 3 公里處的開闊草灘中，2 次修建西花園機場。春潮來臨，常有積水，不能起降。

◆ 軍用機場

　　1943 年，國民政府還命令寧夏省政府修建 2 座軍用機場。在同心韋州修築了一條長 2,000 公尺，寬 450 公尺的飛行跑道。此後，又將同心城邊的一塊空曠地稍加整理，變成軍用機場。

黃河寧夏段有多少座大橋

黃河寧夏段建有：

中衛黃河大橋，連通中衛至甘肅公路的橋梁，全長 1,116.63 公尺，從中衛過此橋達甘肅，大橋於 1995 年正式開工，1997 年 6 月 18 日竣工通車。

中寧黃河大橋，寧夏南北公路交通重要樞紐，位於中衛市城關鎮北 5 公里、石空火車站南，係 109 國道跨越黃河大橋。1983 年開工，1986 年 7 月 15 日建成通車。它長 927 公尺，共 23 孔，每孔跨徑 40 公尺。

青銅峽黃河大橋，位於青銅峽水利樞紐大壩下游 2.7 公里處，長 735.5 公尺，寬 13 公尺，其中行車道寬 11 公尺，兩側人行道各寬 1 公尺。橋形略呈曲線。於 1989 年 7 月 14 日開工，1991 年 9 月 13 日竣工通車，是連通寧夏境內吳忠、青銅峽公路的橋梁。

葉盛黃河大橋，寧夏第一座永久性橋梁，位於青銅峽葉盛鎮東 3 公里處。係銀川—西安、葉盛—軍渡、銀川—平涼 3 條國、省道跨越黃河之公路橋，1969 年開工，1970 年 12 月 26 日建成通車，由主橋、西河橋和引道三部分組成。主橋長 452.7 公尺。共 10 孔，每孔跨徑 40 公尺。行車道寬 8 公尺，兩側人行道各寬 1 公尺。

西河橋跨西岔河，長 138.4 公尺，8 孔。橋兩端引道共長 6 公里，為二級瀝青路。

銀川黃河大橋，位於銀川東 14 公里橫城南側，銀古公路由此跨越黃河。長 1,219.8 公尺，居三門峽以上黃河橋首位。共 6 車道，兩側設防護欄，來往車輛分道行駛。橋兩端有大型雕塑各一組：東組為駿馬騰飛，西組用中文拼音「YT」組成穆斯林風格的鳳凰騰飛圖案，寓意「銀川騰

飛」。建橋工程於 1991 年 12 月破土，1994 年 7 月 18 日竣工通車，2004 年在原來的寬度上又加寬，是中國最寬的黃河橋之一。

石嘴山黃河大橋，位於石嘴山市東北，為 109 國道從內蒙古跨越黃河入寧夏之公路橋。1987 年開工，1988 年 10 月 26 日建成通車。主橋長 300 公尺，有 4 孔。河心兩孔跨徑各 90 公尺，淨空按五級航道標準設計。邊空跨徑各 60 公尺。引橋長 251.8 公尺，共 8 孔，每孔跨徑 30 公尺，橋面寬 12 公尺，其中行車道寬 9 公尺。兩端人行道各寬 1.5 公尺。兩側引道長 1,012 公尺，呈環形與街道立體交叉。

吳忠黃河大橋，石中高速公路六車道公路大橋，2001 年 10 月 13 日竣工，該橋全長 1,255.4 公尺，寬 34.5 公尺。

2004 年投資建設的平羅陶樂黃河大橋，2005 年貫通，全長 1,776 公尺，橋寬 14 公尺，投資 1.5 億元，是目前黃河中上游大橋之一。

另外，還有中衛、靈武黃河鐵路橋。

五十里長街是銀川市最大的城市主幹道嗎

北京路東起麗景街，西至沿山路，全長 25 公里。北京路改擴建工程是建設大銀川的代表性工程。在建設中，對原上海路、新銀路、新城大街、北京路進行拓寬改建，同時打通原北京西寧夏銀川市北京路路至沿山公路段和上海路至麗景街路段，現統一命名為北京路。北京路為三幅雙向八車道城市主幹道，工程於 2002 年 7 月 16 日在原銀新北路建設試驗段，當年 11 月完工。2003 年 4 月 16 日全面開工建設，2003 年 8 月 18 日竣工通車，總投資 5.89 億元。建成後道路全長 24.48 公里，機動車道

寬 60 公尺，兩側各設寬 5 公尺的非機動車道，道路綠化帶因路而設，最寬處達 200 公尺，全路均鋪設了花崗岩道牙、彩色道磚。沿路電力、電信電纜光纜、給排水、天然氣、供熱等管線全部下地埋設，全路安排雙排雙叉高壓路燈和景觀路燈 1,352 套、26,828 盞，設立公車站點 62 個。

　　北京路貫穿銀川市區，東起麗景街，西至沿山公路。在興慶區段的為北京東路、在金鳳區段的為北京中路、在西夏區段的為北京西路，這是銀川市東西向最重要的城市主幹道和經濟走廊，是關係銀川市長遠發展的基礎性、關鍵性工程，是目前銀川市乃至寧夏投資最大、規格最高、延伸最長的城市主幹路，也是西部迄今建成的最長的城市八車道。北京路是一條名副其實的八車道五十里長街，這在中國的大中城市也是不多見的。

老銀川人如何遠行

　　八九十歲的老銀川人可能都知道，1940 年代，銀川雖然有了長途巴士，但只是跑南北路，往南最遠到甘肅的平涼、蘭州，往北最遠到內蒙古的包頭，也不是天天發車，隔兩三天發一趟車。說是長途巴士，實際上是大卡車廂上帶有帆布篷子，乘車人坐在行李上。跑一趟得需 3 天的時間，這也是公職人員和做買賣的商人才能享受得到，老百姓還享受不上這樣的福分。受交通條件的影響，當時銀川人活動的範圍也很小，北到平羅，很少到石嘴山，南到吳忠，到中寧、中衛的也很少，東到河（黃河）東，西到巴音（內蒙古左旗）。

　　那時，有轎子車和牲口的人都很少，他們出門還算方便，但老百

姓就比較艱難了。老百姓有事出遠門，得到當時的車市（現銀川玉皇閣南）上租轎子車。轎子車一般有兩種，價格貴點的是雙套的（兩頭牲口拉車），速度相對較快些；價格便宜點的是單套的（一頭牲口拉車），走得就相對慢些。這種車子，兩輪較大且釘有大鐵釘，走在石子路上很顛簸，所以租車人還要自帶被褥墊在身下，才能感到舒服些。收入好的人，一般僱一匹馬或一頭驢，既經濟又實惠，行程也比較快。收入差的下層市民，如果要出遠門，只好步行了，還要隨身帶上乾糧（餅子）或炒麵（炒熟的麥子磨成粉），以便路上充飢。

寧夏有哪兩條主要鐵路線

1950年代初期，寧夏沒有鐵路，只有幾條簡易的公路，雖有黃河航運，但用的多是原始木船，運輸工具主要是人力和畜力。

包蘭鐵路自包頭至蘭州，全長990公里。1954年10月開工，1958年7月通車，1958年10月交付營運。包蘭鐵路在中衛和乾塘間經過騰格里沙漠，全線有140公里在沙漠中穿行，是中國1950年代在沙漠中築成的鐵路。自包蘭鐵路乾塘至蘭新鐵路的武威，於1965年建成了干武連繫線，長172公里，從而縮短了華北到西北地方的運程。這條鐵路是華北通往西北的重要幹線，對加速內蒙古、寧夏、甘肅的經濟建設發揮重要作用。

1950年代，隨著穿越寧夏的包蘭鐵路竣工通車，終於結束了寧夏不通鐵路的歷史，當時僅有機車24臺，通車里程為361公里，10年後才有了自己的8輛客車。在自治區成立後的40多年間，相繼建成了多條鐵路支線和專用線，大大提高了鐵路運輸能力。

寶中鐵路從陝西省寶雞市到寧夏回族自治區中衛市。南起寶雞市境內的隴海線虢鎮東站，穿越陝、甘、寧三省區的 14 個縣市，北與中衛市境內的包蘭鐵路迎水橋車站接軌，全長 498.19 公里。1996 年，寶中鐵路建成並正式營運，極大地緩解了整個西北地方運輸緊張的狀況，進一步縮短了寧夏通往內地的距離。早在 1958 年，銀川只有開往蘭州和內蒙古磴口縣（巴彥高勒鎮）的 2 趟混合列車，如今已有直達北京、上海、西安、蘭州、西寧等大中城市的旅遊列車，大大方便了南來北往的旅客。

駱駝為何被稱為「沙漠之舟」

沙漠因難以跋涉，寸草不生，缺少水源，漫漫黃沙，容易迷失方向，歷來被稱做「死亡之海」，令人望而卻步，大有「談沙色變」之虞。在諸多牲口中，唯有駱駝可以長距離穿越沙漠。駱駝能依靠它駝峰裡儲存的能量──脂肪和胃裡儲存的大量水來完成在乾旱沙漠裡的長途跋涉。它扁平的蹄子下有厚厚的肉墊，走在沙漠上不會陷入沙地，平穩如山，奔跑如飛。駱駝不僅性情溫和，比較馴服，且忍飢耐渴，可以在大漠中不吃不喝跋涉 15 天之久。由於善於行走沙漠，駱駝又具有很強的辨別方向和識途能力。加之身高力大，一次能載物 180 公斤左右。叮噹駝鈴聲中，隊隊駱駝載著重物以悠閒而堅定的步伐漫行於浩浩大漠之中，恰似一葉葉扁舟漂行於大海之上。沒有其他任何動物能替代駱駝完成沙漠運輸的重任。因此，駱駝被稱為「沙漠之舟」名不虛傳。

古今路途：寧夏交通的演進

寧夏特產：塞上寶藏與奇珍

寧夏特產：塞上寶藏與奇珍

寧夏緣何被譽為「塞上江南」

「賀蘭山下果園成，塞北江南舊有名。水木萬家朱戶暗，弓刀千騎鐵衣鳴。」這是唐朝詩人韋蟾的名詩，是對寧夏風貌的寫實之筆。寧夏引黃灌區素以「塞上江南」聞名於世。這一美譽是怎麼得來的呢？

據史書記載，早在1,400年前的南北朝時期，北周攻打南朝陳國，「破陳將吳明徹，遷其人於靈州。其江左之人尚禮好學，習俗相化，因謂之塞北江南」。靈州，即今寧夏銀川平原一帶。江左人，即江南人。「塞北江南」的美稱從北周時就出現了。不過，原意僅著眼於居民來源、語言風俗等方面。

其實，寧夏引黃灌區早在2,000餘年之前即已得到開發。秦統一六國後，派蒙恬率大軍北擊匈奴，取河套地，戍邊屯墾。到兩漢盛世，出現了「沃野千里，穀稼殷積」，「牛馬銜尾，群羊塞道」的繁榮景象，可與當時中國最富庶的關中相提並論。900多年前，西夏在此建都，就是憑藉黃河灌溉之利資其富強，與宋、遼、金鼎足而立200多年。至元代初葉，郭守敬主持改建唐徠、漢延、秦渠等12條幹渠、68條支渠。到明、清，灌溉面積與灌區人口劇增，農副物產達200餘種，所謂「川輝原潤千村聚，野綠禾青一望同」，「黃河百害，唯利一套」和「天下黃河富寧夏」之譽名揚海內。

寧夏平原的土地、水、礦產、光能、生物等資源豐富，特別是引黃河水灌溉的優越條件，在中國西北是一個資源組合較佳，開發潛力很大的地區。這裡地勢高而不寒，日照時間長而晝夜溫差大，大氣乾燥而土壤不旱，黃河水利既能灌溉又能排，還有西側賀蘭山天然生態屏障。得天獨厚的天時地利，其條件之優越，可與舉世聞名的文明古國埃及的尼

羅河沿岸綠洲相媲美。

寧夏平原自然景觀之美好，綜合農業生產力水準之高，在中國西部乾旱半乾旱地區名列前茅。難怪世人們把這裡譽為「塞上江南」。

你知曉美麗的鳳城 —— 銀川嗎

鳳城銀川，是寧夏回族自治區首府，位於中國北部地方的中心，地處黃河上游寧夏引黃灌區中部。它東臨黃河，西依賀蘭山。總面積 7,129 平方公里，總人口 133 萬（其中回族 35.76 萬人）。屬中溫帶大陸性乾旱氣候區。四季分明，氣候宜人。冬寒漫長無奇冷，夏熱較短無酷暑。

銀川是一座歷史悠久的塞上古城。漢成帝時建北典農城，距今約 2,040 年。唐高宗三年（西元 678 年），建懷遠新城。宋為懷遠鎮。西元 1038 年，李元昊稱帝建西夏國，建都興慶府，即今銀川。元置寧夏府路，明、清設寧夏府。1929 年，成立寧夏省，省會寧夏城。1944 年，寧夏城定名為銀川。

銀川是中國 99 座歷史文化名城之一。以其悠久的歷史，燦爛的自然人文景觀，濃郁的民族風情，獨特的民族飲食文化，極其豐富的物產，贏得了「塞上江南」的美譽，成為中國河套文化和絲路文化最具魅力和發展潛力的商貿和旅遊城市之一。

銀川礦產資源較豐富，有煤、石油、石灰石、白雲石、磷灰巖、石英砂石、陶瓷黏土等，儲量可觀。水利資源豐富。黃河途經銀川 78.4 公里，90% 以上的土地實現自流灌溉，「天下黃河富寧夏」。主要糧食作物有小麥、水稻、玉米、豆類等。經濟作物有蔬菜、水果、枸杞、中藥材

寧夏特產：塞上寶藏與奇珍

等。畜牧、水產養殖業發達。人文景觀和旅遊資源獨特，展現著北方游牧民族文化與中原文化交融形成的獨特民族文化。市區內有玉皇閣、鼓樓、南門廣場、光明廣場、中山公園、寧園、麗子園、閱海公園、景觀水道、南關清真大寺、承天寺塔、海寶塔等觀賞景點。在周邊50公里範圍內，還有西夏王陵、賀蘭山風景區、鎮北堡影視城、沙湖風景名勝區、金水園旅遊風景區、水洞溝遺址等。

鍾靈神秀的賀蘭山知多少

賀蘭山猶如茫茫草原上賓士的駿馬，挺立在寧夏平原的西部。亙古以來，寧夏世世代代的庶民們在其屏障下繁衍生息，它是寧夏的「寶山」、「聖山」。

賀蘭山是「朔方之保障，沙漠之咽喉」。它以其高大寬闊的身軀，擋住了北方的寒流，確保了「塞上江南」的「魚米花香」。而且它又是古戰場，唐代詩人王維詠嘆：「賀蘭山下陣如雲，羽檄交馳日夕聞。」山色朦朧，氣象雄宏，戍樓陡峭，伴著歷代將士熬過悠悠歲月，留下了古今文人墨客的篇章。

賀蘭山以風景清幽而出名。東麓的小滾鐘口，是「西夏古名勝地」。那怪石嶙峋、松林蒼翠、山榆茂盛、清涼宜人的是西夏皇帝李元昊的避暑故址，還有那重建的赤宇亭樓，恰似錦上添花。雜樹蔥蘢，甘泉清洌，山花爛漫，芳草如茵，流水曲徑，鷹鳴山谷，鶯囀流溪。壑不深而秀麗，山不高而雄奇。此景，在蘇峪口森林公園、賀蘭口岩畫、拜寺口雙塔等景點，處處可見。「雲鎖空山夏寺多」，賀蘭山廣建佛寺僧院，有

37 處山口，幾乎無口不寺，大小達百餘所。還有明長城逶迤山間，拜寺口雙塔增添了古老神祕的色彩。

　　賀蘭山植被茂密，植物種類繁多，喬灌木散布於山谷之間。每當夏秋時節，山花絢麗，妊紫嫣紅，枸子、山桃掛滿枝頭，白櫻桃尤為珍貴。在海拔 2,000 公尺以上的陽坡上，有成片的松林、雲杉，雜有山楊、杜松、白樺、山柳，傲然挺立，而在陰坡下幾乎成了鬱鬱蔥蔥的世界。「萬壑松濤」與「賀蘭晴雪」成為塞上奇景。據勘察，賀蘭山地有 1.9 萬公頃林地，木材蓄積量 143 萬立方公尺。

　　賀蘭山不僅植物繁多，而且是野生動物的樂園。山中有 180 餘種動物，不乏珍禽異獸。全身是寶的馬鹿，長麝香的獐子，攀陡壁的盤羊，藍馬雞等，都是受中國政府保護的珍稀動物。

　　賀蘭山礦藏豐富，生產水泥和化工用的石灰石儲量可觀，用途廣泛的白雲石、磷灰石、石英砂岩、陶瓷黏土等儲量頗多。更為人稱道的是號稱「太西烏金」的汝箕溝的無煙煤，品質優異。因此，石嘴山市已發展為以煤炭深加工為中心的新型工業城市。

　　媲美端硯的賀蘭石，質地細膩，清雅瑩潤，綠紫相間，是雕刻的上等好料。賀蘭山紫花溝出產的「朔花石」，石胎凝重，質細晶瑩，色調淡雅，拋光後酷似美玉，是理想的工藝石料和高級建築材料。

　　「賀蘭三月花似錦，紅妝晴日氣象新。千年沉睡方醒日，喜看今朝風流人。」賀蘭山滄桑鉅變的歷史，群峰崢嶸的外貌，繁密的林海，豐富的礦藏，為寧夏人民提供了物質文明和公德心的寶貴財富。它的「無私奉獻」將彪炳千古。

寧夏特產：塞上寶藏與奇珍

六盤山為什麼久負盛名

　　寧夏南部的六盤山群巒疊嶂，雄姿巍峨，風光旖旎，峭壁溪流，松林芳草，珍禽異獸，其盛名久負於天下。

　　六盤山，即著名的隴山，橫貫陝、甘、寧三省區，是中國最年輕的山脈之一。它既是關中平原的天然屏障，又是北方重要的分水嶺。黃河水系的涇河、清水河、葫蘆河發源於此山。

　　六盤山舊有「春來秋去無盛夏」之說，是黃土高原的「溼島」。日出雲開，鳥瞰六盤，但見群峰連綿不斷，梯田層層環繞，次生林蒼翠欲滴，灌木叢陽坡披綠。夏日，山花爭豔，野菊吐芳；中秋，黃綠紅白，交錯輝映；雨中，林木靜寂，玉珠滴答。遠觀近賞，各具風韻。六盤山，有黃山之雄姿，有嵩山之巍峨，六盤山雖少參天古樹，然松林楊樺，箭竹川榛，椴、槭、黃花柳，交錯生長。高等植物達788種，喬木林達2.6萬公頃。野生生物資源豐富，黨參、黃耆、貝母等藥材生長在這裡。

　　六盤山又是動物的天堂。金錢豹常出沒於山林，石貂、林麝奔跑在樹叢。林中百鳥啼鳴，金鵰展翅，紅腹錦雞徘徊叢林。38種野獸、147種飛禽、約200種脊椎動物生活在這年輕的山脈中。

　　六盤山更以它的歷史滄桑而馳名華夏。據傳，秦始皇曾翻越隴山，登上崆峒。漢武帝七次到過固原，經六盤整治山河。一代天驕成吉思汗在這裡結束了戎馬生涯，殞命在六盤崎嶇的山路上。元世祖忽必烈屯兵六盤，修築行宮。民族英雄林則徐發配新疆時，曾跋涉坎坷的六盤山路，留下了悲憤的詩篇。

　　六盤山中著名景點──蓮花巒翠、五峰流泉、峭壁溪流、南飛大

雁、螺鬃雨霽、谷林鳥語、龍潭輕煙、菊開畫屏、盤山古道、三關奇險、清涼古蹟、野荷鬥豔等，是人們避暑旅遊之勝地。

你知道寧夏的「五寶」嗎

寧夏最著名的土特產品是枸杞、甘草、賀蘭石、灘羊二毛裘皮和髮菜，俗稱「寧夏五寶」。這「五寶」分別呈紅、黃、藍、白、黑顏色，所以人們又把它們分別稱作「紅寶」、「黃寶」……近百年來，寧夏在中國內外遐邇聞名，和「五寶」有一定關係。為什麼寧夏會出產「五寶」呢？那是因為它所處的山川形勝、塞上江南特有的地理環境，在漫長地質作用演化過程中，造就了寧夏雄渾、壯麗的山河。「東有黃河一條龍，西有賀蘭山寶圪墶。」地形以丘陵、平原、山地、沙地為主。地處內陸，屬溫帶大陸性半乾旱、乾旱氣候，年降雨量少，年日照時數達3,000小時以上，晝夜溫差大。牧區都地處北緯38°最理想的生長線一帶，畜牧業發達，品種優良。這一切是造就「五寶」的根本。

枸杞全身都是寶嗎

北宋王懷隱在《太平聖惠方》中記載了這樣一個故事：使都過河西，路見一年輕女子在棒打八旬老翁便上前勸曰：「何以打老者？」答曰：「乃教訓吾曾孫。」使者驚訝！究其緣由，方知女子是老翁之曾祖母，已是372歲高齡。使者問女子何以鶴髮童顏，女子曰：「四味藥草，春採其葉名天精草，夏採其花名長生草，秋採其子名枸杞子，冬採其根名地骨

寧夏特產：塞上寶藏與奇珍

皮，四季服之，人與天地同壽。」其曾孫因不遵此養生之道，故衰老之。這則故事，無須辨其真偽，但枸杞渾身都是寶，卻是貨真價實的。

唐代詩人劉禹錫有「上品功能甘露味，還知一勺可延齡」的詩句，來讚美枸杞。枸杞，富有多種維他命和營養元素，具生精益氣、補腎養血、治虛安神、明目祛風、強筋健骨、保肝潤肺、延年益壽，並有抗癌功效。枸杞不僅藥用，還是美食佳品，像沏茶作湯，燉肉泡酒，都離不開枸杞子。枸杞的根皮俗稱「地骨皮」，具清熱涼血、退骨蒸勞熱的功能。以枸杞芽尖、嫩葉精製而成的枸杞葉茶，不僅溢味醇厚，而且營養豐富，具有強身祛病的「七美」之說，成為上乘的新茶葉品種。枸杞嫩葉又是餐廳的上等菜餚，其他如枸杞的花、莖也都具有藥用價值，被開發利用。用枸杞根雕成的根雕藝術品，以其天生獨特的造型、堅硬的木質成為根雕之苑的佼佼者，深受人們的喜愛。

枸杞真可謂全身都是寶。蘇東坡在〈小圃五詠·枸杞〉中，就有「根莖與花實，收拾無棄物」詩句。

寧夏枸杞有哪些系列產品

枸杞是寧夏的「五寶」之首，也是寧夏經濟發展的支柱性產業。截至 2023 年底，寧夏全區種植枸杞約 32.5 萬畝，占中國種植面積的 27% 以上；年產枸杞鮮果 32 萬噸，商品量占中國市場 50% 以上；年出品量占中國的 60% 以上。

寧夏枸杞「沐塞北之寒露，潤天地之精氣」，素以粒大飽滿、籽小肉厚、色澤紅豔、味道甘甜而著稱天下。為保護寧夏枸杞這一具有典型地理特徵的產品，中國質檢總局於 2004 年 5 月，正式批准對寧夏枸杞實施

地理標誌保護。目前,「玉西」、「寧夏紅」、「碧寶」、「南梁」牌產品被批准使用「寧夏枸杞地理標誌產品專用標誌」。

寧夏枸杞產業已打破傳統的、單一的中藥行業,向食品、保健品、藥物、化妝品等多行業擴展。全區有 100 餘家企業,從事枸杞乾果、酒、藥、汁、粉、糖、茶、飲料、美容以及保健品等加工和貿易。

目前,在市場上影響最大的寧夏枸杞系列產品有三大類:一是枸杞飲品,如枸杞鮮果汁、枸杞口服夜、枸杞茶、枸杞咖啡等;二是枸杞低度發酵酒,知名品牌有「寧夏紅」、「玉西」等;三是深度開發的枸杞多醣,這一類產品是研究開發的熱門,品種繁多。枸杞多醣是從枸杞中提取的一種水溶性多醣,係蛋白多醣,含有 6 種單醣成分,具有補虛益精、清熱解渴、祛風明目等功效。產品有果糖沖劑、膠囊、片劑、口服液等。

甘草為什麼被稱作「國老」

甘草,是一種用途廣泛的中草藥。西元 220 年,東漢張仲景在《傷寒雜病論》中記載了 265 個處方,其中含有甘草的就有 154 個。南北朝時,名醫陶弘景稱道:「甘草最為眾藥之王,經方少有不用者。調和眾藥有功,堪稱『國老』。」李時珍在《本草綱目》中,對甘草進行了經典性的總結。

甘草以根莖入藥,既能調和諸藥,又能補氣和中、瀉火解毒、強筋健骨,主治脾胃虛弱、咳嗽多痰、咽痛、癰疽腫痛、小兒胎毒等症。學者研究還發現,甘草能起抗潰瘍、抗炎症、降血壓、中樞抑制、鎮痛甚至抗腫瘤的作用,實乃「藥中之王」。

寧夏特產：塞上寶藏與奇珍

甘草是寧夏著名的土特產「五寶」之一，被譽為「黃寶」。寧夏是「甘草之鄉」，尤以鹽池、同心、靈武等地品質最佳，產量也多。為保護自然環境、治理土壤沙化，自治區政府大力推廣人工種植甘草，嚴禁濫挖甘草、破壞植被。如今，在寧夏東部、中部廣袤的土地上，成千上萬畝的甘草種植園遍地皆是，中國珍寶的中藥材「國老」──甘草，在寧夏大地發展迅速，遍地開花。

石佳藝絕是賀蘭石雕的精華所在嗎

寧夏特產的「五寶」之一賀蘭石，以其質地細密、清雅瑩潤、色彩斑斕、剛柔相宜而聞名古今中外，是難得的石料，被世人稱為「藍寶」。而由能工巧匠雕鑿出的賀蘭石雕，又以其「紫底綠彩相輝映，晶潤滑膩最上乘，平刻立雕加鏤空，純樸別緻造型真」的藝術特色，深受海內外人士喜愛。中國製硯工藝史，自古就有「一端二歙三賀蘭石」的傳說。比起前二者來，賀蘭石硯這後起之秀卻成為群硯競茂花叢中一朵豔麗的新花，受到文人墨客、喜愛石雕人群的爭寵。

賀蘭石的形成，是距今大約13億年前，因地殼變遷、泥沙沉積而成，屬於水成岩。「奇峰出異石」，賀蘭石出產於賀蘭山滾鐘口的筆架峰、大寺溝兩處，海拔2,600多公尺，山峰險峻奇異，霧氣繚繞，那「藍寶」宛如紫色的彩雲飄落奇峰上。唐代詩人李賀筆下描繪的「端州石工巧如神，踏天磨刀割紫雲」，正是採集賀蘭石的生動寫照。

賀蘭石的開採利用年代始於何時

賀蘭石的開採利用最早可追溯到「蒙恬製筆」時代。蒙恬是秦始皇的大將，他帶領工匠製了「秦筆」、「蒼毫」，筆硯相套，因此連繫到了賀蘭石。雖無可考，但據《寧夏府志》卷三「地理山川」篇記載，賀蘭石早就盛名揚四海，譽貫 200 年，並非過分之詞。

賀蘭石雕在藝術風格上講究「相石」、「俏彩」。「相石」就是要看石料質地細潤，彩石走向和紋理，以及大小、厚薄、形狀等，決定雕什麼物品。「俏彩」就是根據石料綠紫兩色的不同特點，不同層次，製作出幾層色彩不同的作品。「俏彩」一定要俏得恰到好處，多一點不要，少一點不行。以此要求，可以製作出色彩清雅的山水，華美的花鳥，形象生動的動物圖案等等。可見，賀蘭石雕工藝高超絕妙。

賀蘭石雕多為硯臺和圖章，還有鎮紙、筆架、筆筒等文房用具，又可製作鼻煙壺、掛屏、插屏、立體圓雕等。賀蘭石硯為中國名硯，色澤美觀，古樸高雅，具有呵氣生水、發墨快而細、盛夏存墨不乾不臭、不損筆毫之特點，深受各國書法家和畫家的喜愛。到寧夏來的遊客，都很欣賞賀蘭石雕，因為它石佳藝絕、高貴典雅，往往被選做珍藏和餽贈的佳品。

二毛皮「非三十日齡而不剝」嗎

寧夏灘羊二毛皮，歷來以寧夏二毛皮圍巾「輕裘」著稱於世，數百年盛名不衰。它既有紫貂皮之輕柔，又有藍狐皮之和暖，被譽為寧夏的「白寶」。

寧夏特產：塞上寶藏與奇珍

灘羊二毛皮，是指宰殺 30 日齡的綿羊羊羔和山羊羊羔所取的皮毛，經特製加工而成，稱之為灘羊二毛皮和沙毛二毛皮，以灘羊二毛皮為最佳。「輕裘」對皮毛選擇十分嚴格，民間有「非三十日齡而不剝」之規：過早毛股較短，絨毛較少，保暖性差，成為羔皮；過晚，毛股長，絨毛多，皮板厚，成為質地稍遜的「甩頭」。品質好的二毛皮，毛股長約 7.8 公分，色澤晶瑩，毛質細潤，呈現特有的彎曲柔折狀，似起伏不斷的波浪，故又有「九道彎」之稱。若將皮板縱橫倒提，只見潔白的毛穗，順次自然下垂，再輕輕抖動，宛似梨花紛飛，更覺輕盈動人。「肥馬輕裘」乃古人華貴之表述。二毛皮板薄如紙，質地堅韌，一件皮衣也只有 1 公斤至 1.5 公斤重，典雅華貴，別具風韻。

現今，以二毛皮加工的高檔皮帽、圍脖、披肩、斗篷、皮衣，色彩斑斕，華麗紛呈，成為中外賓客首選的禮品。

寧夏二毛皮的現狀如何

寧夏灘羊是中國優良裘皮用綿羊品種，在世界上也是獨一無二的。灘羊二毛皮的毛質細潤，潔白如雪，光澤如玉，輕盈動人。毛穗自然彎曲，有的多達九道，若輕輕一抖猶如風擺花穗，又好似水紋波浪。皮板極薄，質地堅韌，柔軟輕盈，其輕便的特點以「輕裘」著稱。用灘羊二毛皮做的男女冬裝，既輕柔暖和，又美觀大方，而且經久耐用。因此，享有很高的聲譽。

寧夏中衛山羊與羊絨產業有什麼特點

　　寧夏中衛山羊，是馳名中外的獨有的裘皮用山羊品種，始產於中衛香山地區。與其毗鄰的中寧、同心、海原等地也有飼養。中衛山羊以白色為主，其毛皮具有保暖、結實、輕便、美觀、板薄而質密的特點；其羊毛質地柔韌，纖維細長，彈性良好。被毛分內外兩層，外層粗毛光澤好、毛長，是製造地毯的原料；內層是柔軟纖細的絨毛，長 6 公分以上，俗稱山羊絨，是高級紡織品原料。1970、1980 年代，中衛的山羊絨就暢銷世界市場。

寧夏灘羊貴重在哪裡

　　灘羊，是寧夏特產「五寶」之一，因其皮毛為白色，故又稱作「白寶」。寧夏灘羊是中國唯一的一級保護羊種，是全世界最好的裘皮原料和綿羊品種之一。

　　「灘羊渾身都是寶，離開寧夏養不了。」寧夏灘羊是蒙古羊的後裔，因游牧遷徙到寧夏黃河兩岸的草灘上，這裡氣候乾燥，又有豐富的牧草和多種藥草，得天獨厚的自然環境，加之長期的人工培育，致使寧夏灘羊成為獨一無二的世界優良品種。

　　寧夏灘羊屬世界優良裘皮用羊，其皮毛潔白如玉，自然彎曲，彈性好，是製作皮衣、被褥、高級服飾、提花毛毯的最佳原料。1 個月左右的羊羔毛皮，可製成著名的灘羊裘皮，俗稱二毛皮，因其特點是毛質細潤，光澤白潔，毛穗自然彎曲，呈九道彎，水波浪紋，而馳名中外。

　　灘羊裘皮美，寧夏灘羊的肉更美。灘羊肉質細嫩，滋味醇厚，不羶

寧夏特產：塞上寶藏與奇珍

不腥，口味鮮美，性溫熱，味甘平，是滋補之佳品，深受中外賓客的歡迎，是寧夏出口阿拉伯國家和中國各大城市的主要肉食品。寧夏著名的回族風味小吃食品，多數非灘羊肉不可。「樹葉子黃，吃灘羊」，「冬吃臕肉，春吃羔肉」，這是寧夏人吃灘羊肉的風俗。

還能吃到名貴的髮菜嗎

寧夏「五寶」中，最名貴的特產要數髮菜了。髮菜是一種野生藻類植物，因形似人的頭髮而得名。髮菜色澤烏黑，絲長柔韌，營養價值極高，蛋白質含量比肉奶蛋都高，還含有鈣、磷、鐵、脂肪、醣類及多種維他命，實為宴席上之山珍。髮菜又是藥用植物，具有助消化、解積膩、清腸胃之功能，還可治高血壓、婦女病、鼻衄等症。髮菜與「發財」諧音，它又成為港澳臺及東南亞一帶宴席上的必備之菜，也是中國逢年過節待客之佳餚。

髮菜大都生長在雨量較少的草原、荒漠、低山、小丘一帶，因其珍貴價昂，採挖它就成為人們發財致富之捷徑。每當採挖季節，就有成千上萬的農民大軍結夥採擷，叫做「抓髮菜」。抓髮菜大軍對植被無以復加的破壞，對寧夏山川環境保護造成嚴重危害，到了非整治不可的地步。後來，寧夏回族自治區政府明令規定：嚴禁「抓髮菜」，嚴禁任何單位和個人買賣髮菜和髮菜製品。自此，髮菜在寧夏「五寶」名列中也成為歷史。人們會問：我們還能吃上名貴的髮菜嗎？目前看來是難以吃到！為了人類的生存環境不被造成人為的破壞，為了我們的子孫後代，我們還是忍痛割愛吧！不過，人是萬物之神，總會有那麼一天研發出人工培植的髮菜來。到那時，我們再好好品嘗品嘗髮菜吧！

你知道寧夏還有「五花」之富嗎

寧夏有「五寶」——枸杞、甘草、賀蘭石、二毛皮和髮菜，這是人人皆知的。豈知，寧夏還有「五花」（或稱「五朵金花」）呢！它們具有品質佳、作用大、產量多之特點，被譽為寧夏的「五花」之富。這五花是紅花、黃花、葵花、玫瑰花和啤酒花。

紅花，是名貴的中藥材，具有活血化瘀之功效，乃為婦科病不可缺少的良藥。寧夏人工種植紅花已有多年的歷史，由於氣候和土質條件的原因，紅花的品質上乘，產量也高。

黃花，即美味的金針菜，是營養美容健體之佳品，寧夏川區到處可以見到金針花。還有一種黃花叫菊黃，是製作化工色素的原料，在政府的大面積種植下，一到夏末秋初季節，菊黃爭奇鬥豔，成百上千畝連成一片，黃橙橙，金燦燦，蔚為壯觀，成為銀川平原一道亮麗風景線。

向日葵，是寧夏山川著名的經濟作物，早年的「葵花之鄉」如平羅縣高莊、固原的黑城，名揚區內外。葵花那偉岸挺拔的身軀，肥碩燦爛的大花盤，不僅是美化環境的衛士，更是渾身是寶的食品。葵花可以榨油、製藥、製造化工原料、飼料、造紙等，用途十分廣泛。寧夏山川大面積種植，遍地開花。

玫瑰花，是銀川市的市花。玫瑰花，性強健，適應性強，喜陽光，耐旱耐寒。最適於成片栽植、叢植或成籬狀栽植。銀川平原到處都有玫瑰花。玫瑰的經濟價值較高，玫瑰油是名貴的香料，其市場價格是黃金的4倍多。玫瑰食用可製玫瑰糖、玫瑰糕、瑰花酒。玫瑰全株可入藥，花可活血理氣、除脹調經。《食物本草》記載：「玫瑰食之芳香，甚美，令人神爽。」

寧夏特產：塞上寶藏與奇珍

　　啤酒花，是一種觀賞價值較高的纏繞狀草本花卉，莖幹柔韌，株態攀緣，秀葉翡翠，碧綠光亮，輕盈柔美，十分可愛。它又是較好的經濟作物，每公頃可產啤酒花 975～1,200 公斤，產值在 2,000 元以上。啤酒花是一種特別喜愛陽光照射的植物，需年日照 3,000 小時以上，寧夏平原是中國日照最豐富的地區，被譽為西北的「日光帶」，難怪寧夏的「五花」之富中有啤酒花之位。

你聽過「四水」產業嗎

　　在銀川市的中北部，有一片約數萬公頃的溼地，水邊長著一片片蘆竹，淺水區種植著茶荷花、茭白，深水區養殖著螃蟹、魚、蝦，岸上還有野禽、鵝、鴨，一望無際的水面上，遊船蕩漾，快艇穿梭……好一派江南水鄉風光。這裡就是寧夏農墾西湖農場，被稱作灌區「四水」產業的模範。

　　西湖農場在發展優勢特色農業上取得了長足進展，不僅為閱海旅遊觀光增添了一道道亮麗的風景，同時極大地加快了城鄉一體化建設，又為城市菜籃子提供優質健康食品，可謂一舉多得。

寧夏稻米為何譽稱「珍珠米」

　　天下黃河富寧夏，寧夏稻米名天下。寧夏盛產稻米，產量高且品質佳，「西夏貢米」、「黃河珍珠米」、「靈武香雪米」等名牌產品，是遠銷中外的名優健康食品，深受世界各國的歡迎。

寧夏種水稻的歷史可追溯到 2,000 多年前的秦朝，從那時起銀川平原一帶就開始屯墾。至南北朝，就已有「塞北江南」、「魚米之鄉」的美稱。近代以來，寧夏稻米經過了多次的更新換代，品質不斷提高，水稻產量步步攀升，單產名列全國前茅。

　　寧夏稻米具有「粒圓、色潔、油潤、味香」四大特點，蛋白質、脂肪含量較高，極富營養價值。用其蒸煮的米飯，潔白如脂，粒粒晶瑩，黏而不膩，油潤香口，被譽為「珍珠米」，可與天津的「小站米」相媲美。四川詩人尹賢作詩讚道：「晶瑩似玉又如珠，拙夫有此可當廚。做成米飯香黏軟，客樂為餐不用魚。」

賀蘭山東麓為何會成為中國葡萄和葡萄酒基地

　　寧夏賀蘭山東麓，現已建成優質葡萄基地近 60.2 萬畝（約 40,133 公頃），並形成了數億瓶葡萄酒加工能力，成為中國葡萄和葡萄酒產業十大基地之一。

　　1993 年以來，中國著名的葡萄和葡萄酒專家、西北農大中國葡萄酒學院院長李華，曾多次到賀蘭山東麓的玉泉營一帶考察，他得出的結論是：「如此得天獨厚的生態優勢，在中國尚不多見。即使與法國著名葡萄和葡萄酒產區波爾多和香檳省相比，也有過之而無不及。」賀蘭山山前洪積平原，土層厚度大，土質鬆軟，透氣性好，有機物含量高，土質為淡灰鈣土和沙壤土，有益葡萄生長。這裡地域開闊，日照充足，地勢高，光照強度大，大大加強了葡萄光合作用。氣候乾燥，降水量少，有效積溫高，晝夜溫差大，十分有利葡萄營養物質的累積。而且西有賀蘭山屏

寧夏特產：塞上寶藏與奇珍

障抵禦寒流，東有黃河水灌溉。所以，賀蘭山東麓，特別是玉泉營一帶成為葡萄生長的得天獨厚、無可替代的生態優勢。

如今，玉泉營葡萄酒廠在這裡引種多種釀酒葡萄名優品種，如赤霞珠、品麗珠、霞多利等，生產出了乾紅、乾白、冰白、桃紅、葡萄利口、枸杞利口、玫瑰佳釀、世紀紅等多個品種「西夏王」牌葡萄酒產品，受到消費者的歡迎和專家的好評。「西夏王」乾紅葡萄酒，先後獲得中國酒類的「健康食品」、「中國葡萄酒行業首批名牌產品」、中國第三屆農博會「名牌產品」；在賀蘭山東麓，像玉泉營、廣夏這樣規模的葡萄種植地和葡萄酒廠還有多家。如今的玉泉營一帶，還成為旅遊觀光的勝地。

你吃過遐邇聞名的寧夏西瓜嗎

寧夏種植西瓜的歷史大約有 1,000 多年了。在寧夏流傳著康熙冊封寧夏西瓜的傳說：一日，皇帝私訪走得又累又渴，忽見前方有個瓜窩棚子，忙上前要買瓜吃，種瓜人以為他是進京趕考的生員，就摘了一顆西瓜送給他。康熙拿起就吃，只覺得這瓜甘甜如蜜，清冽似梨，皮薄瓤沙，十分可口。康熙邊吃邊讚：好瓜！好瓜！忙問：「此處是何地，你叫什麼名字？」種瓜人答曰：「這裡是望洪堡（現今永寧縣境內），我是遠近無人不曉的種瓜把式（專精某一技藝的人）黃麻子。」第二天，皇上到了寧夏縣衙，就傳令黃麻子覲見。黃麻子叩見皇上，一看可嚇壞了，昨日吃瓜的年輕書生竟是當今皇上。皇上令黃麻子平身，要替他封官賞銀，黃麻子求皇上還是讓他回去種瓜，康熙應允，並冊封黃麻子的西瓜為「瓜中之王」，自此寧夏西瓜和黃麻子的名聲就聞名天下。如今，這民間傳說的真偽，已無需考證，但寧夏西瓜的美譽，卻是遐邇聞名的。

寧夏西瓜真的好吃嗎？不錯！這主要是它占有獨到的「天時」、「地利」和「人和」。寧夏夏季炎熱高溫、少雨，日照時間長，晝夜溫差大，正乃「早穿襖午穿紗，懷抱火爐吃西瓜」，由此強化了西瓜內葡萄糖、維他命、胺基酸成分，使得西瓜比別的地方的瓜甜，這就是「天時」。但凡寧夏盛產西瓜的地方，大都是沙質土壤，這是瓜果生產的最理想土質，這就是「地利」。再就是祖輩相傳，有一批像黃麻子式的種瓜裡手，加上現代科學技術的輔佐，寧夏西瓜越種越好，品種越來越佳，這就是「人和」。像「魯青一號」、「無籽瓜」、「黑美人」等優質西瓜都是市場上的搶手貨。

　　早在1980年代，寧夏西瓜就遠銷京、津、滬、粵地區，很受當地人青睞。後來，不僅在中國各地銷量大增，還出口到東南亞國家。可見寧夏西瓜的品質和銷售，是芝麻開花節節高。

　　如今，西瓜遍布寧夏各地，山川處處飄瓜香。著名的優質西瓜產地有：賀蘭山東麓的金山鄉、永寧縣征沙渠、鹽池縣的高沙窩、靈武市的狼皮梁子、中衛、中寧、固原黑城子、海原縣興仁鎮等。尤其是海原縣的壓沙瓜，更是遠近聞名。如果你有機會到這些地方，千萬不要放過品嘗優質寧夏西瓜的機會喲！

西吉的白豌豆為何著稱中外

　　寧夏南部乾旱山區盛產的豌豆，尤以西吉縣所產最佳。西吉白豌豆呈乳白色，以皮質光滑，內胚盈厚，粒大飽滿，蛋白質含量居豆類作物之冠而著稱。西吉縣屬於乾旱地區，終年少雨，日照強度大，非常適合白豌豆的生長。西吉白豌豆生長期短，耐旱耐寒，在強烈的光照下進行

寧夏特產：塞上寶藏與奇珍

澱粉、糖分的轉化和累積，從而形成了粉、糖豐盈的突出特點，在中國豌豆產地中脫穎而出。

西吉白豌豆不僅是寧夏各族人民喜愛的風味食品，也為京、津、贛、皖以及港澳所歡迎。用西吉白豌豆製成的「龍粉」、「龍絲」，潔白如雪、性柔質韌、滑膩爽口，堪與綠豆粉絲媲美。用西吉白豌豆製成的涼粉（類似仙草），佐以酸辣調料，是最受歡迎的消暑佳品；用它做餡製成的豆沙包子，香甜可口，人人愛吃。

著名的寧夏紅瓜子和定心白好在哪

寧夏不僅盛產甜美爽口的西瓜，而且還出產專門收取瓜子的打子瓜──打瓜。打瓜的瓜子有大紅瓜子和片心白、四周黑的定心白兩種，以其片大厚實、粒仁肥腴、色澤鮮潤、板平易嗑而榮居中國之冠，蜚聲海內外。產區廣布於賀蘭山東麓，尤以平羅縣種植廣、品質佳，俗有「中寧的枸杞靈武的果，要嗑瓜子到平羅」之說。

平羅的打瓜子皮薄味香，營養豐富，含油率高，可加工精製成甜味、鹹味、五香、奶油瓜子，實乃乾貨之上品。它含有蛋白質、脂肪、維他命 B2、瓜胺酸、月桂酸、棕櫚稀酸、鈣、磷、男性荷爾蒙以及抗癌素等多種成分，又是治腸胃脾內壅、婦女經多之要藥。

紅瓜子色紅、油潤、晶亮，是宴席待客和餽贈親友之佳品。逢年過節，備上一碟紅瓜子被稱為「福星齊臨」。有詩為證：「喜事邀客坐，麵點溢清香，一盤紅瓜子，嗑敘論家常。」定心白極富雍容華貴，黑白相間、籽如繁星的一盤定心白，寓含「人丁興旺」之意，深受海內外賓客的青睞。

馳名中外的「太西烏金」是什麼

「太西煤」，是寧夏賀蘭山汝箕溝出產的、中國最佳的無煙煤，具有低硫、低磷、低灰、高發熱量、高比電阻、高強度、高精煤回收率、高塊煤率、高化學活性等「三低六高」的特點，被中國定為標準無煙煤，堪同世界最優質的越南「鴻基煤」媲美。自1964年進入國際市場後，今已暢銷比利時、日本、法國、澳洲、馬來西亞、新加坡、泰國等多個國家。它烏黑晶亮，觸指不染，被譽為「太西烏金」。也有人建議，寧夏「五寶」中的「黑寶」，應該是指太西煤才對。

出產太西煤的地方叫汝箕溝，早在明末清初就已有民間開採。據民間傳說，很早以前，在平羅潮湖堡有個善良、勤勞的農民，他救活了一隻受傷的獐子。獐子為報答之，便帶農民到賀蘭山一山溝裡，用蹄子在山坡上刨出一個小洞，洞裡全是烏黑油亮的煤炭。從此，農民常來挖煤。因為洞口很小，只能入進去一支簸箕，有人問煤是從哪兒挖來的，他隨口回答說：「入箕口。」汝箕溝就是「入箕口」音變而來。

寧夏煤炭資源量大品質上乘，煤炭資源儲量居中國第五位，達313億噸，人均占有量是中國平均水準的8.6倍。太西煤的經濟價值很高，它既是冶金工業和民用的好燃料，又是化學工業的好原料。它可用作高爐噴吹、鐵礦粉燒燃料、電石製作原料、水過濾優質材料、炭質吸附劑原料、化肥廠造氣、活性炭優質原料等，又是最理想的民用煤，成為外國高級住宅壁爐中的上等燃料。

寧夏特產：塞上寶藏與奇珍

寧夏的砟子炭稀有在哪裡

寧夏靈武磁窯堡煤礦出產的砟子炭，是中國稀有的優質煤。這種炭質地酥軟，卻固結成塊；燃點低，易點燃，燒時像木炭一樣，耐燒，火熾，一大堆炭燒完以後，只留下很少一點白白的灰跡；如將燃著的炭埋在灰爐裡，隔日撥開灰爐炭火依然通紅。砟子炭因其形狀，似砟子，故得名。又因燃燒時有一股煤香味，且為人們的生活帶來方便，被當地民眾稱為「香砟子」。

據史載，明朝以前磁窯堡就有砟子炭煤窯存在。1949年後，這裡已成為寧夏重要煤炭基地之一。如今探明這裡煤炭的儲存量巨豐，磁窯堡已成為寧夏東部能源基地之重，各國企業紛紛投資建設開發。

砟子炭低燃點、高熱量、高揮發、灰爐少、汙染小，是最理想的環保用煤，現已被環保部門確定為銀川地區工業、民用鍋爐的唯一用煤。砟子炭又是最受歡迎的日常生活用煤，如燒灶、取暖、煨火鍋、烤羊肉串等。每逢寒冬或新春佳節，親友圍坐在火爐旁，火鍋內的肉香和砟子香融合在一塊，形成一種獨特的醇香，令人心曠神怡，陶醉於歡聲笑語之中。

寧夏石膏儲量居中國之首嗎

石膏礦藏是寧夏的優勢礦種，蘊藏量居中國首位，儲量在45億噸以上。寧夏石膏礦分別形成於地質史上的兩個時期——石炭紀早期和漸新紀。

中衛縣的小紅山、甘塘、下河沿一帶，是石炭紀早期形成的石膏礦層，礦層長約100公尺至200公尺不等，厚10公尺至52公尺，質地優

良，多為一、二級品。此地石膏礦體裸露地表，又臨近鐵路，採運十分方便。甘塘石膏礦建材廠生產的 α 型高強石膏粉和 β 型建築石膏粉深得使用者好評，產品暢銷中國 14 個省以及日本、東南亞各國。

漸新紀形成的石膏礦，多分布於同心至鹽池一帶，分布面積達 1,600 餘平方公里，預測儲量有 100 億噸以上。同心縣喊叫水鄉賀家口子村的大型礦床，石膏礦層多達 20 餘層，總厚度有 100 公尺左右，已探明石膏儲量約 20 億噸，為中國罕見的特大型石膏礦床。

寧夏不僅石膏儲量是中國第一，而且石膏生產技術也馳名中外。寧夏建材研究院石膏工程技術研究中心，是中國石膏研究開發最有實力的科學研究單位，在中國石膏界享有盛譽。

寧南山區致富的「金雞蛋」是什麼

馬鈴薯產業，是寧夏農業最具活力的核心產業之一。寧夏盛產馬鈴薯，特別是固原地區，是中國四大馬鈴薯生產基地之一，年種植面積達到 10 萬公頃，產量可達 200 萬噸。固原市現有馬鈴薯加工企業 2,000 多家，鮮薯銷往中國 17 個省市，外銷馬鈴薯 30 萬噸以上。這一產業可提高當地農民人均純收入。在固原山區，馬鈴薯已成為農民致富的名副其實的「金雞蛋」。

固原市為促進馬鈴薯產業的快發展、大發展，不斷擴大馬鈴薯的種植面積，大力推廣無公害馬鈴薯種植，制定專用包裝袋上市，僅此一舉，每噸就增值 100 元。同時，在深加工上做文章，生產優質馬鈴薯澱粉、馬鈴薯食品等，有力地帶動了農業產業化發展，為農民增產增收做出卓越成績。

寧夏特產：塞上寶藏與奇珍

寧夏桑蠶養殖業會成為中國的後起之秀嗎

寧夏的光熱資源充沛，晝夜溫差大，以及夏、秋季的氣候特點，非常適宜種桑養蠶。從1992年開始試驗種養以來，寧夏的桑蠶業發展異常快速，先後建立涇源縣、紅寺堡區等十大蠶繭基地。目前有一座繅絲廠和20多個鄉鎮蠶桑技術服務站，植桑面積達2,500公頃，年產鮮繭280萬噸，生絲50噸，成為發展振興寧夏經濟的新型產業，是中國蠶繭生產的後起之秀。

據專家對寧夏蠶繭抽樣檢測得出結論：蠶繭解舒率、烘折率、繅絲率均高出浙江、四川老蠶區；春、夏、秋三季蠶絲能拉出1,300公尺的生絲，這樣的蠶繭品質，在南方老蠶區都沒有發現，在國外也極為少見。日本國德島繭質檢驗所和中國繭質檢測中心追蹤檢測認為，用寧夏蠶繭繅成同樣重量的生絲，可節省原料10%。在中國生絲、鮮繭價格普遍上漲的情況下，寧夏優質蠶絲價格還是被看好，前來寧夏蠶繭站的外地商家競拍寧夏產出的鮮繭。寧夏蠶繭有10項指標在中國領先，桑蠶養殖業的發展前景看好。不少商家投桃報李，加入寧夏養蠶產業。

寧夏最珍貴的鳥是什麼鳥

在賀蘭山海拔3,000公尺的密林中，棲息著一種珍禽，牠就是馳名中外的藍馬雞，又名馬雞，屬雉科，中國二級保護動物。在甘肅、青海、四川等省山脈中雖亦有此鳥，但牠的集中生活地卻在賀蘭山中。故此，牠被確定為寧夏的「區鳥」。

藍馬雞是名貴的觀賞珍禽。牠的羽毛非常美麗，頭部明晰地分為

紅、白、黑三種顏色：烏黑頭頂，酷似一頂青絨絲帽；眼四周圍簇著紅色羽毛，像戴著一副赤色太陽鏡；白色的耳羽，從兩側向頂後伸去，如同兩隻犄角，因此牠又有「角雞」、「耳雉」的別名。全身披滿了灰藍色的羽毛，中央尾羽很長並翹起，當尾羽下垂時，猶如披散的馬尾，故名藍馬雞。藍馬雞體型較大，重約 2～3 公斤，飛行能力較差，善於奔走。其姿態優雅，舉止大方，風度瀟灑，顯現出一種挺立高山、粗獷豪放的氣質。

金鵰、黑鸛、白尾海鵰珍稀在哪裡

金鵰、黑鸛和白尾海鵰是十分珍稀的禽鳥，屬中國一級保護動物，在寧夏賀蘭山自然保護區、銀川以北地域，特別是沙湖旅遊區，生活著這些珍禽。

金鵰，又名潔白鵰，鳥綱隼形目鷹科。大形猛禽，體長 90 公分左右，翅長 60 多公分。頭頂黑褐色，頸羽黃棕色呈細柳葉形，羽基赤褐色，羽端金黃棕色。上體羽暗赤褐色，尾羽灰褐色，下體黑褐色，覆腿羽較長。飛翔時可見翼下有大型白斑。雌雄同色。棲息在高山懸崖峭壁、草原或大樹上。性猛力強，常盤旋於高空，窺視地面獵物，捕食雞、鳩、雉、狐、麖、兔等。

黑鸛，鳥綱鸛目鸛科。涉禽，上體黑褐色，綴有紫綠色金屬光澤。下體上胸部濃褐色，具有青銅色光澤，下胸、腹部和尾下覆羽為純白色。生活於山區河流附近，常單隻或少數幾隻在溪流附近捕食蛙、魚、蛇和昆蟲。築巢於大樹上或懸崖峭壁上，每窩產 3～5 枚粉色卵。

白尾海鵰，隼形目鷹科。大型猛禽，體長 85 公分。棲息於海濱、江

河、沼澤地，也有在山地草原活動。以魚、兔、鼠、野鴨為食。3～4月繁殖，每窩產卵2枚。分布於內蒙古、東北、華北、甘肅、寧夏等地。

紅腹錦雞是珍禽嗎

在寧夏南部六盤山區，生活著一種馳名世界的珍禽——紅腹錦雞。紅腹錦雞，又名金雞、彩雞、山雞，屬雞形目雉科。其羽毛特別華麗，頗具「紳士」風度。尤其是雄錦雞，體長約1公尺，更是五彩繽紛，豔麗無比。它們頭上為金黃色絲狀羽冠，散覆頸上，後頸圍生金棕色扇狀羽，形如披肩。周身羽毛為濃綠的上背、純紅的下體、深藍的翅膀、桂黃相間綴黑點的長尾，在松崗、枝頭上猶顯色彩斑斕，俏麗無比。紅腹錦雞屬中國二級保護動物。

六盤山區被譽為黃土高原上的「溼島」，林木植被，鬱鬱蔥蔥，是奇禽異獸棲息的天然樂園。如今，封山育林成效顯著，錦雞在這裡受到保護，繁衍生息，活鳥已向西歐等國輸出。

沙湖何以會引來百萬隻候鳥

中國著名旅遊度假區——沙湖，是鳥的天堂，魚的世界，遊人的樂園，每年春、夏、秋三季，觀鳥的人群紛至沓來。

沙湖藍天、碧水、黃沙，一望無垠。天空大雁排行翱翔，湖面野鴨成群嬉戲，天鵝遊蕩，鷗鷺飛翔……處處是鳥的世界，鳥的天堂。沙湖鳥的種類有150餘種，如天鵝、鷗、野鴨、鷺、毛腿沙鷗、夜鶯、啄木

鳥、雀鷹、峰鷹、胡鳩、雕、鷂、烏鴉、燕子、斑鳩、布穀鳥等。

寧夏沙湖的雛鳥其中，中國一級保護動物有黑鸛、中華秋沙鴨、白尾海鵰、大鴇，中國二級保護動物有蓑䴉鳥、斑嘴鵜鶘、天鵝、白額雁、鴛鴦、灰鶴、衰羽鶴、蒼鷹、鳶、長耳鴞、縱紋腹小鴞。在眾多的鳥類中，水鴨數量最多，其次是海鷗、鷺鶯。成千上萬隻飛禽在這裡繁衍生息。春初到秋季，數十萬隻乃至百萬隻候鳥聚集在此，其勢尤為壯觀。

沙湖為什麼會引來如此多的候鳥呢？原來是沙湖自然保護區的沙漠、沼澤、草甸、湖泊，構成了鳥類賴以生存和繁衍的荒漠溼地生態環境，以蘆葦沼澤為主，內有浮游生物、水棲昆蟲、軟體動物、蛙類、魚類大量繁殖，為鳥類提供十分豐盛的食物。每年的4～6月，是鳥類的繁殖期，這時的沙湖晝長夜短，鳥類覓食時間長，有利於雛鳥的生長發育。春、夏、秋三季水面寬闊，葦草繁茂，淤泥軟陷，人為干擾很少，天然的溼地生態系統，為水禽棲息繁殖提供了優越的條件。大量的禽鳥生息繁衍，牠們的糞便排洩物又是魚類和水生生物最好的飼養，為沼澤植物提供了優質的肥料，促進了沼澤動植物的繁茂生長。如此生物鏈的循環往復，加之人們對生態環境的有力保護，才使沙湖成為鳥的天堂，魚的世界，遊人的樂園。

黃河鯉魚與寧夏水產養殖知多少

寧夏是塞北江南，魚米之鄉。魚，是寧夏的地方物產之一，這裡眾多的河渠湖泊中，繁衍著20多種天然魚類，其中以黃河鯉魚最為著名。

黃河鯉魚主要生活在黃河裡，故此得名。其生長發育較慢，身價較

高。黃河鯉魚體長而側扁，腹部圓，背部為青灰色，體側及鰭均為金黃色，體態豐盈，肉細刺少，營養價值高，富含蛋白質、脂肪、維他命A和維他命B、菸鹼酸、鈣、鐵等。具有催乳、健胃、利水的功效。以黃河鯉魚為主料烹製的「糖醋鯉魚」是宴席之上乘菜餚，不僅色香味俱佳，還帶有「鯉魚躍龍門」、「年年有魚（餘）」的吉祥色彩，受到人們的青睞。

黃河寧夏段在河套灌區形成了近13.3萬公頃宜漁荒地、5.3萬公頃天然水面、0.33萬公頃溝道水面，是水質好、無汙染淡水養殖業的最佳水域。黃河鯉魚的人工養殖不僅獲得成功，而且產量位居寧夏水產第一。後來，在「鯉、草、鰱、鱅」四大傳統品種養殖基礎上，又引進了團頭魴、羅非魚、河蟹、羅氏沼蝦等特色養殖。截至2024年，全區水產養殖面積達1.67萬公頃，水產品產量達8萬噸，全區人均水產品占有量達27公斤，居西北地方首位。在水產養殖水準和科學研究成果方面，如淡水魚類工廠化育種、黃河鯰魚人工繁殖及種苗培育研究技術上，在中國都處於領先地位。

西吉彩鯽何其珍貴

在寧夏，有一種被稱為舉世罕見的稀有珍貴魚種，它就是西吉彩鯽。西吉彩鯽為什麼那樣珍貴呢？西吉彩鯽生長在西吉縣的少數水堰中，像大路、立眉岔、赤土岔、鹼灘湖等，每堰成魚約在萬尾左右。這些水堰是1920年12月16日寧夏海原大地震後形成的地震湖，當地人稱之為水堰。

西吉彩鯽屬鯽魚之一種，其外形與內部構造，均同於一般鯽魚。但西吉彩鯽體色繁雜鮮麗，宛如金魚，有全身純白、純紅、純黑、黑紫、

金黃、淺藍的，也有黑白相間、紅白相間的，還有身披五色的；彩鯽潛游群棲，相依相隨，多姿多彩，風韻雍容，令人眼花撩亂，喜愛不已，極具觀賞價值。

西吉彩鯽的成因，至今還是個謎。在西吉縣內，同期形成的水堰有40多處，卻只有大路、立眉岔等幾個水堰中的鯽魚有彩，而其他絕大多數水堰中的鯽魚都無彩。如果把彩鯽放養於異質水中，彩色花紋就會逐漸消失。高原上的天然湖泊，本身就是一種獨特的自然景觀，再加上這奇特的彩鯽，更是奇上加奇，景中有景了。難怪到此遊覽的人說：「到了西海固，不去看地震堰塞湖和彩鯽，真乃旅遊中的憾事。」

你聽說過鴿子魚嗎

鴿子魚，是寧夏最名貴的河魚。鴿子魚棲息水域小，產地少，在寧夏僅見於中衛縣景莊鄉南長灘一帶的黃河水灣裡。牠形似鯉魚，但頭和眼比鯉魚小，體窄嘴尖，兩側各有一根較長的觸鬚。魚背顯褐色或呈黃白色，腹泛白色，體色似灰鴿。用「黏網」捕捉時，被「黏」在網後，乍看形態酷似落在樹枝上的鴿子，因此而得名。在民間，它又被稱為「宮廷魚」。相傳，朝廷曾欽命寧夏等地官吏按時進貢鴿子魚，遂身價倍增，一對鴿子魚竟可換一件上等沙毛裘皮。鴿子魚肉質細嫩，味道鮮美，並有醒酒解醉、祛寒保暖的效用，「天上的鵝肉山裡的雞，比不過黃河的鴿子魚」。

鴿子魚數量不多，又難以捕撈，故十分珍貴。牠生活在黃河水流湍急的峽谷中，寒冬沉河底冬眠，三四月間產卵，只有夏季黃河汛期水流特別渾濁時，才不得不浮出水面換氣，以致成了人們捕撈的良機。鴿子

寧夏特產：塞上寶藏與奇珍

魚很戀家鄉，無論被洪水衝得多遠，清醒後總會長途涉水，逆水迴游，返回故里。

關於鴿子魚，在中衛一帶還流傳著一個美麗動人的神話故事。很久以前，在中衛香山的巖壁上，棲息著無數美麗善良的鴿子。每逢稻穀成熟時，鴿子們就銜回糧食儲藏於山洞，以備後用。一年，黃河發大水，莊稼顆粒無收，第二年農民無種下地，眼看絕了生機。這時，一對美麗的鴿子──一隻白色，一隻粉紅色，帶領著鴿群把山洞裡的糧食一粒粒銜出來，撒向田間。人們得救了！而這一對鴿子卻遭到牠們殘酷的統治者──鴿妖的無情追逐，這對遍體傷痕、精疲力竭、走投無路的鴿子，最後雙雙墜入滔滔的河水中，變成了一對美麗的鴿子魚。如今，粉紅透白的鴿子魚，便是牠們繁衍的後代。

賀蘭山岩羊今何在

巍峨的賀蘭山是動物的天然樂園，這裡棲息著180餘種動物，性格溫馴的岩羊便是其中的一種。

岩羊，又稱青羊、盤羊，屬牛科動物。岩羊的毛色呈青灰色，故也稱其為「青羊」。牠的體型似家養山羊。為避免凶猛動物的襲擊，常選擇在險峻的高峰岩石間居住，所以又叫「岩羊」。以賀蘭山的賀蘭口為界，山以北的岩羊，體型大，羊犄角特大，且彎曲盤在頭頂，故叫「盤羊」；賀蘭山以南的岩羊，體型較小，更善攀岩，體色如山上的青石一般，俗稱「青羊」。據說，早在原始時期，就已出現了牠們的蹤跡，因此十分珍貴。岩羊多在固定的範圍內生活，群體活動。嚴冬時節交配，來年春夏之交產崽，多生一胎。

岩羊的肉可食用，其蛋白質含量高，味道鮮美。其皮色澤光潤，有一定經濟價值。岩羊在中國已存數不多，屬國家級保護動物。賀蘭山封山育林取得十分顯著的成績，青羊繁殖較快。如今，你要到賀蘭山風景區旅遊的話，像賀蘭口、蘇峪口、拜寺口、滾鐘口，都能見到青羊的蹤影。

沙棘渾身都是寶嗎

　　在寧夏各地的黃土丘陵和山地梁峁溝壑，尤其是在六盤山區，漫山遍野生長著一種落葉喬灌木，喬木者高達 10 公尺許，灌木者約 2 公尺之身；它渾身有棘刺，葉呈條形針狀，花先於葉開放，果實為肉質花被筒包裹，呈橙黃色、橘紅色，壓滿枝頭，煞是好看。它就是沙棘，俗稱酸柳、酸刺、黑刺，是一種渾身都是寶的野生植物，被稱作「世界植物之奇」、「維他命寶庫」。

　　沙棘喜陽，粗壯的枝幹抗風抗沙，極耐水漬，速生速長。民諺說：「沙棘越吹越旺，不砍不長。」它生命力極強，不擇沃土，不棄貧瘠，懸崖陡壁，溝渠河邊，都是它的棲身之地。人工繁殖，可育種，可扦插，可分根，可直播，是美化環境、植樹造林的優秀樹種。

　　沙棘的果實含有多種營養元素。維他命 C 含量是葡萄的 200 倍，蘋果的 150 倍，比「維他命之王」的奇異果還高 8 倍；可溶性糖的含量為 5.4% ～ 12.5%，含有機酸 3.12% ～ 4.6%；維他命 A 的含量高於魚肝油。每百克沙棘油（種子提取），含維他命 E 100 ～ 200 毫克，還有維他命 B、維他命 F、維他命 K、維他命 P 和胡蘿蔔素等，有著獨特的強身健體之功效。

　　沙棘還具有獨到的醫藥效能，1977 年被列入《中國藥典》。沙棘果能

寧夏特產：塞上寶藏與奇珍

活血散瘀，化痰舒胸，補脾健胃，還治跌打損傷、瘀腫、咳嗽、消化不良。還能防止心絞痛，改善心肌供血，增進心肌功能。沙棘油是良好的外傷用藥。

沙棘的嫩枝、嫩葉是牛、羊的精飼料，被稱作「鐵桿牧草」，能產生增膘、亮毛色和免疫的作用。在綠化荒山，保持水土，調節生態平衡等方面，沙棘也做出了突出貢獻。

沙棘渾身都是寶。用沙棘精製而成的沙棘汁、沙棘茶，是香味濃郁甘甜潤喉的保健飲品。沙棘還用於釀酒、做醋、製醬等，很受歡迎。沙棘食品在寧夏大的商場、超市都可以買到。

你知道長壽和環保之樹沙棗嗎

朋友，當你驅車馳騁在寧夏的原野上，那粗獷威武、挺拔健壯、成帶成林的沙棗樹就向你撲面迎來——歡迎你，遠方的客人！

沙棗是大西北極普通的一種樹，但它為人類所做的貢獻，又是其他樹種所不能等同的。寧夏遍地都長沙棗，這一落葉喬木深受人們的喜愛，替它冠以許多美麗的名字——銀柳、香柳、桂香柳、七里香、夏桂等。仲夏時節，它的枝頭上綴滿了層層疊疊黃色的小花，散發著桂花般的濃郁芳香，飄逸數里之外，令人陶醉，人們稱它為「夏桂」。寧夏說唱〈數花〉的第一句歌詞這樣讚美它：「沙棗子花開哎喲香天下。」沙棗是改良土壤、治理鹽鹼和城市污染的優良樹種。其繁殖力強，成活率高，無論是播種、植苗、扦插，還是壓條、根蘗分株，無所不可。它不擇土質，不需灌溉施肥，不怕旱澇，生命力可謂頑強。沙棗的品質，就是西北人飽經風霜、頑強打拚、艱苦卓絕優秀品格的縮影。

民諺有「沙土沙棗黃土柳，百株能活九十九」的說法。沙棗是一種長壽的樹。四五年樹齡，就可開花結果，10年後進入盛果期，可持續五六十年、七八十年。果實沙棗，味甜、沙澀，可製成粉、醬、糖、酒、醋多種食品，且有治療神經衰弱、失眠、腹瀉等功效，其花、枝、葉都可入藥，尤其他能吸收有毒氣體、粉塵，是難得的環保之樹。

你知道固沙先鋒「沙漠姑娘」嗎

　　在寧夏境內的騰格里沙漠、毛烏素沙漠和其他荒漠地帶，廣泛栽種著一種沙生豆科灌木，名叫花棒，它沒有桃李般嬌豔，也沒有牡丹般嬌貴，以其頑強的生命力，默默無畏地抵禦著風沙，被人們譽為「固沙先鋒」。

　　夏初，當你興致勃勃地進入中衛沙坡頭地段時，一幅奇異的景觀會躍入眼簾：縱橫環連的「草方格沙障」，彷彿「天公」巧手織成的「漁網」，疏密相間的綠色灌木在「網眼」裡盎然生長；那數不清的小花，為沙漠增添了風采，漫無邊際的方格地毯，罩住了滾滾流動的黃沙。這就是花棒創造的奇功──降伏住了沙漠這條「黃龍」。當地民眾親密地稱它為「沙漠姑娘」。

　　花棒的葉片細小緻密，細胞壁厚，長著許多白色絨毛和凹陷氣孔。氣孔能自動調節花體內水分和溫度，白色絨毛反光性強，能抵禦灼熱陽光。花棒根系發達，扎得深，伸得長，任憑狂風吹打而毫不動搖根基。花棒的莖包著數層可以不斷脫落的皮，以保護其不被高溫灼傷。它的萌蘗功能特強，斷枝可以重新發條，新梢能穿透沙層，吐露新芽，卓然挺立。花棒的優秀「品質」和它頑強的生命力，使它成為寧夏乃至周邊省區固沙止漠的「生力軍」。

寧夏特產：塞上寶藏與奇珍

寧夏是國寶級中藥材基地嗎

　　寧夏是一個天然的中藥材大藥庫。這裡地理環境和氣候條件獨特，藥用動植物種類繁多，蘊藏量大。全區共有中藥材 1,100 餘種，蘊藏量超過了 3 億公斤。尤其沙生藥材資源優勢突出，其中枸杞、甘草、黃耆、銀柴胡等馳名中外。寧夏中藥材的開發歷史悠久，最早可追溯到唐朝。後來，對麻黃、甘草、苦豆子等進行了一系列深度開發，取得可喜成績。

　　寧夏素有「甘草之鄉」的稱謂。甘草在藥用、食品、化工、菸草等行業用途廣泛，經濟價值高，同時，又是固沙植物。為了保護環境和草場，進行人工種植甘草試驗成績頗豐，實現了甘草的產業化生產。

　　麻黃，是重要的藥用植物，具有發汗解表、宣肺平喘、利水等功能。寧夏建立起了麻黃種植基地，使昔日的戈壁荒漠變成綠洲。

　　苦豆子，是一種原生沙漠帶槐屬多年生植物，遍布寧夏全區，從苦豆子中分離提取的苦參鹼、氯化苦參鹼，具有抗癌活性和升白、抗炎、抗潰瘍等作用，其治療 B 肝的功效與國外進口的干擾素不相上下，而價格僅是其十分之一。如今，寧夏在人工大面積種植和提純苦參鹼方面做出了驚人成績，成為中國苦豆系列生物鹼及製劑的生產基地。

　　寧夏南部六盤山區也是寧夏藥材資源豐富的地區，分布著 500 餘種野生和家種的中藥材。枸杞、甘草、貝母、元胡、黨參、黃耆、銀柴胡等中藥材資源豐富。許多野生藥材獲得人工培育種植的成功，品質優良，如六盤山貝母可與川貝媲美。

寧夏最大的引水工程在哪裡

在寧夏南部的固原、海原、同心、中寧四市縣的清水河中下游地區，矗立著一座造勢浩大、甚是壯觀的水利工程，它就是寧夏最大的引水工程──固海引水工程。它似長龍逶迤，如雨霽長虹，引來彩練般黃河水，把乾裂的土地滋潤，將封閉的心靈敞開。從此，這裡 600 多平方公里的荒漠變成了綠洲，五穀豐登；千百年人畜飲水困難的問題，迎刃而解。河水流過的地方，樹木成林，牛羊遍地，春風蕩漾，歡歌笑語。

固海地區千百年來，雨水稀少，地下水奇缺，「荒原漠漠藍天下，裂土炎炎紅焰中」，是一方貧瘠如洗的地方。為改變這裡貧困面貌，發展農牧業生產，1978 年中國動工興建引水工程，歷經 9 年，於 1986 年竣工。這一工程從中寧泉眼山北麓黃河岸建站抽水，共設 11 級泵站，引水至固原七營一帶，總提水高度達 342 公尺，安裝機泵 101 臺，主幹渠全長 155 公里，灌溉面積約 3.3 萬公頃。建有各類建築物 368 座，13,153 平方公尺。長山頭跨清水河大渡槽總長 1,064 公尺，是整個工程最大的管道建築物。還有高壓線路 216 公里。

為什麼說寧夏是中國光能資源最豐富的地區

日照充足，是寧夏大陸性氣候的基本表現。由於空氣乾燥，雲量少，海拔高度相對較大，加之又處於中緯度的地理位置，這就使寧夏全區日照充足，光能資源豐富。根據測定，全區日照時數可達 2,180 ～ 3,080 小時，日照百分率多為 60% ～ 70%，太陽總輻射值為 122.6 ～ 148.9 大卡／平方公分·年。寧夏是中國日光能資源最豐富的地區之一，

> 寧夏特產：塞上寶藏與奇珍

堪稱西北高原的「日光帶」，可與有「日光城」之稱的西藏拉薩市媲美。據《中國統計年鑑》(1988年)：從1951年到1980年，銀川市每年平照日照時數為3,039.6小時，超過了拉薩市(3,007.7小時)。

同時，寧夏還是中國晝夜溫差最大的地區之一。晝夜溫差一般為12℃～15℃。「早穿皮襖午穿紗，抱著火爐吃西瓜」，正是對一天氣溫隨時間變化的生動描繪。寧夏水果品質佳、單產高，與晝夜溫差大很有關係。

回族之鄉：多元文化的融合

回族之鄉：多元文化的融合

「回回」這個名字由何而來

明代張自烈《正字通》：「回，回回，西域大食國種也，陳隋間入中國。」元始，史書中回回、大食並稱。大食是大抑、大希、塔起的音轉。這些稱呼均是古時對阿拉伯敘利亞人的叫法。

「回回」這個叫法是怎麼得來的，涉及中國回族的來源問題。有一種說法認為，回回是由中國的回紇（回紇）人演變而來的。唐代回紇人遷往蔥嶺以西地區，成吉思汗西征，使他們得以返回故土，故稱「回回」。第一個「回」字代表回紇（回紇）人，第二個「回」字表示他們又回到中原故土。此說法似牽強。回紇（回紇）和回回不宜混同。回紇（回紇），元時音轉畏兀、維吾爾。

還有一種說法是，居留寧夏的大食人被唐人稱作「靈州回回」的傳說。唐天寶年間安史之亂，玄宗皇帝避難四川，太子李亨逃到寧夏靈州，投奔朔方節度使郭子儀，並借大食兵平定叛亂。太子靈州即皇帝位，為肅宗。叛亂平息後，大食兵客留長安，時間一長有點想家，整天嚷嚷著「回（家）、回（家）」，唐王要藉助他們「勁兵甲天下」之勢，一心想挽留他們，唐王自言自語：「他們這些人啊！今天要回，明天要回，老回呀回的，要想法子留他們一陣子。」於是，他吩咐大臣說：「你去跟那些『老回回』說，叫他們安心住一陣子，等過了年天氣轉暖了，我送他們回去。」這樣，人們就叫他們「回回」。後來，他們到靈州住了下來，成了中國回族最早的先民。

當然，這一說法純屬民間流傳。但是北宋《資治通鑑》等史書卻明確記載唐天寶末年（西元756年）及貞元初年（西元787年），大食兵兩次助

唐平叛史實。唐顏真卿曾撰文讚大食助唐平叛。史書還記載，唐代中葉「朔方勁兵甲天下」，肅宗李亨確在寧夏靈州登基，並以靈州為根據地，藉助郭子儀軍隊和安西兵，還有回紇兵、大食兵收復兩京，平定叛亂。平亂後大食的去向史書沒有記載，卻在回族民間留下了許多佳話。《元史》、《蒙古祕史》中大量出現回回、回軍、回回國、回回國主的稱呼。

為什麼說寧夏是中國最大的回族聚居區

寧夏回族自治區，是中國唯一的省級回族自治區，是 5 個少數民族自治區之一。寧夏現有回族人口 249.5 萬人，占全區總人口 720 萬人的 34.63%，約占中國回族的 22%。寧夏是中國最大的回族聚居區域。

寧夏純回族縣市有哪些

按人口的聚居程度劃分，寧夏回族人口絕對數最多的是同心縣，有回族 252,358 人，占全區回族人口的 10.05%，其次是海原縣、西吉縣、原州區、吳忠市、靈武市。涇源縣回族人口數在靈武市之後，居於第 7 位。

但是寧夏回族人口比重最高的是涇源縣，有回族人口 85,023 人，回族占全縣總人口 96.84%，在中國也是最高的，是中國少有的純回族縣。其次是同心縣，回族人口比率為 80.41%。

回族之鄉：多元文化的融合

最早的寧夏回族出現在何時

史載，從7世紀中葉唐初，就開始有阿拉伯和波斯商人由海路抵達中國經商。五代至宋末，五六百年間人數達數萬人。這些穆斯林主要居住在廣州、揚州、泉州、杭州等地。元時他們被稱為「回回蕃客」。隨著絲綢之路的開闢，也有一些阿拉伯人和波斯商人，經陸路到新疆、甘肅等地，前來中國進行貿易活動。這些以經商為主要目的的穆斯林，對寧夏地區回族的形成產生過很大影響。唐宋時，寧夏就有回回先民的足跡。

同時，唐安史之亂（西元755～763年）時，大食及西域各國穆斯林軍士、貢使，在寧夏境內留有過往的蹤跡。到北宋、西夏時期，穆斯林在寧夏零星分布。雖說人數較少，確為寧夏回族形成的「先民時期」。

寧夏回族的大量進入是在哪個朝代

「元代回回遍天下。」寧夏回族也是元朝時大量進入的。西元1219年，成吉思汗率蒙古大軍西征，於1258年攻陷巴格達。在40年間先後征服蔥嶺以西、黑海以東廣闊地域。大量信仰伊斯蘭教的阿拉伯人、波斯人、中亞人被徵調或遷徙，以半軍事半屯牧形式存在。寧夏作為當時的重要屯墾區，地廣人稀，於是有大量的穆斯林軍士及其家屬被安置在這裡。

寧夏作為西夏故地，是元朝重要的策略要地，六盤山區又是元代王室的皇家牧場，駐軍很多。有人猜想其中回族先民人數約在10萬。

寧夏南部山區，元時以開城府（今原州區）為中心，為安西王阿難答屬地。《多桑蒙古史》載：「阿難答幼受一回教徒之撫養，皈依回教，信之頗篤，因傳布回教於唐兀之地。所部士卒十五萬人，聞從而信教者居其大半。」阿難答為元成宗（在位於西元 1295～1307 年）的從弟，鎮守「唐兀」（元朝蒙古人稱西夏為「唐兀」）。這一批蒙古人改信伊斯蘭教，成為「唐兀」地區回回穆斯林人口的主體。從此，寧夏地區一直是中國回族人數最多的地方。

寧夏納家戶回族從何處來

　　納家戶，位於寧夏永寧縣縣城北邊不遠處，是一個擁有 4,000 多人的回族聚居區，回民絕大部分姓納。納家戶清真大寺建於明代嘉靖年間，歷史上進行過三次修葺。大寺規模宏大，風格獨特，非常壯觀，遠近聞名。

　　納家戶回族的先祖可追溯到元忽必烈時的大政治家賽典赤‧瞻斯丁及其兒子納速拉丁。據《陝西通志》載：「瞻斯丁子納速拉丁，子孫甚多，分為納、速、拉、丁四姓，居留各省。故寧夏有納家戶，長安有拉家村，寧夏納氏最盛。」

　　元代著名的回族政治家賽典赤‧瞻思丁（西元 1211～1279 年）陵墓（又稱咸陽王墓、鹹王墓）在昆明北郊，衣冠墓在昆明市區五里多小學內，每年回族三大節日都有各地回民前往悼念。二處陵墓被雲南省政府列為重點歷史文物保護單位。

回族之鄉：多元文化的融合

寧夏回族分布區域有什麼特點

從地域分布看，在山區的多，川區的少。南部山區及同心、鹽池等8縣回族占全區回族人口總數的63.39%；北部灌區12個川區市縣回族占全區回族人口總數的36.61%。

以城鄉比較而論，住在鄉村的多，城鎮的少。全區回族人口中居住鄉村的有1,351,643人，占88.7%。

以居住環境論，居住在條件差的地方的多，居住在條件好的地方的少。這與回族形成於中國本土初期的情況正好相反。如《寧夏省考察記》載，1945年銀川城內僅有994名回族，僅占當時銀川市總人口38,634萬人的2.57%。

寧夏回族尤其是農村回族，多圍繞清真寺而居住，形成一個聚居群落。

為什麼凡有回族的地方便有清真寺

寧夏清真寺禮拜大殿清真寺，是穆斯林生活不可缺少的公共場所。阿拉伯語稱清真寺為「麥斯吉德」，意為「禮拜的好場所」。歷史上中國回族對「麥斯吉德」有過不同的稱謂，唐代稱「禮堂」，宋代稱「禮拜堂」，元代稱「禮拜寺」，明代中葉以後才通稱為「清真寺」。

清真寺的職能很多，除了禮拜場所，還是阿訇宣講教義和培養宗教職業者的經堂，是回族人主持婚喪嫁娶的場所，還是宗教人士處理坊內事務的辦公場所。

回族是全民族信仰伊斯蘭教的民族，清真寺是穆斯林精神生活的寄託地，是生活不可缺少的公共場所。因此，凡是回族居住的地方，必須建有清真寺。

寧夏歷史最久的伊斯蘭建築在哪裡

寧夏現在有大小各類清真寺 2,300 多座。其中，同心縣清真大寺相傳始建於元末明初，明萬曆年間整修擴建。建築面積 3,270 平方公尺，主體大殿面闊 5 間，進深 9 間，氣勢宏大，肅穆壯觀，可容納千餘人禮拜。

歷史上寧夏回族人口為何會出現大起大落

元代，是回族先民進入寧夏的第一個高峰期；明代，寧夏回族人口迅速增加，成為中國重要的回族聚居區之一。據有人猜想，明初洪武九年（西元 1376 年），寧夏回族人口約為 15 萬。明代後期，這個數字急遽上升。到了清代中期（乾隆、嘉慶年間），由於一系列鼓勵生育的政策，中國人口驟增，寧夏回族人口發展到 70 萬～80 萬，是歷史上寧夏回族人口最多的時期。

清代中晚期，尤其是同治年以後，回民起義失敗，寧夏回族遭受空前劫難，回族人口直線下降，僅剩 23 萬左右。這一時期寧夏回族人口除總數遞減外，人口重心也向南部山區偏移，由於移入地氣候與地理條件的惡劣，造成南部山區回族人口一度出現負成長。據光緒二年（西元

1876年）統計，寧夏回族人口僅剩 10 萬人左右。又經過約 40 年的發展，1909 年清廷中國人口調查，寧夏回族人口約有 20 萬。至 1935 年，寧夏回族人口增至 35 萬人；到 1945 年，降至 30.4 萬人；1949 年，寧夏回族人口升至 37.3 萬人。

1949 年後，寧夏回族人口迅速成長。1950 年，38.2 萬人，到 1958 年寧夏回族自治區成立前夕，寧夏回族人口達到 59.3 萬人，比 1949 年成長 59.2%，年遞增 6.0%，就是說在 1949 年後短短的 8 年中，寧夏回族人口翻了一番還要多。

寧夏伊斯蘭教有哪些教派

明末清初，蘇非派由中亞地區傳入中國西北地方，寧夏伊斯蘭教派出現了大規模分化。一部分繼續實行原有的教坊制度，被稱為「格迪目」，另一部分在教坊基礎上形成了門宦制度，每個門宦都有一個教主，教主「以始傳者之子孫世為掌教」。寧夏有虎夫耶、哲赫忍耶和嘎德仁耶三大門宦。寧夏還有伊赫瓦尼教派。寧夏伊斯蘭教這 5 個教派，從基本信仰看，均屬遜尼派；從教法教規看，他們又都崇信遜尼派的哈乃飛學派。

格迪目教派「格迪目」阿拉伯語意為古老和遵古，以示此派的正統性和悠久歷史。寧夏穆斯林約有二分之一皈依此派。其教權結構較為鬆散，主要實行互不隸屬的教制，教坊通常以一個清真寺為中心。開學阿訇是教坊內最高宗教領袖。

虎夫耶教派「虎夫耶」阿拉伯語意為悄悄的、暗暗的，該派唸記主詞時，要停止呼吸，連續不斷地低聲默誦，故以虎夫耶相稱。虎夫耶教派

的道乘修行人員多是一種巡遊苦修者，通常沒有隸屬自己的教坊和清真寺。寧夏有洪門、鮮門、通貴三個虎夫耶門宦。

哲赫忍耶教派「哲赫忍耶」阿拉伯語意為公開、高揚，以高聲唸誦記主贊聖詞為特徵。該派形成於乾隆年間，清末以寧夏吳忠金積堡為中心的西北回民反清起義首領馬化龍為第五代教主。同治九年（西元1870年）篩海（教主）馬明心後裔馬元章從雲南逃到西吉沙溝，遵從馬化龍長孫馬進西為第六代篩海。馬進西歸真後，馬元章繼任第七代篩海。這樣，這個教派主要門宦有兩個：一是沙溝門宦，稱「北山派」；一是板橋門宦，稱「南山派」。（板橋門宦因其傳授根據地在吳忠的板橋而得名）

嘎德仁耶教派「嘎德仁耶」阿拉伯語意為大能者。有關該教派的起源，有一種說法是自其第七輩「道祖」仙逝後，分化成兩支，其中一支以韭菜坪（今海原縣李俊鄉）拱北為中心，形成韭菜坪門宦，教徒主要分布在固原地區。清末，又形成齊門門宦，教徒分布在固原七營、梁字堡及同心縣石坰嶺等地。

伊赫瓦尼教派「伊赫瓦尼」阿拉伯語意為同教兄弟。這一教派反對門宦制度，提倡「穆民皆兄弟」，故稱為伊斯蘭維新派。該教派於民國初年出現於吳忠、同心一帶。愛國宗教人士虎嵩山（西元1880～1956年）是該教派著名的阿訇。

涇源縣的回族是從何處來的

涇源縣是中國少有的純回族縣。回族人口85,023人（2020年數據），占全縣人口的96.84%。

回族之鄉：多元文化的融合

　　清同治年間，西北各地爆發了回族人民反抗清廷迫害的起義，寧夏金積堡成為起義的四大中心之一。「關隴諸回，視金積為向背。」以馬化龍為首的回民反壓迫抗爭從西元1862年9月爆發，至西元1871年2月慘遭鎮壓，堅持抗爭達9年。起義失敗後，寧夏回族和西北其他回族起義軍和眷屬，被恣意殺戮以及被迫遷徙。10多萬陝甘寧回民被迫離開了肥沃土地，遠徙到原先連日常飲水也得之不易，人鳥不驚的南部貧瘠山區。關中數萬回民被迫遷到甘寧一帶山區，其中部分人落戶涇源。固原數千回民被脅迫至甘肅平涼大盆一帶，金積2萬多回民被移至化平（涇源縣）。世居金積等地的其他回民被分散，三戶五戶地零散安置到漢民村寨中，產生回族人民「大分散、小集中」的局面。涇源縣回族就是那時被迫從寧夏金積和陝西關中遷移來的。

「十個回回九個馬」，是這樣嗎

　　馬姓回族遍布中國各地，是回族第一大姓。但遠非是「十個回回九個馬」，連一半也不到，此處之「九個」是虛數非實指，是說馬姓在回族中較多，最為常見。回族姓氏中除了馬姓外，納、哈、丁、白等姓在回族中也較常見。張、王、李、鄭等漢族大姓回族中也常見。

　　馬姓在回族中最多，而其來源亦多多。一是，回回的先民原名中不少帶馬字音的；二是，與伊斯蘭教創始人穆罕默德有關。出於對穆聖的崇拜和熱愛，回回先民多取與穆聖名字相關的姓。而一直到明朝，漢語譯穆聖名字有馬合麻、馬哈麻者。清代有一馬姓回族，遍歷雲、貴、川回族地區，調查得出，三省內便有「二十七姓馬，同姓不同宗」的。可知回族馬姓得姓方式是殊途同歸，不盡相同。

回族姓氏中，有一些從兄弟少數民族中演化來的，如翦、冶、鐵、巖、脫等。

回回姓名是從何時開始漢化的

唐宋時，回族先民居住集中在中國沿海及內地一些大中城市。其姓名仍保留阿拉伯、波斯人的傳統，姓名由本名、姓氏、冠姓三部分組成，姓名一般由 10 個左右的漢字來表示。元代時，回回大批湧入中國，成為回族形成的主幹。受漢文化影響，一些回回知識階層在保留回回名字的同時取漢名，或用漢姓（或回回姓）加回回名（或漢名）。到了元末時，回族取漢姓漢名現象已非常普遍。如明開國「回回十大功臣」姓名全部已漢化了。因此，回回姓名的漢化有其必然性，漢化年代是元代末。

西元 1372 年，明太祖朱元璋詔示：「凡蒙古色目人，聽與中國為婚姻。務要兩相情願，不許本類自相嫁娶。」並禁止使用本民族習慣名字，從而漢名最終代替了回回傳統姓氏。

回族經商傳統是怎樣形成的

寧夏諺語：「天下回回生得怪，個個都會做買賣。」、「外面闖一闖，銀鐵往裡淌。」、「回回兩把刀，一把賣羊肉，一把賣切糕。」

回族經商傳統與伊斯蘭教有很大的關係。伊斯蘭教創立前，阿拉伯半島就是東西方重要商業要道。這個地區的麥加、麥迪那等城市，幾乎人人都經商。伊斯蘭教經典中多次強調經商的意義和地位，《可蘭經》

中 20 多處提到「出外奮鬥者」和「大地上尋找財富者」，充分肯定了經商是真主喜愛的職業，認為商人是高尚的。穆罕默德本人親自從事經商活動，他鼓勵人們走出去大膽開拓財源之路。他說：「商人猶如世界上的信使，是真主在大地上的可信賴的奴僕。」伊斯蘭教的這種價值觀和生活方式，對中國回族造成了極大的影響和作用。

中國回族的先民早在唐宋時就由阿拉伯、波斯跨遠洋來到中國經商。時至今日，回族在中國各地流通領域，十分活躍。寧夏同心、吳忠、甘肅、臨夏、河北大廠、雲南昭通、北京牛街等回族人經商活動遠近聞名。傳說 1980 年代之初，大批同心回族下廣州、下深圳，那裡有不少人只知道同心，而不知道有個銀川。而拉薩市民最愛喝的啤酒是「蘭州牌」的，這種品牌的啤酒最走紅，臨夏回族商人最早進入拉薩，占領了那裡的啤酒經銷市場。

寧夏回族的老字號商號有哪些

天成和商號創辦人李鳳藻，回族，吳忠市人。1905 年，由其父創立天成合商號，主要從事駝運業；1916 年，李鳳藻接手改名天成和；1917 年，將商號業務拓展到天津、歸綏、包頭等地，業務快速發展。1923 年，京包鐵路貫通，天成和商號生意進入了全盛時期。1937 年抗戰爆發，天成和走向衰落，1946 年被迫停業。李鳳藻熱心公益事業，早在 1917 年出資千兩白銀籌建吳忠第一所清真小學。

振興永商號創辦人馬振邦，回族，靈武人。於 1925 年在靈武郭家橋創辦振興永商號，專營土特產和日用百貨批發業務。盧溝橋事變後逐漸蕭條，改名巨興永商號，遷到吳忠營業。

聚源恆貨棧創辦者何義江，字巨原，回族，靈武人。1914 年，與人合資創辦了義順生雜貨舖，到 1921 年商號已有資金七八萬銀元。1929年，遭土匪搶劫被迫歇業。同年秋，何義江赴沙特朝覲歸來後，又獨資創辦聚源恆貨棧，以批發貨物和收購土特產品為主，並在包頭、天津、西寧、蘭州、平涼、武威等地有常駐莊客。到 1933 年，已發展成一家資金二三十萬銀元、很有名氣的貨棧。1950 年代初，因多年受戰亂影響，剩有資金七八萬銀元。

　　此外，寧夏回族老字號還有 10 多家回族人開的清真飯館。

穆斯林「五大天命」是什麼

　　伊斯蘭教規定，穆斯林日常生活中必須履行「五功」，又稱「五大天命」，即唸（唸誦「清真言」）、禮（每天面向麥加的克爾白做五次禮拜）、齋（每年伊斯蘭教曆九月齋戒一月）、課（按財產比例交納「天課」——宗教稅）、朝（一生中至少去麥加朝覲一次）。

什麼叫「清真言」

　　清真言的阿拉伯語意譯為「美好的詞」，亦譯「諦言」。清真言是伊斯蘭教的基本信條，是伊斯蘭教的信仰宣告。回族無論男女老少，要求人人會唸誦清真言。虔誠的回族，旅途中唸，遇不愉快的事唸，臨睡前唸，時時處處都在唸。

　　清真言為：「倆依倆海，銀蘭拉呼，穆罕默德，熱蘇倫拉西。」譯成漢語是：「萬物非主，唯有真主，穆罕默德，是主的好使者。」

回族之鄉：多元文化的融合

朝覲及其主要活動是什麼

朝覲，是伊斯蘭教規定穆斯林恪守的五功之一，寧夏回族稱之「朝罕志」。按照伊斯蘭教的教義規定，凡身體健康，經濟條件許可的男女穆斯林，一生中必須去沙烏地阿拉伯的聖城麥加的「克爾白」天房朝覲一次。時間在每年伊斯蘭教歷十二月上旬。凡是朝覲過的穆斯林，可在名字前冠以「哈吉」稱謂，備受教民的尊重。

朝覲活動有一整套盛大流程，具體活動有：一是在指定地點受戒，作沐浴，脫常服（婦女仍著常服），遵守各種禁戒。二是巡遊天房，繞行7周，對天房內的黑石親吻或撫摸，表示敬意。三是在薩發、麥爾臥兩山間來回奔走7次。四是駐阿爾法特山谷，投石。

近年來寧夏回族有多少人赴麥加朝覲

伊斯蘭教傳入中國1,300多年，中國穆斯林很早就開始了朝覲活動。明初，回族航海家鄭和下西洋時，曾派人赴麥加朝覲，此事《瀛涯勝覽》中有記述。但時至1950年代初，中國穆斯林朝覲者人數總共數千人（不包括新疆各民族的穆斯林們，其世代朝覲者人數很多，據說年景好時，一年有上千人結隊朝覲）。寧夏回族朝覲人數一共有數百人。

1985年，中國允許自費朝覲，於是寧夏回族中出現了大批自費朝覲者。當年有10人朝覲，到1990年突破百人，到1996年人數突破200人，從1985到2005年，20年間寧夏共有3,000餘人參加了自費朝覲活動。

回族阿訇「穿衣」是怎麼回事

　　寧夏回族清真寺都開設有經堂，每個寺裡都有人數不等的滿拉接受阿訇的教課，唸可蘭經。滿拉的學業因人而異，沒有固定年限，學得快的三四年，有的要學七八年才結業。穿衣，也稱掛幛，是對學經滿拉畢業儀式的稱謂。只有「穿衣」了，才授予阿訇的資格。因此很隆重，很嚴肅。

　　穿衣儀式，多選在回族三大節日及主麻日舉行。這天周圍坊上的阿訇、鄉老、知名人士被「搬」（盛邀）來參加。本坊上寺禮拜的群眾當然是主要參加者。

　　典禮儀式上，先由本坊阿訇匯報穿衣滿拉學習過程、成績，講授穿衣之意義。接著由本坊寺董事會主任頒發畢業證書，並穿衣。首先加冠，戴「戴斯達爾」。其次穿長袍。第三，親友同窗給他披紅掛綵。第四，穿衣者及家長向開學阿訇贈送旗匾、衣物、紀念品，報答培養教育之恩。第五，穿衣滿拉演講《可蘭經》或《聖訓》章節。教民們一一與之握手，以示親切、敬佩。

　　穿衣儀式結束後，就有其他坊上把穿衣後的阿訇「搬」至本坊清真寺去開學。

寧夏回族的重大節日有哪些

　　伊斯蘭宗教節日共有七個。寧夏回族一般只過三個節日，即開齋節、古爾邦節、聖紀節。這些節日隨著歷史的變遷，已演變為回族全民

族的習俗。開齋節和古爾邦兩個節日中，家家歡慶，熱鬧非常。而開齋節，更為全區所有民眾放假一天。

開齋節是阿拉伯語「爾德‧非圖爾」的意譯，又稱「肉孜節」。回族齋月是伊斯蘭教曆九月，由於回曆是純陰曆，開齋節出現在每年時間不盡相同。齋月中，年滿12歲的男子和年滿9歲的女子，都必須戒齋一月。封齋的一月，東方發白前要吃飽喝足，一直到太陽落山不見亮光才進食。據說，封齋目的是讓教民體驗飢餓乾渴的痛苦，清心寡慾，節制贖罪，從而養成堅韌、剛毅、廉潔的美德。開齋節這一天，回族家家炸油香、饊子，宰雞殺羊，互送友鄰，互拜問候。這天晨禮後，回族男人們去清真寺參加開齋節的會禮。會禮前按自家人口出散「菲圖爾（開齋捐）」。之後進入禮拜大殿，禮拜之後靜聽阿訇講臥爾茲和讚聖。最後，一齊向阿訇說「色蘭」，相互道「色蘭」問候。這之後由阿訇帶領走墳，紀念亡人。這一天其餘時間是拜訪親友，盡情歡度。

古爾邦節又稱「宰牲節」。宰牲節的來歷，相傳是先知易卜拉欣老年無子，他向阿拉祈求賜給他一個孩子，於是生下兒子易斯瑪依。孩子一天天長大了，夜裡易卜拉欣夢見阿拉命他宰殺愛子獻祭，考驗他對阿拉的順從。他遵從阿拉之命，天亮後提刀宰殺兒子時，頭兩刀下去只刮破些皮，阿拉大受感動，派天使哲布伊勒送一頭黑頭羯羊作為替身。從此穆罕默德把回曆十二月十日規定為宰牲節。這個節是全世界穆斯林的一大節日，也是中國回族的風俗節日。這一天，回族男女沐浴淨身，換上新衣赴清真寺聽阿訇宣講臥爾茲，男子還參加「爾德」會禮。寧夏回族流傳一句諺語：「當不了月回回，總得當個年回回。」意思是再多忙，這一年一度的會禮和節慶也不能不參加。古爾邦節中最重要的規定，是經濟條件允許的穆斯林要宰牲——羊、牛、駝（規定每人宰一隻羊，七個

人合宰一頭牛或一峰駝)。所宰的肉分成三份：一份自食,一份送親友鄰居,一份濟貧捨散。

聖紀節,是為紀念伊斯蘭教創始人穆罕默德的誕辰和逝世日。由於穆罕默德誕辰和逝世恰好都在伊斯蘭教歷三月十二日,因此,回族一般合稱「聖紀」。這一天,回族人聚集清真寺誦經、讚聖、禮拜。阿訇宣講穆聖生平功德,教育大眾不忘至聖教誨。這一天穆斯林還要做「討白」(懺悔),還要自願向寺上捐贈錢物(糧、油、肉等)。

回族除了這三大節日外,還有阿舒拉節、登宵節、法圖麥節、拜拉特夜節等節日。

回族的見面禮儀有哪些

俗話說,「回回見面三分親」,「回回的親,扯不斷的根」。回民注重文明禮儀,十分注重見面時的禮節。回族無論男女老少,見面相互問候時,要互道「色蘭」。《可蘭經》多方強調見面禮節的重要性,說「如有人祝安於你,你應比他更好地祝福他」。回族祝安詞是致意者先說:「安色蘭阿來庫木。」意為求主賜平安於你(們)。於是被祝者答道:「吾阿來庫色蘭。」意為求真主也賜你們平安。這一禮俗文化,源於阿拉伯地區。唐時來華的穆斯林帶到中國,回族沿襲至今。

互致「色蘭」有許多講究。要真誠熱情,一本正經。對方致「色蘭」而不回禮,被視作傲慢無禮,會遭到眾人責罵。見面時,晚輩先向長輩致意,平輩相逢年幼者向年長者致意,教民向阿訇先致「色蘭」,還有少數人對多數人先致「色蘭」,多數人中凡聽到的都要回「色蘭」。這樣少數

人不必再一一向每個人致意了。回族見面祝安詞，不僅見面說，分手時也要互致「色蘭」。現在回族節慶集會中講話時，也先熱忱道地一聲「色蘭」。

一聲聲「色蘭」，寄託了禮貌的祝福，增添了回族人的親切友誼。

回族關於誕生和命名有何禮儀

回族把人出生視為一種大禮，保留著很多傳統風習。回族人稱婦女懷孕的為「有喜」，一般詢問：「有喜了嗎？」不宜問：「懷孕了嗎？」婦女在孕育期有很多避諱和禁忌。如不送親，不參加婚禮和喪葬。若途中遇見送親送葬的，要盡快避開。飲食上也有戒律，孕婦不能吃兔子肉。孕婦不能譏笑別人的小孩。嬰兒出生時，產房除接生婆外，一般連自己丈夫也不准入內。門簾上掛一紅布小條，提醒外人止步。回族認為，孩子出生後誰先進產房，孩子以後氣質秉性就像誰。因此嬰兒呱呱墜地後，早已從親友鄰里中選好請來的，相貌品行最出眾的年輕男子（或美麗女子）首先踏進產房，這叫「踩生」。它是回族一種美好的祝願和希冀。此外，回族分別在孩子出生三天、一月、百日和週年時，舉行「洗三」、賀滿月、百日禮和抓歲（抓週）禮。

回族嬰兒出生當天或三天之內，必須請阿訇為嬰兒取經名，也叫「回回名」。命名禮由主人把孩子抱到門檻外，阿訇先對著小孩在左耳邊低誦「班克」宣禮詞，再對著小孩右耳低誦「尕麥體」。然後在男孩左耳（女孩右耳）輕輕吹口氣。據說，唸宣禮詞、吹氣是把孩子呼喚到清真寺內，一出生就成為一個穆斯林。

這之後，阿訇誦一段經文，從伊斯蘭教眾多先賢中選出一個名字做孩子的經名。男孩經名多為「爾薩、努哈、尤素夫、曼蘇爾、大吾代、穆薩、爾里、晒爾東、葉爾咕……」女孩一般起名為「阿依莎、奴姑燕、海薩、索菲亞、法圖麥、賽里麥、祖布袋……」。經名還有以出生日命名的，如「來買丹」（齋月出生）、「爾德」（古爾邦節出生）、「主麻」（星期五出生）、「杜什爾」（星期四出生）等。

回族飲食中有哪些禁忌

寧夏回族飲食文化中的禁忌內容，來自伊斯蘭教的規定。《可蘭經》中明確規定：「他（阿拉）禁止你們吃自死物、血液、豬肉，以及誦非阿拉之名而宰的動物。」宗教上的規定，久而久之演變成了信教民眾的民俗習慣。寧夏回族嚴格恪守這一習俗，不食用豬肉、驢馬騾肉、狗肉等，以及自死動物和動物的血液，不食野獸猛禽（如虎、狼、鷹、鷂等）。根據《可蘭經》中規定，教民食用的動物有：獸類中吃草反芻的，四蹄分瓣且性情溫順的（如牛、羊、駝，野生的獐、鹿、兔等）。禽類中凡吃穀有嗉子的，似雞嘴的（如雞、鴨、鵝、雁等）。水產類中有頭有尾，身上有鱗有腮有鰭的魚（有草、鯽、鯉、鰱魚等）。吃魚類無須屠宰。因此，寧夏回族喜歡吃牛羊肉，並請阿訇、滿拉或常上寺禮拜的人宰。宰時高聲誦經：「比思敏倆習，阿拉乎艾克白勒（以阿拉之名，阿拉至大）。」然後下刀，割斷氣管喉管食管，等血流盡方可剝皮收拾。

回族禁止飲酒和吸菸。

回族飲食諸多禁忌之中，有四種禁忌最嚴：豬肉、自殺動物、血液、酒。

回族之鄉：多元文化的融合

回族的禁食豬肉習俗是如何形成的

　　禁豬是回族敏感的問題，是回族習俗禁忌中最主要的問題。由於清朝鎮壓西北回族起義時，以吃豬肉來檢驗是回民還是漢民，極大地傷害了回族人民感情。而在 1932 年，《南華文藝》公然載文，造謠說清真寺裡供有豬像，豬是回族的祖先（參見上海辱教案），汙辱回族的事件多次發生，引起了回族強烈反抗。寧夏、甘肅等地回族連「豬」字也不能提，豬皮製鞋和夾克也不穿，甚至姓朱的也改為姓黑。這一禁忌習俗在寧夏等地尤其突顯。

　　回族禁食豬肉之緣由，要追溯到古阿拉伯的習俗。早在猶太教、伊斯蘭教創立之前，在阿拉伯半島就有禁食豬肉的習俗。因為這裡的閃米特人牧羊、牛、駝，從不養豬，這裡氣候和沙漠也不適於養豬，古埃及人也視豬為不潔和厭惡之物。猶太教創立，把禁食豬肉當作戒律寫進了聖經《舊約全書》。西元 7 世紀，穆罕默德創立了伊斯蘭教，順應了當時當地習俗，吸收了猶太教經書有關禁食豬肉的戒律，列入《可蘭經》中，並四次反覆強調。

　　唐宋時，伊斯蘭教傳入中國，信奉伊斯蘭教的中國回族對教規戒律特別重視，嚴格遵守。回族在與歷代統治的壓迫、歧視的抗爭中，對禁豬的教規更加嚴格。現在，中國回族不僅禁食豬肉、禁養豬，而且在思想意識和感情上極端反感和厭惡豬。

回族對禁菸酒有怎樣的習俗

　　回族禁酒主要是受伊斯蘭教的影響。古代阿拉伯人素有飲酒習慣，伊斯蘭教初期未對之加以禁止，後來穆罕默德意識到酗酒造成種種危

害，於是下禁令，並以阿拉的名義寫進《可蘭經》。回族受《可蘭經》影響，嚴格禁酒，長期以來養成了不飲酒的良好習慣。回族不抽菸，則是一種衛生傳統習慣。大部分回族對菸酒氣味很厭惡，最反感抽菸酗酒的人走近，遇見了遠遠避之，猶恐不及。由於回族不飲酒不吸菸，所以回民一個個紅光滿面，身體強壯，回族中長壽老人很多。

但是回族對菸酒遠不如對豬那樣憎惡、反感。如今城市裡回民也有喝酒的，而對於城鄉回族中吸菸者，人們更見怪不怪了。其中回族中從政從商者，以及年輕人中，飲酒吸菸的比較多一點。而現今在寧夏城市的一些回族婚宴上，大多擺有酒和菸。

為什麼回族長壽老人多

1982年中國第三次人口普查中，寧夏百歲老人共有22人，其中回族占21人。1990年第四次人口普查中，寧夏百歲老人為33人，而回族占了27人。2006年7月11日是「世界人口日」，寧夏老齡委一項調查結果顯示，寧夏有百歲老人共有102人，其中回族占了四分之三。從這幾次普查中百歲老人數據看，回族中長壽老人多，是確實的。著名記者范長江在1920年代的《在中國西北角》中寫道：「唯人事方面，則漢人身體孱弱，衣服襤褸……凡是身體壯實，衣服整齊，騎高騾大馬者都是回族。」

回族長壽原因多多，首先是回族在歷史發展中備遭迫害、歧視，表現出的團結奮爭、堅韌不屈、昂揚向上的民族精神。他們勤勞吃苦精神，曾使范長江為之感動。《中國的西北角》中寫道：「寧夏河東至金積，靈武，為回民最多的地方，尤以金積為回民最密之區，他們處處表現不

回族之鄉：多元文化的融合

一樣的精神。金積境內的道路水渠，沒有不是井然有序的，農地中阡陌整齊，荒廢之地絕難發現。」

其次，是良好的飲食習慣。回族遵照伊斯蘭教教規，以「淨潔為相宜，汙濁的受禁止」為原則。回族非常講究飲水潔淨。

第三，是回族最講究清潔衛生習慣。回族屋裡窗明几淨，一塵不染，庭院乾淨整齊，井然有序。衣服乾淨整潔。為了保持衣服的清潔，回族喜歡穿白衣。

第四，是沐浴淨身是回族最重視的習俗，家家戶戶房子有水、洗澡間。回族諺語有「常洗大小淨，百病難以生」，「一天沒有五遍水，不能算是好回回」。

第五，是回族嗜好喝茶的習俗，對養生保健大有益處。寧夏諺語有「回回老人壽數長，早起禮拜喝茶湯」，「不吸菸不喝酒，蓋碗子不離手」。

回族的「清真」二字是怎麼來的

中國回族和其他9個信仰伊斯蘭教的民族都十分崇尚清真。「清真」一詞最早見於南北朝時，含有潔淨無染、純淨潔樸之意。南朝劉義慶《世說新語》中說：「清真寡慾，萬物不能移也。」宋代詞家周邦彥著有《清真詞》一書，本人自號「清真」。明代回族學者王岱輿，人稱「清回老人」。到明清時，經學家和宗教人士用「清真」表示宗教的「清高真切」，將崇奉「真主」之伊斯蘭教稱為「清真教」，寺稱「清真寺」。

現在「清真」已經成為回族穆斯林的代表性用語。凡回族飯莊、食品、肉食店、食品加工廠全冠之以「清真」二字。標牌、包裝上都在明

顯地位標明「清真」二字，最上方中間要用阿拉伯文書寫經文「清真食品」。且掛「清真」標誌的市場、飯店和廠商，都要按流程申報當地伊斯蘭教協會審批，發給執文。

為什麼回族家裡不掛人物圖畫

關於真主，回族諺語說：「無處不在處處在，無處不有處處有。」回族遵循伊斯蘭教的基本信條──「萬物非主，唯有真主」，禁止膜拜任何偶像。在回族聚居地方，一般不弄人頭雕塑，家裡牆上不掛人物和動物圖片，凡是有眼睛的東西都不能張貼。一般回民家庭喜歡在正屋懸掛山水花卉畫，兩旁配上阿文書寫的對聯。有些家庭雖掛了人物或動物畫，但禮拜時在畫像眼睛上用白紙蓋上。虔誠的穆斯林家裡牆上，只懸掛朝覲人從麥加捎回的「克爾白」影像。

回族沐浴為什麼要用吊罐

寧夏回族諺語：「回回三件寶，湯瓶吊罐小白帽。」、「吊罐回民家中寶，沐浴淨身身體好。」回族和其他穆斯林民族，沐浴使用吊罐是遵守伊斯蘭教規定沐浴不能用覆水的禁忌。洗過的水不能反覆使用，所以大小淨時不用臉盆和澡盆，而用吊罐和湯瓶，以保持清潔，一塵無染，至清至真。回族穆斯林在禮拜前必須沐浴淨身，「身淨衣淨去淨處」。洗小淨叫「洗阿布德斯」，用湯瓶；洗大淨叫「換烏蘇里」，用吊罐。

吊罐古時叫「吊桶」、「淋桶」，始於唐代，由波斯商人傳入中國，中

國穆斯林各民族視之為日常不可缺少的浴具。明代陳誠《西域番國志》中，記敘了西域穆斯林沐浴情況：「城市鄉鎮設淋浴堂，男女各為一所，人各持一水盂，汲溫涼淨水，從頭至足，洗淋其身。」、「盂」即吊罐。回族家裡吊罐掛在專用的水房裡，或室內門背後的牆角，而住樓房的回族家庭，吊罐則掛在洗手間。

回族湯瓶有些什麼傳說

湯瓶，古稱唐壺、君遲、湯瓶壺等，是回族沐浴淨身的專門用具。回族諺語說：「吃喝沒有都能行，沒一把湯瓶就不行。」過去回族女孩子出嫁陪嫁妝要有一把銅湯瓶，讓牢記「潔淨是穆斯林的本分」。回族為亡人「埋體」沐浴，必須使用湯瓶。過去回族出外行商，或去麥加朝覲，跋山涉水，千辛萬苦，必須身背湯瓶，堅持一路上洗浴，堅持每日禮拜「五番不脫」。

回族關於湯瓶的傳說很多。在寧夏流傳最廣的是西域回回幫助唐王平叛的事。西域王派三千鐵騎平息了「安史之亂」，唐王怕他們想家，替他們納了妻妾，又建了大清真寺供他們禮拜用。又命工匠依照阿拉伯洗壺樣式，製出了精巧美觀的銅壺和鐵壺，供他們沐浴用。因為是唐王賞賜的，所以叫「唐瓶壺」，後人們按其諧音叫「湯瓶」。湯瓶的另一說法是，唐肅宗至德年間，回紇人平息安史之亂有功，朝廷許其參與茶馬互市。回紇人從四川松潘地區攜帶淨身用具到甘寧、青海等地經商。松潘回回湯瓶狀似壺，身大頸窄，長頸彎曲，撮口鼓肚，從頸到底弧形耳把，質地有錫、銅、鐵三種，造型美觀，古樸典雅，大受歡迎。除了禮拜沐浴時用，還可放在客廳做擺設。

正因為湯瓶和穆斯林風俗習慣關係十分密切，回民飯館多用「湯瓶牌」作清真標誌。招牌通常用長方形木板做成，用綠色繪一湯瓶，兩邊用漢字寫「清真教門」四字，上端用阿拉伯文寫「伊斯蘭教食品」或「感讚真主」。

回族婚俗有何特點

　　(1)伊斯蘭教的影響對寧夏回族婚俗產生了一些正面作用。遵照《可蘭經》和聖訓的教誨，寧夏回族主張凡穆斯林都應結婚，反對單身，反對禁慾，主張婚姻自主。男方聘禮是履行義務，而非婚姻有效條件等。

　　(2)回族婚姻現正發生新的變化。如擇偶時不僅考慮民族、宗教、家庭，更看重對方人品、性格、文化素養等，注重感情。正如寧夏回族諺語所說：「金錢如糞土，人品值千金。」、「不圖錢財磚墁地，單圖一個好女婿。」回漢通婚現象如今也比較常見。

　　(3)回族主張節儉辦婚事。

　　(4)寧夏回族早婚和近親結婚現象在部分地區較為嚴重。另外，伊斯蘭教要求妻子服從丈夫，離婚權和重婚權掌握在丈夫手中，對回族婚姻也產生了負面作用。

回族婚禮有哪些流程

　　寧夏回族實行一夫一妻制。現在回族男女一般都是雙方自由戀愛，或經人介紹雙方同意而喜結良緣的。寧夏回族對婚禮特別重視和講究。

　　(1)提親。

(2)「定茶」，也叫「說色蘭」，「道喜」。定茶要選在主麻日（星期五），男方拿上幾身高級衣料，半隻（或一隻）羯羊，10～20個包成半公斤重的高中級茶葉和糖、果脯、八寶茶的包，現金若干（禮錢總數的一部分）。由男方父母、未婚夫和中間人（還要請阿訇和長輩）一起到女方家去商定婚事。女方要辦一桌宴席盛情款待。吃完宴席，雙方當眾人面互道「色蘭」，表示婚姻大事已經許諾。

(3)插花，也叫「定親」、納聘禮。意思是為姑娘插朵美麗的花，寓意「名花有主」。插花也要選在主麻日。說「色蘭」後，男方按照女方的要求「納聘禮」。聘禮有現金、一隻羊、50公斤稻米和幾小包糖茶，還有首飾、化妝品、四季衣物等。阿訇唸《可蘭經》有關章節，講述攀親和婚配的重要意義。女方招待貴客。最後雙方商定結婚大致日期。

(4)結婚。寧夏回族結婚習俗城鄉、平原、山區之間各地講究差異很大，總的趨勢是與寧夏漢族婚禮形式越來越接近。回族原有的做法受到衝擊。請阿訇唸「尼卡哈」也從新娘入洞房後，移到了舉行婚禮前在新房唸。阿訇坐在上方，新人和二人雙親、長輩、介紹人坐對面。阿訇唸前先驗看結婚證，讓男女新人背誦「清真言」阿文、漢譯。阿訇宣誦《可蘭經》章節，再用漢語解釋其意，然後宣布二人正式結為夫妻。除這一重要流程，其他與漢族結婚完全相同。

「戲公婆」是怎麼一回事

「兒子新婚日，爹媽難堪時。」戲公婆，流行在寧夏南部山區回族婚禮上。這裡的回族婚俗，「結婚三天無大小」，不論公婆的地位、輩分多高，也要乖乖地任由小字輩年輕人戲耍。小子們說這是替他們「長臉」，

「抬舉」他們呢！而公婆這天若是無人戲耍，反倒是這家沒人緣，顯得很掃興。戲公婆於婚宴將完開場，開始的節目是把鍋灰塗抹到二人臉上，頓時公婆二人變成了黑李逵，賓客一個個笑彎了腰。接著，戲公婆節目更新，人們把準備好的道具搬了出來——高紙帽、幾串紅辣椒、二把破蒲扇，四下裡押著遊走。戲公婆最出格也最最高潮的，是拉二人分別倒騎毛驢、黃牛，一前一後用枝條打著追跑，一氣趕出老遠⋯⋯

人們像看大戲一樣，笑聲喧天，全村沉浸在一片節日般的歡樂之中。戲公婆是山鄉回族婚禮習俗中的惡作劇，它為康樂活動貧乏的回族山區，平添歡鬧氣氛和喜慶色彩。

回族喪葬習俗特點是什麼

(1) 受伊斯蘭教的影響實行土葬，忌火葬。寧夏回族俗語：「天下的土地埋天下的回回。」回族土葬不用棺槨由來已久。清咸豐藍熙《天方正學》說：「清真殯葬，以身歸土，因其清淨也。」回族忌火葬習俗至今未有改變，包括知識分子也習慣土葬忌火葬。

(2) 主張速葬。根據伊斯蘭教「三日必葬」的規定，一般是早上「無常」，下午埋；晚上「無常」，次日早上埋，不得超過三天。即使是旅途中亡故者，也要於就地而葬，「入土為安」，反對長途運屍回鄉埋葬。

(3) 主張薄葬。回族遵循伊斯蘭教「葬唯從儉」的規定，在處理喪事上主張薄葬，反對喪葬鋪張浪費，勞民傷財。寧夏回族諺語：「死後鋪金蓋銀，不如生前厚養孝順。」、「老人在時不盡孝，死了兒女學驢叫。」回族講究生前全力贍養行孝，反對死後大操大辦。所以古今回族辦喪事，正如寧夏回族俗語說的，「不論窮，不論富，都是三丈六尺布」。

回族之鄉：多元文化的融合

回族喪葬禮儀有哪些流程

（1）唸「討白」。病人彌留之時，需洗「大淨」，剃頭、修面、剪指甲，然後換上新衣服和鞋襪。家人要讓他頭北腳南面向西（聖地麥加在中國西南方）。通知在外親人趕回來最後見「活面」。同時，請阿訇為其唸「討白」（懺悔詞），替病人向真主祈禱懺悔，病人亦默唸「清真言」。

（2）停「埋體」。病人歸真後，由阿訇或親人替亡人脫去一切衣服鞋襪，使肢體平躺，手指伸展，口眼閉合。然後把「埋體」由炕上停放到堂屋地上或木板上，頭南腳北，面向西。用潔淨白布蓋「埋體」，由親人輪流守候，須臾不能離。

（3）探「埋體」，又叫「善面」。至親摯友鄉鄰們前來探望亡人，要揭開亡人頭上的白布，讓大家看看亡人遺容，表示悲痛和永久告別。亡人家屬向探埋體的人分散孝帽。可以哭泣，但忌嚎啕大哭，忌鞠躬行禮，忌送花圈挽幛。

（4）著水，為亡人洗身。著水多在清真寺內，男人歸真多請阿訇著水，男不洗女，女不洗男。著水時通常有3人，在浴床（或乾淨木板）上，一人專為湯瓶裝水，一人倒水，一人雙手戴手套輕洗埋體。湯瓶忌著地，忌用肥皂等。洗法與活人小淨、大淨方法相同，洗時要遮住羞體（下身）。洗後用浴巾擦乾淨。

（5）穿「卡凡」。「卡凡」是阿拉伯語裏屍布之意。卡凡用純棉白布做成，3丈6尺長。亡人著水後，在其七竅、額頭、手腳、膝蓋等處撒上樟腦和香料等，以防腐驅蟲。男性亡人的卡凡有三件，第一件，「皮拉罕」（波斯語屍衣），形似襯衫，無領，長至膝部，用一幅白布做成。第二件叫「小殮」或「小臥單」，用一幅半白布做成，長短等身。第三件叫「大殮」或「大

臥單」，用二幅白布做成，要長於身。女性亡人除這三件，還須裹胸布和包頭布。為防止卡凡散開，使埋體外露，要將卡凡兩端束起，挽成死疙瘩。

(6)轉「費特爾」。「費特爾」是阿語，意為贖罪。請阿訇、滿拉及唸經人圍成一圈轉「費特爾」。「轉錢」，由家人計算亡人生前所欠齋功和拜功次數，決定轉錢的數目。轉時亡人兒子雙手捧貼在胸前，口唸「太斯米」，同時把錢捧給站圈人，對方接過，貼心低唸後再送回。轉錢後家人要把其中一部分錢發散掉。

(7)站「者那孜」，舉行殯禮。一般在墓前不遠處的乾淨平坦地方舉行。參加者必須是身上有水（洗大小淨）的穆斯林男性。先將埋體放在旁邊，頭北腳南，主持儀式的阿訇站埋體邊，所有參加者脫鞋向西排列站阿訇身後。阿訇誦唸《可蘭經》章節，贊聖並舉意為亡人和家族祈求。行禮與禮拜相同，但沒有躬叩。之後，眾人左右互道「色蘭」。最後，將埋體輕輕移放「塔布」長方形木匣子內，亡人家屬4人輪著抬送，中途不可落地，送亡人到墓地。

(8)入土。回族土葬的「麻扎」（墳坑）為南北走向的長方形豎穴土坑，深五六尺，長6尺，寬3尺，長寬足夠一個人仰臥，高度以一人跪起不碰頭，坑上用土坯箍做成墳穴。從墳底向北至地面挖一「攛堂」。開始下葬，阿訇、滿拉跪墳坑上方誦經，親屬和所有送葬人跪聽。下葬時親人下到坑裡，將亡人埋體用白布帶子從頭、腰、腿三個部位提起，緩緩地送入坑內，埋體頭北腳南，仰臥，面向西。然後用土坯封嚴洞口，用土填墳坑，使土堆起呈駝峰形或長方形。等阿訇誦經完畢，眾人接了「都哇」，亡人家屬向送埋體眾人散「乜貼」，向打墳人要口喚（唸「太斯米」，雙手相互交叉接一下，收回雙手抹一下臉）。葬禮結束，家人向寺上和困難戶散錢物。

回族之鄉：多元文化的融合

回族為什麼忌說「死」字

　　寧夏回族諺語：「今世為夢，後世為醒。」、「今生短暫如住店，後世長久是家園。」回族全民族信奉伊斯蘭教，伊斯蘭教把死當作一個人最後的必然歸宿，並把它理解為「嘎來布」（肉體）的消失和「羅罕」（靈魂）的昇華，是人生的覆命歸真，歸回到真主那裡去，而非生命的結果。因此，回族最忌諱說「死」這個詞。寧夏回族把死亡稱作「歸真」、「無常」、「口喚了」、「毛提了」或「走了」、「過去了」……「毛提」是阿拉伯語逝世之意。

最小的《可蘭經》是如何發現的

　　1959年5月，銀川建築公司在銀川市新城區翻建舊房，在對馬鴻逵兵營廢墟發掘中，出土了世界上最小的袖珍版《可蘭經》。文物專家鑑定是西元1892年阿拉伯珍貴的印刷版本，在世界各地也有發現，被視為古籍袖珍本「之最」。《可蘭經》長2公分，寬1.4公分，厚1公分，體積為3.2立方公分。放置一精美小銅盒裡，盒上鑲有小小放大鏡，供閱讀小書用。盒上還配有一條銅鏈，攜帶十分方便。它印刷十分精美，裝幀十分考究，封面為紫紅牛皮紙，扉頁上印有埃及國徽，並印有阿拉伯文：「這是尊貴的《可蘭經》，只有內外清潔之人，才可以攜帶它。穆曆1312年（西元1892年）」等字。現珍藏於寧夏回族自治區博物館。

　　無獨有偶，寧夏西吉縣民間也收藏一本清朝時由回族朝覲者從沙特麥加帶回的袖珍版《可蘭經》，屬中國一級文物，被文物學者視為無價之寶。

宛葛思是穆罕默德派遣來華的使者嗎

宛葛思，又稱斡葛思、挽個士等，相傳是穆罕默德派遣來中國傳教的四大使者之一。相傳，他於唐貞觀年間（西元 627～649 年）到達長安。唐太宗觀其為人耿直，才學超群，遂敕留居，建清真寺。後在江寧（今南京）、廣州傳教。《明史‧西域傳》有「隋開皇中，撒哈八撒阿的斡葛思，始傳其教入中國」的記載。宛葛思晚年，由粵海乘海船返回阿拉伯，船至途中，因「思奉聖命而往，未曾奉命而還」，復轉頭來華，於途中病逝。《回回原來》載「挽個士於粵東無常」。歸真後，宛葛思被葬在廣州市北郊流花橋畔回族公墓，稱先賢墓，人叫回回古墓。其墓碑謂建於唐貞觀三年（西元 629 年）。

但是，學者陳垣考證，多數學者也認為，宛葛思來華為唐高宗永徽二年（西元 651 年）。因為這一年穆罕默德的第二任哈里發（繼承人）歐斯曼派使者抵長安朝觀唐高宗。據民間傳說，中國回族中的宛、安、萬、王諸姓皆與宛葛思及原名之首音諧音。

館藏阿文玉牌飾是穆罕默德的遺物嗎

1990 年 9 月，海原縣文管所在民間徵集到一阿文玉牌飾，為中國一級文物。玉牌飾長 5.9 公分，寬 4.5 公分，厚 0.5 公分，和田玉質，玉色白中泛綠，菱形，上有凸性耳系，橫穿孔，整體風格類似伊斯蘭教清真寺穹隆性建築剖面圖形（米哈拉布式樣）。圖案用陰刻單線開光。內用陰刻雙、單線技法混合刻阿文字「阿拉」（真主）。文字四周用四瓣寶相花相拱，點綴自然，結構嚴謹，具有濃郁的民族特色。據有些專家考證，這

塊玉珮是穆罕默德贈給來華傳教的阿拉伯使者的遺物。學者陳垣考證，伊斯蘭教傳入中國是唐高宗永徽二年（西元651年），宛葛思使者到長安覲見高宗。此時穆聖早已歸真。多數宗教學者也持此見解。

回族服飾有些什麼特點

（1）寧夏回族服飾習俗受漢族服飾文化的影響很大，著裝大體相同。歷史上回族有「漢裝回回」之稱，這是因為回族「大集中、小分散」，入鄉隨俗之故。

（2）回族服飾的代表性主要表現在頭部。如男子戴小白帽，婦女戴蓋頭等。

（3）回族服飾具有多重作用。一是保護身體，不同季節選擇不同服飾。二是受宗教活動的影響，如戴小白帽，頭纏「戴斯達爾」等。三是裝飾作用，如男子套青坎肩，女子染紅指甲，衣邊繡花案等。

（4）回族服飾講究整齊、美觀、簡樸舒適、乾淨衛生。衣服著色以白、黑為主。

回族男子為何喜歡戴白號帽、穿坎肩

「回回家裡三件寶，湯瓶、蓋碗、小白帽。」寧夏回族男人服飾中，最富特點的是小白帽。回族男子為什麼喜歡戴小白帽呢？這與回族所信仰的伊斯蘭教有關。回族禮拜必須要戴帽子，不能露出頭髮。禮拜叩頭

時前額和鼻尖必須著地，戴小白帽比戴遮陽帽方便得多，最終形成了回族戴小白帽的民族風習。現在寧夏回族男子無論是百歲老人，還是四五歲小孩，無論上寺禮拜不上寺禮拜，都喜歡戴這種象徵回回民族的「號帽」。當回族過節會禮時，當回族開齋節和宰牲節走墳時，一片白帽帽耀人雙目，像一片銀河流淌。

坎肩是回族服飾的又一個重要組成部分，表現了回族著裝簡樸、大方的民族特點。回族男女都愛穿坎肩，特別是回族男子喜歡在雪白的襯衫上套件合體的對襟青坎肩，黑白對比鮮明，清新、乾淨、文雅。回族不同季節穿不同的坎肩，單的、夾的、皮的，還有二毛皮的。回族愛整潔，講衛生。穿坎肩做禮拜、洗大淨和小淨時方便，同時生活中挽起袖子做事、洗手、洗臉，既方便又保暖。而且由於回族有習武的習慣，坎肩顯得簡潔實用。

回族宗教人士為什麼喜歡穿長袍

「準白」是阿拉伯語，即大衣或長袍。「準白」是寧夏回族阿訇、滿拉及回族老人的傳統服裝，是禮拜和宗教活動時喜歡穿的衣服。一般選用黑、灰、深藍和白等顏色的面料製成。面料有棉布、化纖、毛料的，分單、夾、棉三種。其款式近似現代流行的長大衣，但領子一般都是制服領口。穿「準白」禮拜顯得莊重、肅穆。「準白」成了虔誠穆斯林教徒中有一定身分人極富特色的服裝。

回族婦女戴蓋頭有哪些講究

回族婦女戴蓋頭的習俗,一是受阿拉伯地區風沙大、水源少的影響,婦女戴上蓋頭遮面護髮。二是受回族婦女伊斯蘭教影響。按照《可蘭經》的規定,穆斯林婦女必須把頭髮、耳朵、脖子等「羞體」都遮掩起來,如果把這些「羞體」暴露在外,就認為是失去「依瑪尼」(信仰)。回族婦女的蓋頭有綠、黑、白三種顏色,分別表示少女、媳婦和老人的不同身分。少女戴綠色的,已婚婦女戴黑色的,老年婦女戴白色的。戴綠蓋頭顯得清俊嬌麗,戴白色蓋頭顯得乾淨持重,戴黑蓋頭顯得素雅端正。在樣式上,老年人的蓋頭較長,要披到背心處;少女和媳婦的蓋頭則短些,前面遮住前頸即可。

現在連住在寧夏南部山區的回族婦女戴蓋頭的也不多了,而是代之以各色紗頭巾和護士帽,城市回族婦女衣著則更是千姿百態,款式新潮,色調多樣。

回族婦女為什麼喜歡佩戴首飾

寧夏回族女子從小就要穿耳洞,七八歲時要戴銀耳環,長大了喜歡戴金戒指、金手鐲。回族婦女喜歡戴金銀首飾的民族習俗,是受阿拉伯國家民族風俗和伊斯蘭教文化的影響。在阿拉伯國家,穆斯林女子訂婚時,視男方經濟條件,要適當的金銀首飾作為聘禮。結婚時在女方無名指戴金戒指。伊斯蘭教允許婦女戴金銀首飾,因此回族也允許戴金銀首飾。有些回族婦女,沒有金手鐲的,就戴銀手鐲和其他手鐲。

回族婦女喜歡戴耳環,除了裝飾作用外,據說還能使人心明眼亮。

回族有俗語「姑娘眼睛亮，耳環子掛兩旁」。這話也不無道理，眼部穴位在耳垂中央，戴耳環正可刺激這個穴位。

回族服飾何以崇尚黑、白、綠三色

回族在服飾顏色上以白、綠、黑三色為主，這個特點與伊斯蘭教文化有密切關係。伊斯蘭教崇尚黑、白、綠三色。中國史書上有「白衣大食」、「黑衣大食」和「綠衣大食」之稱。「大食」是古波斯人對阿拉伯人稱謂的漢語音譯。穆罕默德曾對教民說：「你們穿白色衣服，它是你們最好的衣服。」中國回族視白色為最潔淨、最喜悅和最清白之色。回族在現實生活中體會到，在炎熱的夏日穿白色可反射熱量，因此，戴白帽、穿白衣已成為回族服飾習俗之一。回族還喜歡穿黑色和綠色服裝。穿青坎肩，戴黑蓋頭，穿黑袍子等，給予人端莊和純淨的感覺。綠色是生命的象徵，穆斯林認為綠色是神聖的顏色。穆斯林到麥加朝聖後，一般都打綠旗。阿拉伯國家製作供穆斯林禮拜用的地毯，底色多是綠色。寧夏回族舉行滿拉學業完成「穿衣」儀式，阿訇要戴綠帽，穿綠「準白」（長袍），表示肅穆、莊重。回族少女戴綠蓋頭，穿綠褲子，對綠色很喜愛。

回族頭纏「戴斯達爾」是怎麼回事

「戴斯達爾」是波斯語音譯，意為清真寺的阿訇或教長頭上纏的布。過去回族頭纏「戴斯達爾」的較多，現在回族大多戴白帽，只有阿訇、滿拉和常上寺禮拜的回民頭纏「戴斯達爾」。相傳穆罕默德早期傳教時，頭纏「戴斯達爾」做禮拜。「戴斯達爾」長度一般為9尺或1丈2尺，用白

色、黃色布料。纏頭時有許多講究，前面只能纏到前額髮際處，把前額留出一綹髮，搭吊在背心後，另一端纏完後壓至腦勺纏巾層裡。

在回族重大節日慶典和舉行宗教儀式時，纏「戴斯達爾」的回族相應要多些。而在中國維吾爾、哈薩克等民族的穆斯林中，「戴斯達爾」成了他們民族服飾習俗的重要特徵。

回族婦女染指甲習俗是從哪裡傳來的

寧夏回族民歌唱道：「金鳳花開紅豔豔，姑娘染得指甲丹。回回少女愛海納，個個都是麥爾燕。」

回族女子喜歡用鳳仙花染紅指甲的習俗是從阿拉伯、波斯地區傳來的。中國在漢朝以前沒有鳳仙花，漢武帝派張騫通西域，相互往來，鳳仙花才從西域傳到中國。海納，是波斯語的音譯，傳入中國稱「鳳仙花」，俗稱「指甲花」。宋人段公路《北戶錄》：「指甲花，細白色，絕芳香，今番人種之。」、「波斯人移植中原，回回婦人做染指料。」宋史學家周密《癸辛雜識續集》記述：「鳳仙花紅者用葉搗碎，入明礬少許在內，洗淨指甲，然後以此拘敷上，用片帛纏定過夜。初染色淡，邊染數次，其色胭脂，洗滌不去，可經旬。今回回婦人多喜之。」回族是愛清潔、愛美的民族。回族少女尤其愛美，她們用鳳仙花染指甲，沿襲回族先民從阿拉伯帶來的習俗，代代相傳，時至今日。

回族孩童戴「都哇」是怎麼回事

戴「都哇」,是流行寧甘一帶回族民間的護身習俗。寧夏回族男女兒時不少人都曾佩戴過。「都哇」是阿拉伯語音譯,護身符之意。家有小孩的回族家人請阿訇將一段吉慶和佑護之意的經文,書寫在一小方潔淨的白布上,摺疊包在布裡,縫成三角形小布袋,縫在小孩內衣裡。戴「都哇」,是為避病災求吉祥的良好心願。

回族為什麼嗜愛飲茶

寧夏回族諺語:「不管有錢沒錢,先刮三晌蓋碗。」、「寧可一日不吃飯,不可一時斷茶碗。」、「不抽菸不喝酒,蓋碗子不離手。」回族人嗜茶如命,其緣由正如回族史書《伊斯蘭青年》中詮釋的:「緣回民以牛羊常食,非佐以茶不易消化。」又說:「穆民不飲酒,以茶代酒更甚。」而伊斯蘭教封齋和一天五番禮拜也是其中一個原因。齋月裡天未明就要吃飽喝足,一天不能飲食,這樣一盅又一盅飲茶,就漸漸養成了飲茶的嗜好。寧夏回族茶諺云:「早茶一盅,一天威風;午茶一盅,勞動輕鬆;晚茶一盅,提神去痛。一日三盅,雷打不動。」、「回回老人壽數長,早起禮拜喝茶湯。」嗜茶習俗健脾生津,亦茶亦藥,讓回族體強壽延。

回族對飲用水的潔淨有哪些講究

回族是喜歡乾淨的民族,對飲用水的衛生潔淨十分講究。回族的水井和水窖多加有蓋,水井是用專用水桶汲水,打水桶最忌放在地上,而

是掛在井臺邊或放在井蓋上。漢族如果不了解這一風俗，用自帶的水桶打水或把打水桶放在地上，回族人往往會表現出大驚小怪的神情，特別反感，馬上出面制止。回族水井每年春天有淘井的習俗，井裡掉進了東西，也會馬上淘井的。

回族到河裡挑水，上水誰扔了髒東西，要等到水流過百步遠後才挑。回族人認為「水流百步淨」。如果去挑泉水，一般泉邊都修有專供人食用水的積水坑，坑邊挖一小渠，讓積水滿坑時可以流走，保持水的潔淨。有的還在積水坑上面搭個棚子，防止牲畜飲用和髒物掉入。

回族家裡水缸要加蓋，小水桶和舀水用具一般都掛在牆上，大水桶則扣在固定的乾淨的地方。

回族喝茶緣何喜愛用蓋碗

「回回家裡三件寶，湯瓶蓋碗小白帽。」這是寧夏回族的一句諺語。回族人喜喝蓋碗茶，歷史悠久，相傳元代雲南平章政事官回回賽典赤・瞻思丁飲茶就用蓋碗。蓋碗子，寧夏回族叫「三炮臺」。它由茶盞、茶蓋、茶托配套而成。茶盞配上了蓋和托，飲時方便防塵，而且增加了裝飾性，給人清雅莊重感。對用蓋碗子喝茶的好處，民諺說：「一防灰（清潔），二防冷（保溫），三防茶梗卡喉嚨（安全）。」回族常說：「吃油香要掰呢，喝蓋碗茶要刮呢。」、「一刮甜，二刮香，三刮茶露變清湯。」回族喝茶用蓋碗一下一下刮動，加速茶葉和作料溶解，加快湯汁降溫，喝時不會燙嘴。回族蓋碗茶裡往往放進紅棗、核桃仁、芝麻、桂圓、枸杞、葡萄乾、柿餅和冰糖等八寶，喝起來既味美生津，又提氣補虛。

回族有哪些敬老習俗

　　回族有孝順父母、尊敬長輩的良好風尚。回族講究任何場合下尊敬長輩的良好風尚，講究任何場合尊卑長幼的身分。如同桌吃飯，年長者入上席，老人先入座，每一道菜年長者動筷子後，其他人再動。退席時眾人接「都哇」互說「色蘭」，要等年長者先離席，大家才可以走。長輩和客人談話，晚輩不得插話。

　　回族敬老禮儀方面的教育，從孩子牙牙學語時便開始了。生活中晚輩見了長輩，遠遠就要停步或下車佇立，然後恭敬道地「色蘭」，問候：「你老人家好嗎？」回族認為親友長輩登門，是最榮幸和吉祥之事，俗有「客人帶來了『拜里克提』（吉祥幸福），客人帶走了『暑哈默提』（不幸和災難）」的回回諺語。平時客人來了，要遠迎高接，熱情招待；客人離開時，老少皆出門遠送。

　　回族家庭兒女出遠門，要先向父母要口喚（即同意），否則不能離開。遠道歸來要向父母問安絮叨，一則請安，二則匯報。回族晚輩的家事中，舅舅的地位舉足輕重，無論婚喪嫁娶，還是過回族三大節，都要請舅舅參加，而且讓他坐上席。回族把敬老和孝道，視作最重要的美德。

回族養牛羊有著怎樣的歷史

　　寧夏回族諺語云：「漢民有錢蓋房，回民有錢養羊。」寧夏回族有養牛羊的傳統習俗，把牛羊的屠宰與牛羊肉、皮革、牛奶、羊毛等生產加工業並舉。早在清末，寧夏西海固、同心、吳忠等地已成為回族有名的

皮毛集散地。清光緒年間《甘肅官報》載：「英商仁記洋行，赴甘肅平遠縣（今同心）購買駝絨、牛毛、牛皮、生羊皮鉅萬。」其中，羊毛「每經韋州出者，運往包頭者 6,000 車（每車 1,000 公斤）」之多。而今，吳忠澇河橋、永寧納家戶牛羊肉批發市場交易額頗大。澇河橋牛羊肉批發市場被譽為「天下大集」，有「中國穆斯林都認澇河橋的肉」之說。同心、靈武如今的牛羊皮毛加工市場是歷史上無法比的。

寧夏回族在飼養牛羊中總結出了很多經驗：「（放羊）春放避風灣，夏放高高山，秋牧溜地邊，冬天放平川。」

「掏麻雀」是怎麼一回事

「掏麻雀」，是回族集貿中商談皮毛生意和牲畜生意時暗中手勢作價的交易方式。在寧夏、甘肅、青海等地回族聚居的牲畜、皮毛市場上，處處可見回族生意人雙方手在羊皮下或袖筒裡，用手勢討價還價，叫「掏麻雀」。「掏麻雀」用手勢表示的具體數字是：一是伸拇指表示，二是伸無名指和小指，三是伸小指、無名指和中指，四是伸小指、無名指、中指和食指，五是五指全伸表示，六是伸小指和拇指表示，七是拇指、食指和中指捏在一起表示，八是伸拇指與食指表示，九是伸出食指作鉤表示，十是出一拳表示。

據回族老人講，這種「掏麻雀」的交易方式，簡單保密，二人交易不容他人置喙，以免抬價或壓價。「買賣不成仁義在」，這種方式互不爭執和傷害感情，表現了回族人民禮貌經商的交易習俗。

回族創造了哪些專用詞彙

由於回族信奉伊斯蘭教，許多阿拉伯語、波斯語中的詞語，特別是《可蘭經》和「聖訓」中的一些詞語，成為回族人慣用的詞語。這些詞不僅是宗教詞彙，而且有經濟、文化、生活等各方面的詞語。這些外來詞已經成為回族所操漢語中的組成部分。如「古拉尼」（《可蘭經》）、「主麻」（星期五）、「白倆」（災難）、「耶提目」（孤兒）等。有時直接使用阿拉伯語和波斯語，如「色蘭」，意為和平、平安和安寧，是穆斯林的祝安詞。

回族受伊斯蘭教影響，還創造了只供回族人使用的專用詞，反映了回族特有的風俗和文化。如「油香」、「湯瓶」、「吊罐」等詞只有回族專用。還有「著水」（洗浴埋體）、「口喚」（允許、答應寬恕他人過失）、「使的」（合適）、「支幹」（幸運）、「口到」（吃）等詞語只在回族中使用。而不少獨創詞，已經傳播到其他民族中使用，像「饊子」、「花花」、「油炸麵食」、「刮碗子」等。還有用「漢語動詞＋阿拉伯語、波斯語」的動賓結構的語法現象。如「做乃麻子」（禮拜）、「唸尼卡」（證婚）、「散乜帖」（捨賜）、「接都哇」（誦經祈禱）、「講瓦爾慈」（宣講教義）等。

回族為什麼喜好武術

早在元代，隨蒙古大軍從阿拉伯、波斯等地東遷的中國回族先民，在河套一帶定居後，「上馬則備戰鬥，下馬則屯聚牧養」，過著半軍半民的生活，形成了尚武精神。其時，回族青壯年大多會騎馬射箭，使槍弄

棍。在向漢族武術學習的同時，融會和形成了自己的武術特色和風格。明清時，回族武術成了抵抗統治階級壓迫和屠殺的重要手段。還有一個原因，回族崇尚伊斯蘭教領袖穆罕默德的勇武和精於劍術。回族嚴格遵守穆聖的言行，認為習武自衛是「遜乃提」，是聖行。明清時，回族武術種類繁多，風格迥異，趨於成熟。

隨著回族武術的發展，回族武術家大量湧現，人才輩出。據說，明代開國元勳有「十大回回功臣佐明皇」的常遇春、胡大海、沐英、馮國勝、馮國用等。明朝山海關總兵馬世龍，武藝超群，名冠一時。清同治年間，寧夏金積堡馬化龍、陝西白亮虎、雲南杜文秀等人，為了抗凌辱、圖生存，遙相呼應，形成了震撼清王朝的回民大起義。吳忠回民起義時流傳的何家棍、張家槍，至今被人們傳習。清末涇源知縣郝遇材著書描述回民形象：「不僅能刻苦，更有習武之風，善騎術，精狩獵，刀法、槍法均及精準，老少男子皆存此風，且多善拳術。」可見當時寧夏回族武功之盛。清末民初，被尊為「武林泰」的回族武術家王子平，與外國人打擂比武，屢次獲勝。

回族拳術為何被稱為「教門拳」

歷史上，回民學武術常在清真寺裡。中國各地有不少清真寺設有習武場，有些阿訇本身就文武雙全，除講經上課之外，還自任武術教練，帶領滿拉和教民習武。故回族拳術被稱為「教門拳」。回族諺語：「南京到北京，查拳來自教門中。」回族武術，歷史上被稱為「崑崙派」，與少林派、武當派、峨眉派共稱為中國四大武術流派。

「教門拳」種類很多，明代有回回十八肘、查拳、馬家槍、湯瓶式、

彈腿等。回回十八肘從明代開始流行，是一個較大的拳系，包括有「伸縮劍」、「關靈劍」、「古蘭劍」、「燕尾劍」、「魚尾劍」。寧夏縣阿訇楊萬祿為師，習及回回十八肘及五種劍法。「遷居寧夏固原縣，近傳教人。」

查拳，屬長拳，具有獨特的民族風格和特點，它起伏轉折，剛柔相濟，快慢相間，功作靈活，節奏鮮明，舒展大方，給予人美的享受。

湯瓶七式，是回族的教門拳之一，它以回族穆斯林淨身用的湯瓶為基式。整個套路與穆斯林禮拜動作相似，剛柔並濟，頗有特點。

彈腿，在北方中廣泛流傳，特別盛行於山東、河南、河北等地回族中。彈腿因腿出力激烈，取彈射之勢而得名。彈腿歌中有「崑崙大山世界傳」，「天方居崑崙之陽」。回族中學習彈腿功者甚多，傳播教門彈腿者也不少，其中王子平是公認的彈腿名家。

回族為何沒有獨立的語言文字

這裡有兩個歷史原因：其一，回族在中國各地處於「大分散、小集中」的狀況，幾乎中國每一個省、自治區和直轄市的每一個縣都有回族人居住。由於風俗習慣不同，他們往往在鄉下自成村落，在城鎮自成街道。正如回族諺語所說：「大分散、小集中，沿路成街，沿路成村。」這樣，回族與漢族經濟文化等來往十分密切，在各方面交流和交往中，漢語便充當了兩個民族互相接觸的語言橋梁。其二，回教宗教職業者在傳授教義、教法時，用阿拉伯文講經，一般回民聽不懂，只好用漢語來解釋。回族青少年上學讀書，使用的是漢語課本，說話寫字都使用漢語的語言文字。

回族之鄉：多元文化的融合

同時，回族在語言文字上又有鮮明的本民族的特點。回族先民們曾經有過用波斯、阿拉伯語及漢語雙重語言的時期。元代史書中有「行於回回者，則用回回字」。明、清時，回族的公文、告示、標記大都是用阿文、漢文，如有的回民學校開設有阿文課程，常被說成是回文課，這不無道理。如今，回族基本使用漢語，但除漢語之外，還使用與漢語不同的語言成分。這些語言成分，主要有兩部分：一部分是借用阿拉伯語和波斯語；一部分是回族固有的語彙。

回族「小兒錦」文字是怎麼一回事

「小兒錦」之名，既不見於阿拉伯語和波斯語，也非什麼織錦綢緞之類的衣料，而是回族中流行的一種阿拉伯文的字母拼寫漢語的拼音文字。「小兒錦」又稱「小經」、「消經」（甘、寧、青回族把清真寺經堂教師講的經文，在課後複習稱作「消一消」，故稱「消經」）和「小錦」等（把漢語經文教材原文稱之「大經」），這些名稱讀音相近，應出於同一詞源，且這一詞源當為漢語。

回族「小兒錦」文字有其形成的過程。唐元以後，在回回尚處於從外來移民到新形成的少數民族階段，阿拉伯語、波斯語在中國既是外語，也是一種少數民族的語言，即回回的共同語。經過數百年與漢民族雜處的過程，回回人民逐漸接受了漢語作為自己民族的共同語。這樣，藉助「小兒錦」拼音文字來學習漢語伊斯蘭經宗教讀物，是一種十分便當可行之途徑。「小兒錦」在回族經堂教育中使用至今，對促進中、阿、波文化交流，繁榮回族文化，做出了不可磨滅的貢獻。

回族阿文書法有哪些體式

阿拉伯文傳入中國後，在中國回族中有了阿拉伯文書法。在寧夏清真寺和一些穆斯林家中，常常能看到阿拉伯文書法作品。

阿文書法有庫法體、三一體、行書體、組合體、波斯體、花體等多種字體。庫法體，粗獷有力，自由活潑，常用來書寫匾額或經文。三一體，筆劃簡潔，結構整齊，筆觸剛勁，多用於書法大標題、書名等。

回族男子為什麼留鬍鬚

在西北回族聚居區，虔誠的回族穆斯林有留鬍鬚的習俗，老年男子絕大多數都留鬍鬚。這是沿襲回回先民從阿拉伯帶來的習俗。城鄉阿訇也大多留鬍鬚。認為留鬍鬚是一種風度美和大丈夫氣概，對自己飄逸的美鬚很珍視，很自豪。有些地方的回族把無鬚和不留鬍鬚看做是缺陷和不光彩的事。因此，這裡的回族男子從30歲左右就開始留鬍鬚。由於各地教派不同，鬍子的形狀也多種多樣：有的留全臉鬍，有的只留下巴鬍，也叫山羊鬍。有些回族老人常常修整和梳理一番鬍鬚，顯得整潔、乾淨、美觀，別有一番風采。

回族之鄉：多元文化的融合

寧夏民俗：傳統與現代的交織

天主教何時傳入寧夏

　　天主教傳入中國有 300 多年的歷史。西元 1560 年，葡籍傳教士在澳門建立了教會，1582 年天主教開始傳入內地。史料記載，天主教傳入寧夏距今 120 多年。1879 年，比利時傳教士桑桂仁（王桑特）等二人從內蒙古來寧夏，在平羅縣黃河東岸五堆子、紅崖子一帶開始傳教活動。同年因黃河氾濫，這兩處被河水淹沒，桑桂仁便在 1880 年移居賀蘭縣立崗等地傳教。1885 年，比利時傳教士閔玉清（伯爾明）從內蒙古城川來到平羅縣城北 3 公里的陳官地一帶傳教。1891 年，閔玉清在平羅下營子村買耕地 66 公頃多，修建教堂和住宅，從老教區移來不少教徒，教堂把所購土地租給教徒耕種，很快又發展 3,100 多戶新教徒。於是下營子教堂便成了天主教在寧夏的第一個據點。到 1950 年代初，寧夏有天主教堂 12 座，教徒 2,000 多人。

基督教是怎麼傳到寧夏的

　　寧夏基督教會建立於清光緒二十年（西元 1894 年），它的前身是「福音堂」，屬於「內地會」宗派。「內地會」系統是個跨宗派的專對中國派遣傳教士的教會組織。總會設在倫敦。早在西元 1894 年前，倫敦「內地會」差遣瑞典人鈕牧師夫婦來銀川傳播福音。他們在銀川玉皇閣租賃了一所小院，傳講福音，並為民眾治病。鈕牧師夫婦在銀川傳教 7 年，退休回國，接替他們的是英國人費立德牧師夫婦。費立德夫婦到銀川後購置地皮，建築教堂，並建立教會。費立德夫婦在寧夏傳教 20 多年，在平羅、中衛、金積等地發展了不少信徒。他們年老退休回國後，美國人史格菲牧師夫婦被派來寧夏接任。

佛教在寧夏經歷了怎樣的歷程

寧夏佛教早在漢、晉兩代就開始了傳播。《重修寧夏衛海寶塔碑記》中記載：「相傳赫連勃勃曾為重修，乃漢、晉物。」固原須彌山石窟開鑿年代已無從查考，但從藝術風格上可推知最早有北魏時特色，另在固原出土的銅佛像上鑄「建明二年」字樣（西元537年，北魏年號）。唐代，寧夏佛教有了更廣泛的傳播和發展。中寧石空寺石窟就始建於唐代。《甘肅通志》記載：「石空寺始建於唐代，就山形作石窟，窟內造像皆唐制。」其中9間無梁殿，除佛像外還有彩色壁畫，造型、塗色和線條等方面極其精湛。西夏把寧夏佛教的發展推到了光輝燦爛、登峰造極的高度。西夏廣建佛教寺院，「浮屠梵剎，遍滿天下」。西夏王朝先後6次向北宋請賜漢文大藏經，並耗費巨大人力財力用西夏文翻譯漢文大藏經，共3,600餘卷。西夏文大藏經是少數民族文字中最古老的，為稀世珍品。

元、明、清三代，中央集權政府都扶植佛教，寧夏佛教與中原佛教同步發展。明朝寧夏幾處遠近聞名的佛教聖地，如牛首山、須彌山、石空山、馬鞍山等，佛法興盛。民國初年，是寧夏佛教衰落時期，佛教處於奄奄一息的狀態。

寧夏過去的道教廟宇有哪些

寧夏道教活動最早的記載，見於《宋史·張守約傳》，宋元豐四年（西元1081年）宋軍對西夏大舉進攻，西夏民眾四散逃亡，「靈州城中唯僧道數百人」。這說明道教在北宋時已在西夏流傳了。

1950年代初寧夏的道觀，中衛高廟是中國極為罕見的佛、道、儒三

教合一的廟。廟裡供奉著三教各自教派偶像。這種現象是因為中衛曾是蘭州、銀川、包頭水陸交通樞紐，過客很多，其宗教背景不盡相同的原因產生的。正如廟中南天門前磚雕牌樓鐫刻的對聯所言：儒釋道之度我度他皆從這裡，天地人之自造自化盡在此間。

銀川市過去道觀廟宇，有玉皇閣（曾供奉玉皇大帝），七真觀（今新華街，供奉七真人），城隍廟（今景岳小學址，供奉城隍神），藥王廟（今市委大院址，供奉藥王孫思邈），雷祖廟（今區政協後面，供奉雷神）。這些道觀廟宇，住廟道長除城隍廟是泰山「碧霞派」外，其餘均是「全真派」。

現玉皇閣作為自治區重點保護文物建築物，其他廟宇早已拆除。銀川道教現仍存在並有道事活動的廟宇，只有賀蘭廟了。

寧夏儒教會是怎麼成立的

明清時期，銀川原設有文廟和朔方書院，兩處是寧夏儒教尊奉孔孟宣傳儒家學說的主要場所，地址在文化東街原銀川二中。民國初年，在這裡成立了寧夏中學和寧夏師範，寧夏中學設在朔方書院，寧夏師範設在文廟內。文廟也叫孔廟，廟內供奉著孔、孟、顏、曾四大聖人及孔子弟子的神位。書院原來是監生讀書和秀才考試的地方。文廟每年農曆九月二十八日孔聖人誕辰，為祭孔之日。

1941年，馬鴻逵從蘭州請來了四大翰林，編修《寧夏志書》。這四位翰林是張鴻鼎、楊叔堅、李干丞和范振緒。四翰林倡議恢復孔孟之道，在寧夏成立儒學會。馬鴻逵很支持，遂於1943年正式成立了寧夏儒學會。地點在今解放東街（老大樓東邊200公尺）紡織大樓處大院內。上房

供奉孔、孟、顏、曾四大聖人的神牌，東廂房是翰林們的休息室，西廂房3間是課堂，每星期六下午講學，講四書五經。除了講經外，還開展書畫篆刻等活動。書法由翰林李叔堅指導，繪畫袁翰文指導，篆刻羅學樵指導，編寫秦腔劇本由翰林李干丞教導，易經辭義也由李干丞指導。

寧夏儒學會宗旨是宣揚孔孟之道，保持古樓的文明風尚。每年農曆九月二十八日祭孔日，是其一項重要活動。全市中小學教師身著長袍，各校列隊來這裡叩拜孔子，是當時的「教師節」。

寧夏最大的古廟宇群在哪裡

寧夏青銅峽西依賀蘭山，南有牛首山，兩山對峙形成天然峽口，黃河由正南出峽口向北偏東流去。牛首山寺廟群在青銅峽市南部。牛首山山頭有二嶺，如牛角對峙，遠望之，金光閃閃，恰似金牛昂首怒吼，故得名牛首山。海拔2,000多公尺。牛首山分前後兩山共有古廟宇50座，分為兩大寺院。前山廟宇22座，總稱西寺。西寺以萬佛閣、睡佛殿、淨土寺和三教堂等殿宇為中心。後山廟宇28座，合稱東寺。東寺以金塔寺為中心。在牛首山的雙峰之巔還有大西天寺、小西天寺。

牛首山寺廟宇群據傳始建於唐時，東寺中有明代弘治年間碑記：「本堡（金積堡）南有金積山，蓋古蹟也，有剎名保安寺，其遠處者，歷唐、宋、元以來。」但現存建築重建或新建於明代以後。牛首山寺廟群，是寧夏境內最大的寺廟建築群。栩栩如生的泥塑佛像，殿宇崔嵬，金碧輝煌，風格迥異，氣派不凡。每逢農曆三月十五日和七月十五日，八方香客來此上香朝山，絡繹不絕。甚至連內蒙古包頭、甘肅蘭州的修士亦遠道趕來聚會。

寧夏民俗：傳統與現代的交織

寧夏社火活動開始興盛在哪年

　　寧夏人傳統保守意識較濃厚，把「粉墨登場」的演藝活動視為傷風敗俗，特別是伊斯蘭教教規很嚴，規定穆斯林不許看戲，婦女更不能出門看熱鬧。這樣，社火活動（中國民間一種慶祝春節的傳統慶典狂歡活動）根本就很少有人出頭操辦，政府也持不支持態度。偶有商會和行會出面主辦社火，也只熱鬧了一陣子，後來銷聲匿跡多年，一直無人再辦。省城裡死氣沉沉，如死水一潭。

　　1935年、1936年兩年春節，寧夏出現了空前的「社火熱」，老百姓大過了一把看社火的癮。原來，馬鴻逵於1933年1月，率三個特編旅從中原進駐寧夏，走馬上任省主席職。年底軍閥孫殿英和馬家軍的戰爭在城垣持續了數月，馬家軍大勝。馬鴻逵為慶祝勝利，便命令所屬部隊每團都成立社火團隊，舉辦社火活動。於是，這兩年春節從初一耍到初五，從正月十三到十五，10多個社火團隊長隊日夜出動，走街串巷，鑼鼓喧天，熱鬧極了。全城老少看完一班又追趕看另一班，忘了寒冷，忘了飢餓。連鄰近縣市的人們也紛紛扶老攜幼趕來了，投親靠友看紅火。畢竟是軍隊辦的，馬家軍不少人是直、魯、豫子弟，各業巧匠能人眾多，又是各團隊間競賽點評。故社火規模大，水準高。這兩年寧夏城社火活動，帶動了後來過年各個行業協會舉辦社火的熱情。寧夏人民文化心態和精神面貌有了改觀，特別是衝擊了回族婦女原先不能出門看社火的舊規。

「鐵打的洪廣營，紙糊的寧夏城」有何典故

「鐵打的洪廣營，紙糊的寧夏城。」這句俗語在寧夏流傳很廣，婦孺皆知。這話出自康熙訪寧夏的一個傳說。清康熙三十六年（西元1697年）三月二十七日，康熙來到寧夏城。閏三月十五日，自橫城坐船離寧。康熙來寧是為第三次親征噶爾丹部署征剿一事。在寧夏駐蹕18天，留下了大量傳說故事。

洪廣營，明清時為軍事要塞，在賀蘭縣，距銀川不遠處。傳說康熙訪寧夏時，一日騎驢出城向北走，太陽落山了，來到了洪廣營城下。洪廣營是寧夏府城的北門戶，是軍事重鎮，防守很嚴密。康熙站在城外叫了半天門，士兵在城頭讓他等天明城門開了再進城。康熙從驢背褡褳裡掏出銀兩，說：「幫我開了城門，給你們十兩銀子。」士兵不睬，於是他把帶來的銀子全部倒出來要送給士兵，士兵還是那句話：「沒有長官的命令，就是康熙老爺子來了也不開門。」

康熙沒辦法，漏夜趕回了寧夏城。康熙半夜打城門，許諾開門就給銀兩，士兵於是打開城門放他進了城。康熙回到府邸，翌日詔告官兵，大加讚揚洪廣營守軍軍紀嚴明，批評寧夏府軍紀鬆弛。於是，「鐵打的洪廣營，紙糊的寧夏城」，便流傳開來了。

新媳婦出嫁時為何不能騎騾子

寧夏農村不管漢民還是回民，以前女人出嫁時最講究的是頭上蒙著紅蓋頭騎上棗紅大馬出嫁，既氣派又吉祥。但實際情況卻是騎驢出嫁的多。因為棗紅馬在寧夏農村不好淘換，即便有棗紅馬，也都是拉車駕轅

用的，沒有經過人工訓練，誰敢騎啊？而騎驢則十分穩當，很舒適。但無論如何都不能騎騾子。新娘子出嫁、回門和拜訪親戚、趕集市，都很忌諱騎騾子。因為騾子沒有生育能力，新娘子騎騾子最不吉利。在以前的農民的觀念中，娶來的老婆能生養是有本事，是對家族做了貢獻，有功勞，不生育則是最沒能耐，臉上沒光。不少新婚夫妻為此離了婚。

寧夏人舊時怎樣過寒食節

宋人邵雍有詩句：「人間佳節唯寒食。」寒食節古時十分盛行。相傳是為紀念春秋時賢者介之推，它是在冬至後105天，清明節前一日。按風俗這天家家禁火，只吃現成熟食。正值暮春時節，桃紅柳綠，風和日麗。於是人們家家攜帶熟食傾城出動，踏青尋勝，遂成一大節日。

寧夏地處邊塞，但舊時對寒食節和中原地區同樣重視，同樣有禁煙、吃冷食和尋芳踏青的習俗。明時寧夏人朱孟德詩〈寒食遣興〉：「春空雲淡禁煙中，冷落那堪客裡逢。飯煮青精顏更好，杯傳藍尾習能同。」這首詩是作者旅途客居所寫，吃著青精染黑的冷米飯，喝著藍尾酒，寫出了當時寧夏人寒食節的情況。清人中衛候補知縣羅元琦詩〈星渠柳翠〉寫道：「垂楊垂柳倚平潴，拂水拖煙翠浥裾。梅雨乍添新漲滿，踏青人上七星渠。」古踏青節正是寒食節。說明時至清代，寧夏人寒食節還有出外踏青風俗。

方棋玩法有哪些

寧夏花兒唱道：「漫上首花兒下上盤方，解一解阿哥的心慌。」方棋，又稱下方，主要流行在寧夏南部回族聚居的村莊。下方棋簡單易

行，老少咸宜，所以在這裡人人會下。一般在牧童放牧時和農事有空閒時進行。下方棋方便有趣，只要找一個平坦乾淨的地方，用石子在地上橫七豎八畫上交叉直線，便成了 42 個方格 56 個棋眼的棋盤，然後雙方各拿 28 枚小土塊或石子兒、柴棍做棋子。方棋玩法很多，有挑擔式、成方式、串珠式等玩法。挑擔式，是將自己的棋子走到對方兩棋中間，一挑二，吃掉對方二子，直到吃完對方棋子為勝。成方式，則須把己方的棋子走成方塊形，以成方多寡為勝負。串珠式，是將己方棋子走成一行，誰成行多誰勝。

方棋遊戲很早就在寧夏農村落腳，很快普及到了回族中。它像下圍棋、象棋一樣，是一種益智趣味遊戲。比賽時思維要集中，靈活多變，還要眼尖手疾，一方面要設法阻擋對方棋勢，一方面要設法形成自己的棋路。暗伏殺機，棋局錯綜，三十六計，饒有情趣。下棋時，往往很多人圍觀助陣，七嘴八舌，吵吵嚷嚷，十分熱鬧。

滿族何時來寧夏

滿族是寧夏少數民族中除了回族之外，人口最多的民族。寧夏滿族主要集中於銀川、石嘴山等城市裡。據 1955 年統計，銀川市滿族人口 1.07 萬人，占全市總人口的 1.20%。清康熙十五年（西元 1676 年），八旗軍 3,400 多人進駐寧夏府城，為換防軍。雍正三年（西元 1725 年），清廷又派一支 5,000 人的滿族騎兵來寧夏駐防，在府城東北 5 里處修築「寧夏滿營」。因為滿人從軍是子孫相繼，因而從東北遷來軍人家屬及工匠共 1.2 萬多人。乾隆三年（西元 1738 年），寧夏大地震時，滿營被震毀，壓死 1,200 餘人。次年，在府城西 15 里再築新城，人稱新滿城，即今銀川

寧夏民俗：傳統與現代的交織

市新城（今金鳳區）。1915年，滿營官兵被解散，當時只剩有官兵及家屬2,600多人，成為當地的百姓。繁衍至今，寧夏約有滿族1.7萬多人，大部分住在銀川市。

寧夏漢族舊時最重視的節日是什麼

寧夏漢族的傳統節日，最為隆重的是春節，俗稱「過年」。過去一到農曆臘月，吃過「臘八粥」，人們就要準備過年了。從臘月二十三「祭灶王」開始，春節的大幕就正式拉開了。家家忙著辦年貨、殺豬宰羊、蒸饅饃、炸油餅花花，還有添新衣、洗被褥、掃塵等。寧夏民間有「寧窮一年，不窮一節」的說法。人們為準備過年而忙得不亦樂乎。個人衛生要洗澡理髮，特別是男人們，「有錢沒錢，理個新頭過年」。大年三十忙著貼春聯，貼門神，設香案。除夕除了年夜飯之外，還要準備好初一到初三的飯菜，徹夜不眠，謂之「守歲」。

正月初一凌晨，紅燭高照，焚香敬神，拜祖先，放鞭炮。清晨人人穿新衣，到鄰居家拜年。從初二開始走訪親戚，相互拜年，晚飯後才返回。晚輩拜年時，長輩要給「壓歲錢」。過年，飯菜豐富多樣，而家家都要包餃子、吃餃子。正月十五元宵節，家家吃元宵。入夜，有的家掛上了燈籠，有時還辦燈會，放煙火，耍龍燈，非常熱鬧。至此，春節才算結束。

武當山最大的廟會是哪天

武當廟是融佛、道為一體的古廟，座落在石嘴山市大武口區5公里的賀蘭山腳下，從清初賀蘭山下武當廟以來香火很盛，沿襲至今。武當

廟每年舉行 4 次佛事廟會，以農曆九月九日重陽節為最盛大。屆時，遠至內蒙古、銀川、中寧、中衛等地的佛教香客前來上香，而近處大武口、石嘴山、平羅一帶的民眾更是成群結夥地趕來觀賞遊玩。

武當廟因賀蘭山支脈武當山而得名，原寺名為壽佛寺，是佛教禪宗在北方的一處深山寶剎。寺始建於明末，原為一簡易小廟。據寺內碑刻記載，乾隆時香火日盛，有信士宣導，進行了大規模募捐修建。先後建成了靈官殿、觀音殿、無量殿、韋馱殿，還有山門鐘鼓樓等。到道光年間又增修一塔，仿銀川海寶塔風格，是一座閣樓式磚塔，塔身五級加上天盤寶頂共七級，遠看形似一把鐵鐧，近觀是挺拔雄偉的六角形寶塔。

海寶塔寺最大的廟會是哪天

銀川海寶塔自古以來就是寧夏遠近有名的佛教寺院，每年農曆七月十五日盂蘭盆會，是這裡最盛大的廟會。和尚誦經，居士拜佛，周圍各縣市和內蒙古來的民眾趕廟會。1950 年代初，海寶塔寺廟會是寧夏人一年中少有的熱鬧節日。正值盛夏瓜果旺季，驢馱車載，堆積滿地，廟會成了當時寧夏最大的物資交流會。從城裡到北塔寺，中間隔一大片湖水，遊人多出小北門搭小舟橫渡。一葉小舟，載五六人，與蘆葉相摩挲，衣影釵鐶，倒映水中；陸行者則從大北門出，從東北繞湖行，長長如蛇陣。兩相映襯，成一幅天然畫圖，亦寧夏一盛事。如今，人們文化生活越來越活躍和豐富，但前來赴會的人們仍然絡繹不絕，銀川秦劇團等團隊，年年在這裡搭臺演出。

海寶塔寺在銀川北郊 3 里處，是中國第一批重點文物保護單位。寧夏很早以前就有俗語：「寧夏城有北塔，離天一丈八。」

為什麼回族家裡大多掛有「克爾白」

在寧夏清真寺、清真飯館和回族人家裡,處處都可見掛在牆上的「克爾白」圖,一般為 1 公尺 ×1.5 公尺大小,有毛織、絲織、棉織質地之分。上面編織或印製的是麥加禁寺聖殿萬人蜂集朝拜「克爾白」天房的莊嚴肅穆的影像。「克爾白」是長 12 公尺、寬 10 公尺、高 15 公尺的方形石殿,用灰黃色岩石建成。巡遊天房克爾白和親吻、撫摸天房玄石,是每個穆斯林夢寐以求一生最大的願望。朝覲是穆斯林恪守的五功(五大天命)之一。伊斯蘭教規定,凡身體健康、經濟條件許可的穆斯林,一生中必須要去沙特聖城麥加克爾白天房朝覲一次。這是穆斯林一生中最榮耀神聖的事。但是限於條件,能去麥加朝覲的回族畢竟很少,遺憾之餘,託人從麥加帶一塊克爾白織物掛在屋裡牆上,寄託對麥加克爾白天房的景仰和膜拜之感情。

寧夏阿文書法作品書寫的工具是什麼

阿拉伯文書法,是中國回族創作的一種獨特的藝術門類。《可蘭經》傳入中國後,阿拉伯文也隨之傳到了中國。經過歷代阿訇、學者研究,創作了各種阿文書法。這種書法作品流行於中國回族聚居區各知識階層中,在寧夏回族中更是流行。寧夏阿文書法體有楷、草、隸、篆體。書法工具通常不是毛筆,而是竹子削成的書寫工具,還有芨芨草莖製成的排筆,使用起來有著特殊的效果。

寧夏阿文書法將中文套進其中,或將阿文套進中文,構思巧妙,遠看是中文,近看是阿文,達到了異曲同工的奇妙效果。

隆德農民畫特色是什麼

　　隆德農民畫以純樸清新的風格，為寧夏繪畫史增添了珍貴的一頁。在過去，隆德有不少農民畫匠走鄉串戶，為人在家具上繪製一些宗教色彩濃烈的畫等。如今，當地政府十分重視農民畫，選拔優秀作者到外地學習參觀，提高繪畫技巧，使農民的繪畫團隊日臻成熟，日漸擴大。隆德農民畫家植根沃土之中，受民間藝術的薰陶成長，作品展現出強烈的民間藝術特色。他們作畫，構圖視覺不分仰、俯、平、倒、反，既順其自然，依實描寫，又富於想像，浪漫詼諧。有不少回族婦女也拿起了彩筆，抒寫對美的追求和理解。她們的作品曾多次在銀川、北京參展，博得了觀眾讚賞，多幅作品獲獎。老年農民王玉秀畫的〈馬社火〉被中國美術館珍藏，並被選為出國展品。

寧夏單鼓舞原本是在何種場合表演的

　　寧夏引黃灌區漢族聚居的鄉鎮，多少年來流行一種習俗──每年農曆七月七日起，各個寺廟紛紛舉辦迎神賽會。有的獻舞，有的獻戲，祈福降災，此起彼歇，一直鬧到九九重陽節才收場。單鼓舞就是廟會上表演的舞。單鼓形似團扇，只有一面，張著羊皮，下部有搖桿，柄上3個圓環，環上穿有數個小鐵圈。單鼓是祭祀舞樂器。單鼓手人稱「單鼓子」，用一籐條敲打鼓面。隨著單鼓手擊鼓跳躍，鼓環有節奏地作響，舞姿優美，節奏明快。

　　單鼓舞，又名端公戲。從事這一職業的多是下層窮人，走鄉串旗，趕赴廟會，賴以養家餬口。大多師徒數人相隨行事，各有獨特的表演流

程和舞蹈技巧。整套活動自始至終在鼓聲和鐵環聲伴奏下進行。「單鼓子」表演最絕的是甩起頭上髮網拖下的 2 尺多長辮子，稱「繞帽蓋子」，還有手舞紙條和頭頂 12 盞面燈等高難技藝。讓觀者眼花撩亂，目不轉睛，大聲叫好。

寧夏人舊時是如何過端午節和中秋節的

過去，除了過年（春節）外，端午節和中秋節是寧夏百姓一年中最為重視的節日。

農曆五月五日端午節，寧夏人稱端午節。清晨，各家灑掃庭院，門插柳枝、艾蒿，人們飲雄黃酒，把雄黃酒抹在鼻子處，謂可避蛇蟲「五毒」咬，兒童戴內裝中草藥的香袋，女子少婦們用五綵線纏用硬紙折成各種形狀的香袋。兒童手、腳腕綁花線。中醫這日出外捉蛤蟆、採藥。農民一早趕牲畜去深山放牧，稱「放藥草」。這一天家家包粽子。八月十五中秋節，家家做月餅，頭一天親友相送。還烙一種小耳朵盔，面裡和上煮熟的南瓜（寧夏人叫麵瓜），味道很甜軟。晚上，擺瓜果月餅於庭院桌子上，全家圍坐，稱為「獻月亮」。

寧夏的照相館最早出現在何時

清光緒十六年（西元 1890 年）廣東人羅慶雲帶著照相器材來寧從事照相業。那年頭，一般百姓照不起相，羅的顧客都是達官貴人和富商豪紳。他們照相時是把攝影師請到家裡住下，照一次相費時數日。設酒席

招待，俟風和日麗，在院內拍照。照的都是 12 寸大的，照一次相須用白銀數十兩。當時照相技術還相對落後，用玻璃底板，金水藥液洗相法，也叫晒相。當時人們對此感到十分新奇。

寧夏最早的照相館，是有名的寶珍照相館。1920 年，章藏珍和長子章文煥攜電影放映機從定遠營（阿拉善旗）來銀川放映。章藏珍擅長多種樂器，多才多藝，他看出照相藝術有發展前途，於是送兒子章文煥到北京寶記照相館學習照相技術。學藝 3 年，1923 年，章文煥學成回到阿拉善旗開了寶珍照相館。

1935 年 9 月 6 日，銀川寶珍照相館在柳樹巷（現鼓樓南街）正式開張營業，從北京聘來一位技術人員，章文煥自任攝影師，寶珍照相館的設備，在當時是一流的，在技術品質要求上，也是一流的。對底版精心修飾，洗出來的相片檢查不好的地方要重修，不合格不出門。對顧客熱情接待，服務周到，深受顧客們的歡迎。為了擴大營業，不久又在柳樹巷購置地皮，蓋起了一幢兩層樓房，就是後來的寶珍照相館。在當時，商人蓋樓房營業的十分罕見。

寧夏人的「嫁妝謠」有什麼變化

「嫁妝謠」，是人們根據在談婚論嫁中提出的結婚對嫁妝的條件，編成的順口溜。它的內容隨時代的變化而天翻地覆地變化著，從中可以窺見人們生活的改善和追求。

1950 年代，寧夏城鄉娶老婆嫁丫頭的嫁妝謠是：「一身條絨和皮鞋，騎上毛驢（城裡是車子）嫁過來。」那時人們的溫飽問題尚未解決，對嫁妝無法提出較高的要求。因為辦不到也白搭。

寧夏民俗：傳統與現代的交織

　　1960年代嫁妝謠：「三轉一響，卡其穿上，二十四條腿。」、「三轉」指手錶、腳踏車、縫紉機，那時稱「三大件」。「一響」指收音機。「二十四條腿」是指要打做桌、椅、櫃子等六件家具。

　　1970年代農村的嫁妝謠：「土木結建構新房，松木椽子柳木梁，石灰搪牆磚墁地，新娘坐的是拖拉機（曳引機）。」寧夏城市則是「辦公室、大立櫃、三人沙發綢緞被」。城鄉人還都有「三十六條腿」或「四十二條腿」的要求。

　　1980年代的嫁妝謠：「組合家具沙發床，黑白電視擺中央。三間磚房水泥地，租來轎車接新娘。」而「若干條腿」條件也不可少。

　　1990年代的嫁妝謠：「三金一窩雞（機），外加VCD，樓房地板磚，摩托要貴的。」、「三金」指金戒指、金耳環、金項鍊。「一窩雞（機）」指彩色電視機、電冰箱、電風扇、洗衣機等。而對買房（建房）條件的要求和彩禮（聘金）錢多少，則成了嫁妝中最主要的內容之一。

寧夏舊時的「市聲」都有哪些

　　「市聲」指小販街頭叫賣聲。市聲在寧夏城鎮鄉村從古時一直喧鬧到如今。「小樓一夜聽春雨，深巷明朝賣杏花。」（陸游詩）寧夏城鎮過去迎來新的一天一大早的市聲是：「甜饃饃──，剛出爐的甜饃饃！」、「買甜水蒸饃來！」、「甜饃饃」是黃米麵蒸的和烙的，鮮黃色，很甜軟，人人（特別是走路上學的學生）買它充早點。那時黃米比白米更便宜，則甜饃饃價廉得很，一毛錢買兩個。市聲中賣蒸饃的標榜的「甜水蒸饃」，是因為那時銀川城裡有一大半的井水是鹹水，吃甜水須花錢買。1950年代

初，寧夏從早到晚，大街小巷是「賣冰棒——」的叫聲。如今，這些市聲已絕跡了。賣冰棒的還有，但不吆喝了，光顧它的顧客越來越少，連小孩子也大都對它不屑一顧了，他們要吃冰淇淋。

「買糖來——皮糖、豆糖、燈慄糖，又甜又香芝麻灌餡糖！」以前賣糖的多為老年人，臂挎一長方形帶提手的淺木箱，各種糖食擺放裡面，人們一目了然，十分誘人。有些賣糖的提一竹筐，提一小凳，常坐校門口、街邊和人家門前，竹筐裡還有酸棗、山杏核等。有的吹著短笛招引孩子，笛聲一停，說起順口溜：「糖果兒黏，滿嘴涮，爺爺吃上黏掉牙，奶奶吃著翻白眼。」惹得大人孩子們捧腹大笑。

寧夏市聲最多的是水果叫賣聲。春天賣杏、李、桃。「甜核（讀胡）杏兒，又大又黃，甜核杏子！」、「桃子——大觀橋的桃子！」盛夏，西瓜上市，瓜販挑擔子四下裡吆喝：「紅沙瓤西瓜，大涼解渴的大西瓜，不甜不要錢！」擔子上挑熟透的西瓜切成兩半做樣品。秋天，沙果、紅楸上市了，賣果子喊著：「哎，燈籠紅的大紅果子喲，又甜又脆喲！」

最讓人難忘的是賣撚饌兒的吆喝：「撚饌兒——！」聲音悠長起伏。這是麥子見黃時掐下大麥、青稞麥穗，放小耳朵煮熟，裝袋子裡摔打令麥仁和皮分家，然後用碾子碾壓成碧綠細條狀的食品，加上鹽、油、醋、蒜泥、辣子油等，吃起來滿嘴噴香。聽見「撚饌兒——」的叫賣聲，小孩子們已忍不住饞涎欲滴了。它味道太香美了，太有誘惑力。賣撚饌的農民背個袋子，裝小半袋，串不了幾道街巷就被搶買一空。因為是時鮮，每年上市最長 10 天左右，過了這個村沒有這個店，不買點嘗嘗，那就要等到明年了。

寧夏民俗：傳統與現代的交織

寧夏回族剪紙有哪些特色

　　回族花兒唱道：「白雲山上霧繞呢，靈芝草有心人找呢，維尕妹子要手巧呢，萬樣子花隨心者鉸呢。」回族婦女有剪紙的傳統習俗。女孩子七八歲就拿起剪，用彩紙隨心所欲地剪出各式各樣的作品，美化和點綴自己的生活。

　　回族剪紙不是用於逢年過節，而主要為了日常欣賞和婚嫁、喬遷、賀孩子滿月和抓週等喜慶活動。回族剪紙有其獨特的審美意識。如作品「五穀豐登」、「吉慶有餘」、「瑞雪豐年」、「農家樂」等，既不是傳統觀念的自然模仿，也不是自然形態的誇張變形，而是充分表現了回族的心理意識和樸素、大方、自然的審美觀。回族剪紙內容多以石榴、牡丹、蓮花、魚蟲題材為主。有許多作品寄託著回族人民追求美好生活的願望，有著深刻的寓意。如「燕子報春」、「龍騰虎躍」、「黃牛耕春」、「湯瓶沐浴」等作品。回族剪紙構圖飽滿，色彩鮮明，線條流暢，造型生動，情趣橫生，寓意深遠。

為什麼回族婦女擅長刺繡

　　由於受伊斯蘭教文化的影響，寧夏回族婦女刺繡以其獨特的風格，廣為流傳，受到人們的青睞。在寧夏回族聚居區，回族女子常常以刺繡比聰明，爭手巧，看本事。每個女子都有一個小包袱，內裝繡針、剁針和各色花絲線。她們平日注意購置各種刺繡的針線，不斷充實小包袱的內容。每當走鄉串村的貨郎搖著撥浪鼓過來時，便被婦女們圍了起來。農閒時，女子們互相串門，三個一群五個一夥地坐在一起，拿起繡花繃

子，飛針走線，忙起繡花活計。回族婦女的刺繡都有自己構思和針線的「套路」。鑑於民族習慣，回族刺繡比其他民族更著重內容。過去，回族女子的嫁妝曾經是一件件精美的藝術品，歷史上回族女子的嫁妝，至少要趕做一兩年，無論是新娘婚禮的蓋頭、坎肩、袖口、褲口及圍裙、鞋子等處，都繡著牡丹、蓮花之類，再配以各種不同色彩，將婚禮服裝裝扮得特別美麗。回族刺繡富有想像力和藝術魅力。她們創作日常物品和鳥獸時，往往繡成一種錯綜複雜的圖形，使鳥獸形體交織在花草圖案之中，以求最小限度地形似。這是因為伊斯蘭教禁止崇拜偶像，禁止在造型藝術中表現有生命的物體。

擅長繡花草圖案和幾何圖案，是回族婦女刺繡的絕技。回族刺繡中最饒有情趣的是表現阿拉伯文書法的作品。先請阿訇在一塊乾淨布料上寫阿文，然後不分晝夜、千針萬線地刺繡，最後還用傳統的阿拉伯幾何圖案繡上花邊，繡完掛在牆上，十分莊重和美觀。

「熬鷹」習俗是怎麼一回事

回族人民馴鷹狩獵的歷史很悠久，過去在寧夏回族中也頗流行，而如今在南亞和中亞等地的穆斯林中仍很時興。鷹獵從古時生產手段逐漸變為現在的一種娛樂活動。專門有從事馴鷹職業的人——熬鷹師。寧夏回族把馴鷹叫「熬鷹」，是因為熬鷹師把鷹或鶻駕在手背上，一刻也不能放鬆，連續7～10天日夜不讓鷹鶻休息，白天在人多處訓練，夜裡點堆篝火熬夜，熬去牠的野性，直到鷹鶻放出去能呼回來為止。駕鷹手們大多腰挎一把「河州回回刀」，臂套皮韝，手抓勒繩，臂上駕一鷹鶻，顯得威風俐落。當草枯的秋後，或雪降之嚴冬，一群人騎馬或步行，簇擁著

肩荷獵槍駕鷹鷂的人,前去河灘荒地獵狐狸,捉野鴨、野兔等。這種鷹獵娛樂活動的習俗,曾在寧夏廣泛流行過。

回族飲食店鋪為什麼掛清真牌和藍布條

走遍中國各地,凡回族的飲食攤點、飯館、茶館都喜歡掛清真牌和藍布條。如今,城市有的街道對店鋪招牌大小樣式有統一規定,「清真」中阿拉伯文字樣,則寫在了招牌最上方。但在鄉鎮小地方,清真牌和藍布條仍高懸店門口。

清真回回牌,大的牌子0.5公尺×0.3公尺,小的15公分×5公分。上書四個醒目大字「清真回回」,正中畫清真寺或蓋碗,更多的是畫一把湯瓶壺。還書寫阿拉伯文,有的寫「感讚真主」,有的寫「伊斯蘭教食品」。有的在清真牌下面掛兩個藍布條,有的還在店鋪門簷下掛兩個藍色布條。為什麼會有這種民俗呢?

據說,原來回回當年隨蒙古人東遷時,是分批陸續來的。一些前面來的回回住在沿途村鎮裡,他們惦記後面的人,替後來的回回準備好了吃喝,把湯瓶放在門外窗臺上,讓後來的回回一看就知道。可是後來湯瓶放一個,被人偷走一個。於是就在木板上畫一個湯瓶,並寫上阿拉伯字。這樣後來的回回一看就明白了。久而久之,回民開的飯館、小食攤掛一個清真牌,牌上畫一湯瓶。店裡也擺著湯瓶,讓食客飯前先用湯瓶洗手。

清真牌下或房前屋簷下掛兩條藍布條的習俗,也有來由。伊斯蘭教喜歡綠色和藍色,藍色表示真誠,掛藍色布條主要是表示清真,回族飯

館門簾也多是藍色的。另外，回族掛「二道」布條，據說也是有來歷的。相傳，唐朝回紇兵在平叛過程中很英勇，唐王讓回紇人留居內地駐戍，但是考慮到回回家人安全，皇帝和娘娘下了兩道御旨，表示回民之家不可侵犯。據一些開飯館的回族老人講，掛布條的意思是，這是回回飯館，要尊重回回的風俗習慣，不能在此喝酒等。

寧夏民俗：傳統與現代的交織

歡樂時光：寧夏的歌舞與體育

歡樂時光：寧夏的歌舞與體育

寧夏最早的戲班始於何時

　　清末民初，銀川山西會館（在銀川鼓樓西五一餐廳旁巷子裡），人稱小廟；陝西會館（在今二十小學），人稱大廟。兩處會館都有同鄉自樂班，除自拉自唱外，還請來一些流浪藝人團隊和唱小曲的來唱。這些流浪藝人每逢夏收季節就去趕（收鴉片煙的）煙場賣唱謀生。自樂班演唱劇種以秦腔為主，還有眉戶、道情小曲等。

　　後來，有個叫小魁的帶團隊來銀川演出秦腔。之後孫葫蘆（名孫光前）率秦劇戲班從平涼一帶輾轉來到銀川，人稱葫蘆班。演員團隊較齊整，很受大眾歡迎，在寧夏演出了10多年，一直到新聲學社來銀川後，葫蘆班日趨冷落，終於散夥。

　　1931年，西安易俗社最有名的鬚生劉毓中率領陝西新聲學社來銀川演出，該社生旦淨丑行業齊整，演員陣容強大，演出有聲有色。最難得的是易俗社演出新編歷史劇和時裝劇碼，有《三滴血》、《史可法》、《秋風秋雨》、《一字獄》等，內容積極正向，觀眾百看不厭，場場爆滿，轟動一時。劇社還從蘭州請來著名演員王文鵬、劉宴奎、常春燕、李景華等人來銀川搭班同臺演出，紅火一時。新聲學社本來打算在寧夏安家，但是1934年元月軍閥孫殿英攻打寧夏，戰火下，賣座率驟落，新聲學社迫於生計，離開銀川赴蘭州演出。

覺民學社是怎麼成立的

　　在寧夏戲迷心中，覺民學社像是陝西人心中的易俗社，地位極高，最受喜愛。它成立已經近90年，對寧夏秦劇發展有著舉足輕重的作用。

1935年2月，原寧夏汽車管理處處長魏鴻發，感到銀川沒有一個秦劇戲班是一大憾事，他嗜好看秦腔，在蘭州時曾辦過秦腔訓練班，產生了在銀川辦秦劇班的念頭。於是派人到蘭州找到新聲學社演員蓆子才，由他出面多方面邀請，邀來新聲學社的30多人赴銀川，來銀川後又請來原葫蘆班一批名演員，組成了擁有50多人的戲班，命名「覺民學社」。覺民學社這個名字，典出《孟子》中「予將以斯道，覺斯民也」，意為喚起大眾之意。同時成立了寧夏戲劇改良委員會，魏鴻發任主任，孟寶珊、劉小石任副主任。

　　覺民學社成立之初，在中山公園人民會堂演出，後遷到新華街新建的簡易劇場演出。1935年5月，覺民學社首次招生，共招收5個班200多名學員。1937年，魏鴻發離開寧夏，馬鴻逵派人接管了劇團。這樣，覺民學社從民辦團體變為了官辦團體。1949年後，覺民學社改名寧夏秦腔劇院一團、二團，湧現出一批批名演員，演出了大量藝術性思想性很高的傳統劇和現代劇。後來，寧夏秦腔劇院改為寧夏秦劇團和銀川秦劇團。

電影是什麼時候進入寧夏的

　　1920年，章萬寶（字藏珍）和大兒子章文煥，從內蒙古定遠營（今阿拉善左旗）攜帶了一部35公釐手搖無聲放映機和幾部影片，來銀川落戶謀生。觀眾踴躍，轟動一時，這是寧夏人首次看到電影。章萬寶是阿拉善旗塔王的包衣（僕人），他聰明精幹，做事謹慎，深得塔王信任，叫他當貼身侍衛。章萬寶在清末隨塔王進京覲見，當時北京已有無聲電影，塔王看了新奇，就買了一部放映機帶回旗府。另有一個版本，說電影放

歡樂時光：寧夏的歌舞與體育

映機是慈禧太后送給王爺的。回來無人會操作，塔王讓章萬寶摸索放映技術，為王府內外人士放映，一時轟動了前後賀蘭山。但因影片十分有限，時間長了塔王看厭了，就把放映機和影片送給了章萬寶，讓他作為謀生的工具。

章萬寶和長子來到銀川，在小廟、山河灣的黑虎廟、新華街的七真觀、承天塔和北塔等地放映。所放影片是些「洋人喝酒」、「醉鬼鬧街」、「洋人賣花」這類搞笑的美國影片。除流動放映外，還每晚和新華舞臺京劇班的王子君合夥售票放映，收入四六分成。1929年，馮玉祥的部隊進入西北，章萬寶父子隨馮部劉郁芬（甘肅省主席）到蘭州放映。這樣說來，電影走進寧夏比甘肅早了9年呢！

花兒是怎樣一種民歌

「花兒」是西北百姓的口頭詩歌創作。清代臨洮人吳鎮有「花兒饒比興，番女亦風流」的詩句。「花兒」產生於明代，經過數百年發展和演變，「花兒」已成為西北回、漢、東鄉、保安、撒拉族人民的共同的文化財富。

「花兒」又稱「少年」，唱花兒稱為「漫少年」。花兒有洮花兒、河州花兒、河湟花兒幾個流派。甘肅臨夏有「花兒聖地和故鄉」之美譽。花兒是一種獨具風采的高腔山歌，具有高亢、豪放、優美、悠揚的特點和濃郁的地方民族特點。回族人喜愛花兒，回族人民把歡樂、痛苦、希望、追求傾瀉於花兒。「花兒不是我歡樂著唱，憂愁著就解了心慌。男人們心慌者唱一唱，女人們心慌者哭一場。」在荒涼的山間小道，花兒為腳戶哥驅散了孤單和寂寞；在綠樹鮮花的水邊，花兒打開了男女歌喉，

讓他們傾訴著心中的愛戀；在水流湍急的黃河浪尖，花兒替浪濤中飛馳的筏子客壯膽；在堆滿豐收喜悅的打麥場，花兒伴著揚場把勢的木鍁，把金色的種子撒向藍天。

寧夏花兒演唱形式有幾種

　　寧夏花兒曲調優美、形式靈活。有單獨漫的花兒，有兩人對唱的花兒，還有一領一合的花兒。它的唱腔曲調各地有明顯的不同。寧夏花兒不用「令」，唱什麼就是什麼。寧夏花兒還摻雜有信天游和民謠成分。歌詞形式一般是兩段四句式，前兩句比興，後兩句寫意。下句句尾要字雙頓尾。花兒這種即興式的高腔山歌，是寧夏回族生活中不可缺少的藝術。「營生不離手，花兒不離口。」

　　寧夏藝術家把花兒引進歌舞劇和大型歌劇，創造出了《曼蘇兒》、《馬五哥與尕喜妹》等大型花兒劇碼。

口弦是怎樣的樂器

　　口弦，古稱「簧」。《莊子‧駢拇》有「天下簧鼓」句，「簧」就是指口弦。口弦廣泛流傳於中國少數民族之中。寧夏回族婦女最喜愛這種小小的彈撥樂器。寧夏口弦有兩種：一種竹製的長10公分，中間刻一舌簧，兩端各鑿一孔，彈奏時將口弦含雙唇間，扯線彈奏；另一種銅片製成（也有用鐵片、鋼片的），長5公分，撥鉤彈奏。回族婦女為了美觀，常在口弦兩端繫上流蘇吊穗。

歡樂時光：寧夏的歌舞與體育

在過去，回族婦女深受傳統禮教的束縛，「家女不見外男，青絲不見青天」，遂用口弦傾訴情懷，彈奏心事。寧夏同心一帶流傳的〈口弦謠〉唱道：「三寸竹片片，兩頭扯線線，一端含口中，消愁解麻煩。」口弦彈撥發出「破破哇哇、蒙莫蒙莫」的聲響，隨著彈奏人的口形變化，邊彈邊說為「口弦語」。若透過口形變化和音量變化彈奏民歌或舞曲，俗稱「口弦令」或「口弦歌」。如今，口弦已成為回族男女歌頌美好生活和幸福愛情的樂器。

寧夏歌舞團依據口弦這一生活素材，曾創作演出了回族舞蹈《口弦舞》、《口弦雙人舞》。

泥哇嗚是怎樣一種古老的樂器

泥哇嗚，古代叫「塤」（音ㄒㄩㄣ）。《詩經‧小雅‧何人斯》中有「伯氏吹塤，仲氏吹篪（音ㄔˊ，古代竹製樂器，像笛，有八孔）」的詩句，「塤，土音剛而濁；篪，竹音柔而清」，兩者剛柔相濟。可見那時塤和篪已是宮廷理想的雅樂了，其產生已有3,000多年的歷史了。在黃河流域仰韶文化遺址和山東大汶口遺址、龍山文化遺址中，都曾出土過泥捏燒製的陶塤。1985年，在寧夏靈武磁窯堡出土的一件素燒的西夏牛頭瓷塤，其形制竟與寧夏現今民間的塤相同。如今盛夏走在寧夏農村，到處可聽到清亮悅耳的吹柳笛聲和麥笛聲，還能聽到宛轉悠揚的吹泥哇嗚聲。由於泥哇嗚音域較窄，只能吹奏一些簡單的小曲，如「喝場」、「打夯」、「小白菜」之類的小調。其「音剛而濁」，低沉委婉，如泣如訴。過去人們用它來消愁解悶，傾訴心中的愁苦和哀怨。年輕男女常常把它作為傳情逗趣的愛物。有些民間藝人用泥哇嗚學各種鳥的叫聲，音調動聽，維妙維肖。

宴席曲全都是喜慶的祝福嗎

在寧夏回族民歌中，宴席曲是除花兒外，最為有名的藝術形式。宴席曲多以愛情為內容，詞語文雅，曲調優美婉轉，充滿了歡樂喜慶色彩，常在婚禮喜慶的宴席上演唱。但是宴席曲的內容並不局限在喜慶的祝福和節日的頌歌，它還表現了回族人民悠久的歷史和廣闊的社會生活。如〈方四娘〉就是寧夏回族民間宴席曲流傳最廣影響最大的一部敘事作品。全曲長302句，採用兩句一節的民族形式，敘述了方四娘一生的悲慘遭遇。作品以第一人稱敘述，運用豐富的方言土語，表示了她對傳統婚姻制度的血淚控訴。

宴席曲流傳寧夏回族民間優美曲詞近百首，大都是經過長期歷史演變遺留下來的，是研究回族民族史和音樂史最珍貴的文化遺產。宴席曲形式以唱為主，道白為副，伴有優美風趣的舞蹈動作。舞者左手叉腰，右臂揮舞，動作有「鳳凰展翅」、「犀牛望月」、「老爺抽刀」、「東風擺柳」等，都是由具體形象命名的，灑脫風趣，出神入化。可以說，宴席曲是有說有唱，文學、音樂、表演三位一體，敘事抒情兼收並蓄，是一種綜合性很強的藝術形式。其曲調又分為敘事曲、散曲、茶曲等。

秦劇《玉鳳簪》故事發生在何處

《玉鳳簪》的傳說故事發生在銀川市，流傳了300多年，是講康熙來寧夏微服私訪平冤獄的事。民國初年，寧夏秦腔覺民學社把傳說改編搬上戲臺，屢演不衰。《玉鳳簪》成了該團上演最多的看家戲本。

故事裡說，山西平陽府生員李俊千里風塵來寧夏府為父討債。他按

歡樂時光：寧夏的歌舞與體育

帳本上所記，張寡婦過去借銀 10 兩，本利清算應還 20 兩。於是，李俊先來到張家來討債，見到了張寡婦小女兒鳳蓮。鳳蓮聽說李的來意，說：「今日是我娘大壽日，家裡來人多，你改日來吧！」二人談話間，被鳳蓮的二叔張斗行看見了。叔姪二人本來有宿怨，張斗行回家和老伴說此事。心裡想，姪女和一男子勾勾搭搭，不成體統，有失張家門風，如果殺了她，寡嫂死後財產全部歸自己，一箭雙鵰。於是他深夜提刀摸進鳳蓮的繡房，只見一男一女睡在一床，怒火從心頭起，一刀一個把二人頭砍了下來。還不解恨，又把女的頭包起來，趁深夜扔到了仇人張鬍子院裡。

第二天早上，張寡婦見大女兒和女婿雙雙被殺，女兒頭也不見了。嚇壞了，報了官。官府派人查看，見桌上放一玉鳳簪。正在這時李俊來張家門口尋找頭晚遺失的簪子，被地保抓去府衙。原來這玉鳳簪是李俊妻子在他離家時贈給他帶在身上的愛情信物，見簪如見妻面。此簪頭晚遺落在張家門口，被鳳蓮拾到，知道是李俊丟失的，就放在繡樓桌上，等李俊再來物歸原主。而當天晚上，張寡婦見天很晚了，便挽留來家拜壽的大女兒夫婦住在小女兒鳳蓮繡樓上，結果二人雙雙在夢裡做了冤死鬼。而李俊和鳳蓮被知府王廉判為通姦殺人，欲獨吞寡母家產。李俊被判了死罪。

李俊的妻子在山西聞訊，忙和父親一起趕來寧夏府，住在南門二道巷一家客店裡。在店小二指點下，她攔了康熙的馬，告了御狀。康熙接了狀紙，問明冤情，一眼看出此案判得昏庸，案中疑竇很多。於是調來李俊一案的卷宗親閱，限知府三日內查清此案。正當知府王廉查案一無頭緒，一小偷來府衙報案想領賞錢。那夜他去張斗行家偷錢未遂，卻偷聽到了張和老伴商量殺人的事。知府王廉一聽，知道判錯了案。忙抓來

張斗行夫婦審問，二人招了供。又抓張鬍子審問人頭的下落，張鬍子領他們到了西馬營。府役卻在他指的埋人頭地方挖出一男屍和一女人頭。張鬍子只得如實招了。原來那夜見一人頭被扔進院裡，嚇壞了，想悄悄埋了完事。提上鐵鍬往西馬營走。正在挖坑，卻走來喝得醉醺醺的薛三，薛三懷疑張在挖寶，非要看袋子裡的東西，爭奪之中薛三被張用快鍬砍死。禍不單行，張鬍子嚇得身如篩糠，只得把薛三和人頭一起埋了。

再說康熙夜裡細閱案卷，發現李俊初來寧夏，和張家並無冤仇，又是秀才，知書達理。雖說玉鳳簪可作殺人憑證，可是他並不逃走，早上又去張家尋簪。判定李俊一案定有冤情。康熙正在思索，王廉知府特來上報破案實情。一樁冤案在康熙明斷下，最終洗冤。寧夏秦腔老戲迷們不少人言之鑿鑿，說這個傳說是真實發生的事。

寧夏秦腔最受歡迎的演員是誰

楊覺民（1921～2006），著名秦腔藝人。「寧夏老百姓連三歲娃娃也知道楊覺民」，人們以前評論他的這句話是對他演藝生涯最高的褒獎。楊覺民是陝西長武人，1935年5月，13歲的他進入剛成立的寧夏覺民學社學戲。他攻文武小生，嗓音洪亮，咬字真切，眼神靈活，表情豐富，扮相俊朗，很快成為寧夏最受戲迷喜愛的藝人。人們為之傾倒，為之沉醉。他演戲中勇於創新，大膽汲取了京、越、豫等劇種之長，融合於秦腔藝術之中，給秦腔藝術注入了新的活力。1950年4月，覺民學社改名銀川劇院，楊覺民曾出任院長，但不久就辭去主管職務，仍全身心地投入舞臺演出。楊覺民在50多年的舞臺生涯中演出劇碼160本，5,000多

場次。楊覺民一些唱段還被錄製成唱片,發行全國。

屈效梅,女,秦腔旦角,中國一級演員,退休時任甘肅省秦劇團團長。屈效梅1951年從平涼秦劇團調入銀川劇院,一時在銀川遠近掀起了「屈效梅熱」,票房紀錄爆滿。楊覺民和她搭檔演的《白蛇傳》、《西廂記》等戲票,須託劇社熟人買。當時銀川流傳一則笑話:有戲迷散戲後到劇社門外攤上吃元宵,說誤了嘴,竟道:「來一碗屈效梅。」那時她正20多歲的年紀,扮相若出水芙蓉,淡妝濃抹總相宜。她主演花旦,虛心好學,潛心鑽研,一招一式有感而發,扮演角色出神入化。她能駕輕就熟,把握不同角色的個性,極大地調動起觀眾的感情。屈效梅嗓音甜美,姿態婀娜,尤其是一雙顧盼生情的明眸,十分傳神,眼睛像是會說話似的,令觀眾達到如痴如醉的欣賞境界。

寧夏坐唱的藝術特色是什麼

寧夏坐唱,是寧夏流傳較廣的一個曲藝品種,其音樂部分來源於眉戶清唱和寧夏川區民間小曲,也包括數花曲調在內。民間把坐唱稱為「說書調」、「地攤戲」。藝人大都在廟會、街頭賣唱。一人用三絃或板胡自彈自唱,也有兩人表演的,另一人邊用梆子擊節,邊和主唱者插科打諢。寧夏老藝人張玉貴演唱的《三子分家》、《風攪雪》,就是說書調。銀川市說唱藝術團副團長、坐唱名家徐明智,師承張玉貴。徐明智對說書調原來的形式和曲調進行了改革,由兩人演唱。一人操三絃,一人打漁鼓、簡板,用寧夏方言土語演唱。徐明智創作了不少反映現實生活的段子,大受歡迎,曾多次在區內外獲獎。

摜牛是怎樣一種運動

摜牛活動流行於寧夏、甘肅、河南、河北、雲南等省區的回族地區。回族摜牛與西班牙鬥牛大不一樣。它不傷及牛身，完全靠個人的勇敢、力量、靈活與技巧把牛摔倒。摜牛活動在回族聚居地區流行開來，與回族愛吃牛肉、經常宰牛有密切關係。傳說，很久以前有一個回族鄉村，居住著千戶回民，他們每年過宰牲節（古爾邦節）時，都要宰近百頭牛。每次宰牛要把牛趕在一起，然後由四五個年輕力壯的男子拿著繩子和木棍，互相配合著把牛捆住摔倒。一次在捆一頭大公牛時，一個男子被牛撞傷，不久「無常」了，鄉親們為此很傷心。第二年過宰牲節時，有一位聰明勇敢的年輕人，眼尖手快，不用別人幫忙，一個人用敏捷俐落的動作把牛摜倒了。鄉親們讚不絕口，廣泛傳誦。在他的影響下，以後每年宰牲節上，有不少精明強幹的男子一個個來摜牛，逐漸形成了一種民間傳統體育活動，並且多在喜慶節日時舉行。

摜牛比賽沒有什麼嚴格規則，主要憑個人的力量和技巧，在一定時間內把牛摜倒為目的。回族在摜牛表演時，機智靈活，面對暴跳如雷的大公牛，跨步上前，雙手緊握牛角，全神貫注，突然一下用力把牛頭擰向一側，然後馬上用右肩扛住牛下巴，把牛脖子使勁一「別」，大公牛前腿立刻跪下，隨即用力壓住牛脖子，透過「擰、扛、壓」等一系列動作把大公牛摜倒，使之四腳朝天。

歡樂時光：寧夏的歌舞與體育

回族麵花是怎樣製作的

麵花，以麥麵為主要原料，透過豐富的想像和巧妙的構思，精心加工製作出既可食用，又可觀賞的回族造型工藝品。傳說，回族麵花藝術早在元代已流行，它在繼承阿拉伯傳統飲食工藝的基礎上，又吸收了兄弟民族飲食工藝的手法，數代相傳，形成了回族獨特的麵花造型和風味。現在回族麵花藝術品種達百餘種，一品一形，百形百味。每逢回族過節，婚喪嫁娶、抓週、招待貴客等重要場合，那琳瑯滿目、千姿百樣的麵花，會使人一飽眼福。

回族麵花的造型，大多源於自然界和社會生活中的各類花草、蝴蝶、鴿子等形態，還大量地採用阿拉伯的捲草形、雲紋形等幾何圖案。透過擀、切、揉、捏、搓、挾、擠、壓、畫、點、染等多種手法，製作出形狀多樣的造型，並用炸、蒸、烙、烤等烹飪技術，使麵花形、色、香、味集於一體。

踏腳是什麼樣的運動

「踏腳」是回族傳統的體育活動。流行於寧夏涇源縣。據該縣回族老人的轉述，踏腳起源於唐代中期，由東來穆斯林商人帶入，僅傳授給信教的中國穆斯林。清同治年間，清政府鎮壓西北回民起義，將居住西安、渭南等地回民強迫遷到涇源縣，踏腳活動由此帶入涇源。踏腳是既可娛樂，又可健身和自衛的一種活動，受到回族的喜愛。踏腳和跆拳道頗相似，它對抗性強，動作幅度大，講究手、眼、身法的配合。一般為一人對一人，也有勇武過人，技術高超者，能與多人對陣。踏腳中進攻

防守完全依靠腳部動作，雙手只能起平衡身體的作用。

踏腳比賽規則：一是在一塊 10 公尺 ×10 公尺平坦的場地舉行；二是只能穿軟底布鞋，不准用頭、拳、肘、臂進攻對方；三是不能踏對方頭部和頸部，只能用全腳掌蹬踏或用內外腳掃打對方，嚴禁用腳尖踢人，要害部位點到為止。

打木球是怎樣的運動

打木球俗稱「打籃子」、「趕毛球」和「打鎖兒」，是寧夏回族人民世代相傳的傳統民族體育活動。木球是用硬木製的小球，直徑約 8 公分。每人用一根 60 公分長的木板來擊球。比賽場地一般為 30 公尺 ×20 公尺大，有一道中場線，兩邊底線中間各有一個 3 公尺寬、0.5 公尺高的球門，類似冰球門。每隊參賽隊員 6 人（其中有守門員 1 人）。比賽時間全場為 40 分鐘，分上下半場，每半場 20 分鐘。打木球器具簡單，規則明確，容易掌握。每攻進球門一球稱「勝一球」，計 1 分，以攻進球門多少計勝負。打木球待裁判員宣布比賽結果後，負隊被罰的「呵嗦」的場面最有意思。由勝方一隊員用力將拋起的球擊出遠方，負方一人從擊球點出發喊「嗦——」，跑向落球點，拾起球跑回交裁判。要一氣呵成，中間不許換氣，否則重「呵嗦」。

張家槍起源何處

張家槍又名「小徑槍」，起源於寧夏靈武市郭橋鄉張家灣子。清朝咸豐年間，曾為武舉人的回族武術家張明德博採眾家，精研槍法，深得槍

歡樂時光：寧夏的歌舞與體育

法「小徑」之妙，馳名四方。後張明德將槍法手傳家孫張天洪和張學仁，張天洪傳與吳生保，吳生保又傳給楊金柱，流傳至今，習者眾多。張家槍經過幾代人的傳承發展，進一步完善，將槍法總結提煉為「十三槍」，槍藝更為精湛，有月形套路、單練、對練，有槍譜。

何家棍的傳人是誰

何家棍又名「單頭樸子棍」、「十八樸子棍」。何家棍的傳人是回族著名的拳師何金德，何家棍是其家傳的棍術。何金德的曾祖父何登魁，是清朝一位臂力過人的回族武術家，他花重金拜師學得了「單頭樸子棍」。他棍法精湛，在何家承傳已有五代人。此外，何家傳習的武術還有「久練錘」、「四路刀」。何金德先生祖居寧夏吳忠市，是何家武術全面的繼承人。

傳說，張家槍和何家棍在清同治年馬化龍領導的回族反清抗爭中，被回民起義者廣泛學練和掌握，成為抗爭的重要手段。

以康熙訪寧夏為題材的戲劇有哪些

西元1697年3月26日，康熙第三次親征噶爾丹時來到寧夏城，在寧夏駐蹕18天。寧夏流傳著大量康熙訪寧夏的傳說故事。閻福壽《杞鄉傳奇》一書，收集整理了康熙在寧夏微服私訪的傳說故事近60篇。康熙訪寧夏的故事，被藝術家作為創作素材，多年來不斷被搬上戲劇舞臺。

1935年，寧夏覺民學社秦腔劇團成立，他們不但演出秦腔傳統劇

碼，還創作了新編歷史劇《鴉片戰爭》、《頤和園》、《秋瑾》、《玉鳳簪》等上演。其中《玉鳳簪》是以康熙訪寧夏平了一樁冤獄的民間故事編成的。這齣戲演出頗轟動，很受大眾歡迎，屢演不衰，成為覺民學社幾十年中演出最多的劇碼。寧夏老人們說，《玉鳳簪》的傳說故事是真有其事，而其他不少民間流傳的康熙故事，則是子虛烏有，僅僅是「故事」罷了。

1960年代，寧夏著名劇作家姚以壯把秦腔《玉鳳簪》改編成京劇《康熙訪寧夏》，寧夏京劇團曾多次在區內外上演該劇。這個劇還被改編成連環畫出版。另外，寧夏秦劇團創作演出的秦腔和夏劇《皇封乞丐》，也是根據康熙訪寧夏的民間故事編成的。

回族民歌中最長的作品是什麼

民歌，是民間喜愛的一種文學樣式，每個民族都有本民族的民歌流傳。回族民歌，無論是敘事長詩，還是短小的歌謠，都有很多佳作。〈馬五哥與尕喜妹〉、〈吆騾子〉、〈歌唱英雄白彥虎〉等優秀民歌敘事長詩，都是在大眾中廣為流傳，影響很大的作品。它們內容深刻，藝術性強，塑造了回族喜愛的人物形象。

〈馬五哥與尕喜妹〉是回族敘事民歌中最長的作品。在6個整理版本中，短的200多行，長的600多行。這首長詩的主角是年輕的回族女子尕喜妹和長工馬五，兩人相愛，海誓山盟。但因大地主馬七五搶親而造成悲劇。兩人反抗傳統束縛和壓制，大膽追求真摯愛情的精神，受到回族人民的稱道。據老一輩人傳說，長詩人物和故事原型是真實的。長詩在西北地方回族中口口相傳，傳唱了上百年，影響深遠。

歡樂時光：寧夏的歌舞與體育

寧夏數花是怎樣的一種小曲

「沙棗子開花喲哎哎嗨喲，哎！香天下，塞上江南好寧夏，嗯哎哎嗨喲，東有黃河一條龍，西有賀蘭山呀寶疙瘩……」這是一首名叫〈寧夏數花〉歌曲中的一段。數花，是長期流傳在銀川地區民間的一種說唱小曲，民間說書藝人常作為正篇開書前的「書帽」，即加唱的用作提神、逗趣的小段子。數花的歌詞為自由式的七字句民歌體，以花名和花的特徵、顏色作套子式的領句和合句，中間是可以表現各種內容的數唱。語言生動、活潑、風趣，曲調明快、流暢，節奏感強，有濃郁的地方特色和情趣。

上面這首〈寧夏數花〉，是寧夏音樂工作者用數花的調子、格式所創作的表現寧夏平原風貌的歌曲。

為什麼「湖城」會掀起中國釣魚大賽的巨瀾

塞上明珠銀川，享有「湖城」的美譽。自古，銀川就是景美魚豐的溼地，有七十二連湖之說。600年前，駐藩在寧夏的明朝慶王朱㫉，有詩作〈月湖夕照〉讚云：「萬頃清波映夕陽，晚風時驟漾晴光。暝煙低接漁村近，遠水高連碧漢長。」、「月湖夕照」是明朝時「寧夏八景」之一。如今，自治區、銀川市政府又大力營造「城在湖中，湖在城中」的「湖城」秀色，僅銀川市附近的沙湖、鳴翠湖、寶湖、鶴泉湖、西湖、閱海等溼地，就擴增了數萬餘畝。

群星閃耀：寧夏歷史人物錄

群星閃耀：寧夏歷史人物錄

秦大將蒙恬與寧夏軍事要塞有何關係

秦王嬴政經過 10 年的兼併戰爭，於西元前 221 年建立了中國歷史上第一個統一的多民族封建王朝，建都咸陽，歷史上稱為秦朝。秦朝將中國劃分為 36 郡，寧夏屬北地郡，為秦朝的北邊要地，與匈奴牧地相鄰，因此面臨著匈奴不斷南侵的威脅。

戰國後期，匈奴已進入奴隸制社會，其政治機構日臻完善。匈奴人逐水草而驅牧，過著游牧生活，尚武，不甘人下，以戰死為榮，多次南下侵擾秦朝邊境。秦始皇曾親自巡視隴西、北地兩郡，為保關中安全，擴展其疆域面積，派大將蒙恬率領 30 萬大軍北伐匈奴，收復了河套地區（今寧夏及內蒙古部分地區），將匈奴驅逐到黃河以北，並以黃河為屏障，沿黃河東岸修築了 40 多座軍事據點和障塞。著名的有今銀川市興慶區黃河岸邊的渾懷障，吳忠市利通區境內的神泉障。秦朝在這些軍事據點駐有重兵防守，為解決糧草等生活用品，在這裡興修水利，屯墾種植。同時，蒙恬又將戰國時期的秦、趙、燕三國長城連線起來，西起甘肅臨洮，東至遼東，達萬餘里。此間，秦兵對在寧夏固原境內的原秦國長城又進行了修繕，並在長城沿線設定關障，如在烏氏縣境內設瓦亭關（今固原南），在朝那縣設蕭關（今固原東南），在關障處都有駐軍防守。

大將蒙恬收復河南之地，從內地徙民，一邊戍邊，一邊屯墾，防止匈奴南下侵擾中原。移民屯田，改進農具和興修水利，為發展當地經濟做出了重大貢獻。後來，秦始皇死，蒙恬被奸臣趙高等騙召回朝，下獄害死。一代名將，竟慘死在奸臣的陷害之下。

漢武帝為何要六出蕭關

秦末漢初，匈奴已建立起一個強大的軍事政權。匈奴單于乘楚漢相爭，秦朝邊防鬆弛，興兵南下，一度抵達寧夏固原東南的朝那一帶，塞上大地，烽火再起。西漢初年，漢高祖劉邦曾率30萬大軍北伐匈奴，被匈奴所敗，遂以「和親」之策暫緩與匈奴的衝突。

漢文帝時，漢對匈奴繼續採用「和親」的政策，並奉送厚禮，仍然不能打消匈奴單于對中原的欲望。匈奴發兵40萬騎，由河套直取朝那縣蕭關（今固原東南），擄掠人民牲畜甚多，並威逼漢朝都城長安。西漢立即發車千乘，騎兵10萬，駐長安防備。（據《史記·匈奴列傳》）

西元前140年，漢武帝即位。他十分重視寧夏在對匈奴作戰中的策略地位，在寧夏全境大力發展經濟。元朔二年（西元前127年），漢武帝派大將衛青出雲中（今內蒙古托克托北）、隴西（今甘肅臨洮南），「漢遂取河南地，築朔方，復繕故秦時蒙恬所為塞，因河為固」。元狩二年（西元前121年）後，漢武帝又「徙貧民於關以西及充朔方以南新秦中七十餘萬口，衣食皆給縣官」。由官府提供給糧食、衣服、耕牛、種子等，開渠灌溉，戍邊軍民邊戍守邊關，邊解決內地運糧之耗費，寧夏平原上至今仍發揮灌溉效益的許多引黃灌渠，據考證多開挖於此時，並在寧夏地區廣泛設立苑監，推行以畜養軍馬為主的畜牧業。為供作戰時使用軍馬，漢武帝曾令百姓在邊郡發展畜牧業，由官府貸給母馬，以繁殖馬匹，3年後歸還，「以充入新秦中（今寧夏和內蒙古等地）。」命令霍去病和公孫敖率領大軍從北地郡出擊匈奴，匈奴慘敗，北地、朔方沿邊各郡，成為漢朝的屬國。

西元前112年至前88年的25年間，漢武帝曾6次驅馬擊劍蕭關，

巡視邊塞。漢武帝由今陝西鳳翔南,「通回中道,遂北出蕭關,歷獨鹿、鳴澤,自河西歸,幸河東(在安邑,今山西夏縣東北),祀后土」(《漢書・郊祀志》)。漢武帝「數出幸安定、北地,過扶風,目的為視察其地對匈奴的防備情況」(《寧夏通史》)。他北出蕭關,隨從數萬騎,狩獵新秦中。對於邊防怠忽職守,不修築巡邊亭障的大小官員給予嚴厲懲罰。漢武帝還在安定接見月氏國派來的使者,接受他們獻上的珍獸等物品。

現存一首漢樂府詩〈上之回〉,就是一首反映前107年漢武帝巡幸邊塞的詩。詩曰:「上之回,所中益。夏將至,行將北,以承甘泉宮。寒暑德,遊召關,望諸國。月支臣,匈奴服。令從百官疾馳驅,千秋萬歲樂無極。」漢武帝6次巡幸寧夏,對加強邊防和發展當地經濟做出了歷史性貢獻。西漢末期,為加強寧夏地區的邊防,在烏氏縣的瓦亭關(今固原南)和朝那縣的蕭關(今固原東南)駐軍防守。在富平縣的神泉障(今吳忠西南)設北部都尉,在今寧夏銀川市東北的渾懷障設渾懷都尉,兩都尉均負責該地及附近軍防,另在三水縣(今寧夏同心縣東)設屬國都尉,負責安置匈奴降者,並將降漢的匈奴安置在北地、安定等邊緣幾郡。

唐太宗為何要到靈州會盟

唐初,原州、靈州、賀蘭山,寧夏山川處處都是血戰突厥的沙場。西元629年,唐太宗李世民即位的第三年,令靈州大都督道宗等領兵分數路大舉出擊突厥,俘獲人畜數以萬計。突厥或降唐,或投薛延陀。645年,唐朝軍隊和回紇首領聯合,在賀蘭山下大敗薛延陀部,顯示了唐朝的強大,威懾北疆。回紇、拔野古等眾多少數民族和部族,紛紛派使臣向唐朝朝貢,要求派漢官到其部族,以示臣服。646年,唐太宗抓住這

一有利時機下詔書:「諸部或來降附,或來歸服,今不乘機,恐貽後悔,朕自當詣靈州招撫」(《資治通鑑·唐紀》)。

八月,塞上秋高氣爽,唐太宗在眾臣護衛下由長安經涇陽,逾隴山抵達瓦亭。唐太宗抱病在今固原瓦亭的軍馬場視察後,於九月十五日到達靈州,受到眾降部族首領、使節數千人的隆重歡迎。並表示「願得天至尊為奴等作可汗,子孫常為天至尊作奴,死無所恨」的莊重誓言,承認唐太宗為天子,願做唐朝的臣民。唐太宗非常高興,並為各族人民的真誠願望所感動,即興當場寫下「雪恥酬百王,除凶報千古」的五言詩一首,並勒石以記。十月初,唐太宗離開靈州返回長安,隋、唐數十年的民族問題得以基本解決。

唐太子李亨是怎樣在靈武繼皇位的

唐天寶十四年(西元755年),爆發了「安史之亂」。次年五月,潼關失守,唐玄宗率文武百官,由長安倉皇出逃,奔走四川。太子李亨、建寧王李倓等人帶數百人由奉天北上以避兵鋒。六月十九日,由烏氏驛率部到達原州(固原市)。在駐守靈武朔方的留守官員杜鴻漸等一批具有政治遠見的將領的極力規勸下,李亨才繼續北上,以朔方為平叛之基地。到達今寧夏中寧的豐寧時,李亨見黃河天塹之險,又欲渡河西去,以圖苟安。在眾人竭力勸說下,他才放棄這一荒唐念頭,決心進駐靈武。七月九日,到達靈武,見城內殿宇御帳如同宮闈,山珍奇備,才一掃心中陰霾。眾臣迎合李亨心理,勸其繼皇帝位。七月十二日,李亨即帝位於靈州。尊玄宗為太上皇,並登上靈武南門,以稱帝事布告於天下。

古靈州十分特殊的地理位置和古代歷史上的重要地位,成了古代中

國西部的「北方糧倉、軍事重鎮、交通樞紐、民族樂園」。南北朝時，這裡曾以「果園城」、薄骨律鎮而聞名；北魏、北周時，曾在這裡設北樂郡、回樂縣，是歷朝歷代安置歸附少數民族的地方；唐時，這裡曾是靈武大都督府和朔方軍節度使治所，轄 3 州 10 縣。其轄境包含了今寧夏黃河灌區 15 個縣（市、區）和內蒙古、陝北、甘肅一小部分，總面積比今寧夏要大，是古靈州的鼎盛時期。當時的靈武史稱「兵食完備」，「天下勁兵聚於朔方」。其時，靈武城內的官舍建築也相當宏偉氣派。史書上是這樣描述的，安史之亂，太子李亨北走靈武，進城之見「宮室帳幃，皆似禁中」。

正是這塊風水寶地，即位後的李亨，以郭子儀為兵部尚書兼靈州大都督府長史，又遣使至回紇等地請求救兵。不久，回紇、吐蕃、吐火羅等紛紛派使臣來到靈武，與唐和親，願出兵助唐平討安祿山。此時，郭子儀等領兵 5 萬從前線趕回靈武，和李亨共商復興唐室大計，於是「靈武軍威始盛，人有興復之望矣」。次年九月，郭子儀等領吐蕃、漢、大食、回紇兵 15 萬收復長安，使唐室度過了危急關頭。靈州，成為唐肅宗的「陪都」，為討伐安史之亂的大本營。

中唐時寧夏名將渾立下了怎樣的戰功

渾瑊，出生於寧夏中寧鳴沙（時稱皋蘭州）。渾瑊先祖為鐵勒九姓渾部的酋長，歸附唐後世居皋蘭州，授封皋蘭州都督。渾瑊從小隨父投身朔方軍，因善騎射，作戰勇猛，屢受嘉獎，頗受重用。安史之亂發生，渾瑊率部趕來投靈州勤王，成為郭子儀帳下得力部將，立下了赫赫戰功。後來，當河北諸鎮叛亂，朱泚作亂長安，唐德宗蒙塵，大唐天下搖

搖欲墜時，渾瑊率勁兵殺敵，浴血奮戰，力挽危局，為唐王朝再度中興做出了重大貢獻，成為其時舉足輕重的將領。

渾瑊作為一名少數民族將領，遭逢亂世，手握重兵，以維護國家統一、百姓安樂為重，馳騁沙場，出生入死，戰鬥一生，值得稱頌。

西夏王朝的奠基者是李繼遷嗎

党項族首領李繼遷，又名趙保吉，是西夏王朝的奠基者。宋開寶七年（西元974年）任定難軍管內都知蕃落使。太平興國七年（西元982年），其族兄、定難軍節度使李繼捧向宋朝進獻銀、綏、夏、宥等州之地，宋太宗趙光義詔令銀州李氏遷居京城，李繼遷不從。詐稱其為乳母送葬，其實是反對依附宋朝，遂率家人及親信奔往夏州東北的地斤澤（今內蒙古鄂爾多斯市鄂托克旗），聯絡党項其他部落，集合武裝力量，抗宋自立。次年，宋得知夏州尹憲和都巡檢使曹光實挑選精騎乘夜突襲，其母與妻等被俘，李繼遷向北脫逃，拿出祖先畫像，以恢復故土相號召，招聚蕃眾，並與野利等豪門貴族通婚，建立反宋聯盟。其後，党項豪族勢力日漸強盛。攻占銀州，向遼（國）稱臣請婚，遼授以定難軍節度使。淳化元年（西元990年），遼冊封李繼遷為夏國公，賜姓名趙保吉。

宋真宗至道二年（西元997年），遼冊封李繼遷為西平王。同年，李繼遷派遣使節向宋求和，並索要夏州。宋朝授之以夏州刺史，充定難軍節度使。李繼遷得隴望蜀，於咸平五年（西元1002年），廣集党項各部圍攻宋朝靈州城（今吳忠市北），宋軍派援兵6萬，援軍未到，靈州失陷。李繼遷改靈州為西平府，其認為「西平北控河、朔，南引慶、涼，據諸

路上游，扼西陲要害，若繕城浚濠，練兵積粟，一旦縱橫四出，關中莫知所備」（《寧夏通史》）。實際上，攻占靈州對日後的西夏建國發揮了奠基的作用。

西元 1003 年 11 月，李繼遷率兵攻取西涼府（今甘肅武威）時，遭到吐蕃首領潘羅支偽裝投降而襲擊，大敗，身中流矢，卒於次年。宋朝為進一步鞏固和擴大周邊的和平局面，急於與党項緩和矛盾，李繼遷在臨終前也希望保住已取得的成果，囑咐其子上表附宋，「一表不聽，則再表，雖累百素，不得請，不止也」（《寧夏通史》）。其子李德明繼位，聽其父言，多年依附於宋朝，對其父，上尊號「應運法天神智仁聖至道廣德李光皇帝」。其孫李元昊追諡其「神武」，廟號太祖，墓號裕陵。

西夏王朝的建立者是李元昊嗎

西夏皇帝李元昊，又名趙元昊，後改姓嵬名氏，更名曩霄，自稱兀卒（意為青天子），是西夏王朝的建立者。

天聖九年（西元 1031 年），其父李德明死，李元昊嗣立。李元昊小字嵬理，自幼聰穎好學，性雄毅，多大略，通曉佛學、兵法、法律和蕃（西夏）漢字。他武藝高超，膽識過人，性格剛毅，足智多謀。一次，李元昊父李德明因手下人以馬換取漢人某物不如意，欲殺之，年僅十幾歲的李元昊馬上勸諫：「我戎人，本從事鞍馬，而以資鄰國而不急之物，以為非策，又從而殺之，失眾心矣。」父親接受了李元昊的意見。李元昊還多次勸諫其父不要依附於宋朝，對其父向宋稱臣極為不滿，他認為：「衣皮毛，事畜牧，蕃性所便。英雄之生，當王霸耳，何錦綺為？」（《寧夏通史》）主張按党項的傳統文化生活，戰鬥為先，兵馬為務，建立鮮明

的民族特色政權。

李元昊自繼位以後，恢復党項姓氏，更衣冠、立官制、制禮儀、建蕃學、置監軍司，命大臣創製文字。景祐年間，發兵奪取瓜州（今甘肅安西縣東南）、沙（今甘肅敦煌境內）、肅（今甘肅酒泉）等州。寶元元年（西元1038年），在興慶府（今銀川市）築壇受冊，即皇帝位，國號大夏，都城興慶府（今銀川市），年號天授禮法延祚。這時西夏國的疆域，東臨黃河，西至玉門，南迄蕭關，北控大漠。次年派使臣上表宋朝告之稱帝建國之事，宋帝下詔削奪官爵，中斷貿易，並揭榜招募擒殺之。

康定元年（西元1040年），慶曆元年（西元1041年）及二年，大舉攻宋，與宋軍分別戰於三川口（今陝西延安西）、好水川（今寧夏隆德縣西）和定川寨（今寧夏固原北），皆獲勝。夏天授禮法延祚七年（西元1044年），與宋議和，向宋稱臣，宋封其為夏國主。同年，與遼興宗戰於賀蘭山北，敗之。為強國勢振國威，成就獨立國家，李元昊下令整修水利，徵數萬民夫開鑿了「昊王渠」，疏濬了秦家渠、漢延渠、唐徠渠等，大力發展冶煉和採鹽等手工業，翻譯漢文典籍《孝經》、《爾雅》、《四言雜字》等書，對西夏國的農業、工業、文化藝術諸項事業的發展都產生了極大的推動作用。西元1048年，因奪子寧令哥之妻，在沒藏訛龐唆使下，被寧令哥刺傷，次日死，終年46歲。諡號武烈皇帝。廟號景宗，墓號泰陵。

西夏文字的創製者是野利仁榮嗎

《隋書·党項傳》言：党項原來「無文字，但候草以記歲時」。歷經唐、五代至宋初的漫長歲月，党項族逐漸由游牧民族向農耕民族轉化，

從逐水草而居到有了相對穩定的居住地。党項族從內遷至建國，生產力水準雖然不能與中原地區相比，但中原的先進文化與本民族文化相融合、相撞擊，有了較大的發展。

據史籍記載，李元昊自製蕃書，創辦書院、學校，命野利仁榮演繹漢字，創方形字，類八分而筆畫多重複的文字。教國人記事用蕃書，翻譯漢文典籍《孝經》、《爾雅》、《四言雜字》為蕃語。西夏文譯《妙法蓮華經序》說：「風角城皇帝以本國語言，興起蕃禮，創造文字，翻譯經典。」據考證，風角皇即是元昊。

野利仁榮是党項族野利部人，西夏國大臣、學者。官至謨寧令（副宰相），其人學識淵博。西夏建國前後，多參與謀劃創製典章制度。他反對全盤接受漢族文化，認為「一王之興，必有一代之制……國家表裡山河，蕃漢雜處，好勇喜獵，日以兵馬為務，非有禮樂詩書之氣也。唯順其性而教之功利，因其俗而嚴其刑賞，則國樂戰徵，習尚剛勁，可以制中國，馭戎夷，豈斤斤言禮言義可敵哉」。

西夏景宗大慶元年（西元1036年），奉李元昊之命創製西夏文，被定為國字，頒行全國。清人黃任恆在《補遼史藝文志》中說，野利仁榮就是遇乞。沈括的《夢溪筆談》所記創製蕃學者，與《宋史‧夏國傳》所記「演繹」蕃書者為同一人，即野利仁榮。天授禮法延祚二年（西元1039年），建立蕃學並主其事，翻譯經典，教授學生。天授禮法延祚五年（西元1042年）卒，李元昊十分悲痛，三臨其喪，慟曰「：何奪我股肱之速也……」李元昊遂為其厚葬之，贈富平侯。仁宗仁孝追贈廣惠王。

西夏滅亡與成吉思汗有關嗎

　　西元1193年，西夏國主仁孝病逝，其子純祐繼位，是為桓宗。此時的蒙古在漠北逐漸興起。鐵木真統領著強悍善戰的馬背民族，在連續不斷的征戰中，先後滅了蒙古諸部。統治了東起黑龍江上游，西達阿爾泰山的遼闊草原。1206年，鐵木真在斡難河畔，被貴族會議公推為大汗，號稱成吉思汗。其後，蒙古軍建立了世界上罕見的橫跨歐亞和北非一角的龐大軍事帝國。

　　成吉思汗在統一蒙古諸部的同時，開始不斷向外擴張。在攻西夏時，遇到了空前阻力。從西夏桓宗天慶十二年（西元1205年）起，至寶義二年（西元1227年），他親自領兵，前後6次對西夏用兵，均未攻下西夏都城興慶府（今銀川市）。乾定三年（西元1225年），成吉思汗從西域返回蒙古，決意要徹底消滅西夏。次年（西元1226年），成吉思汗派遣使臣斥責西夏不派兵隨從西征，並以出言不遜之罪出兵西夏。成吉思汗親率蒙古勁旅，兵分兩路，從河西走廊和今陝北之地，東西夾擊，先後攻破黑水城，兀剌海城，進至賀蘭山，其後，進攻靈州和青海積石州。西元1227年春，留一部繼續圍攻中興府（今銀川市），自己率師渡黃河，占領積石州，進入金國境內。同年六月，繼續南進，並避暑於六盤山。七月，還沒有親眼看到西夏國的滅亡，成吉思汗就只得留下遺囑而病故於六盤山區。此時的中興府已被圍困半年之久，糧盡援絕，加之地震，瘟疫四起，末帝李睍獻城投降，被蒙古軍執殺，西夏國滅亡。

群星閃耀：寧夏歷史人物錄

郭守敬為什麼會受到寧夏人民的懷念

在銀川興慶區唐徠渠大橋旁，聳立著一尊郭守敬全身雕像，他手持測量儀，目視遠處賀蘭山下的塊塊農田、條條水渠、阡陌小道。

郭守敬是元代時著名的水利學家、數學家、天文學家。他用自製的圭表對冬至時刻進行了精密的測定，參考歷史數據，證實了365.2425日為精密的歲實數據。歐洲著名的格里曆，也採用這個數值。但他比郭守敬發明和採用的一年的「授時曆」，整整晚了近300年。

至元元年（西元1264年），元世祖命中書左丞張文謙行省西夏、中興路等，修復瀕河諸渠，命郭守敬從行。《元文類·卷五十》載：「先是西夏瀕河五州皆有古渠，在其中興州者，一名唐徠，長四百里；一名漢延，長二百五十里。其餘四州，又有正渠十，長各二百里，支渠大小共六十八，計溉田九萬餘頃。」這是元初在郭守敬親自指導下的一次大規模的水利修復，重點是修復疏通舊有管道。在此基礎上，又開闢新渠。當時因戰亂廢壞淤塞的唐徠渠、漢延渠和秦家渠等，皆修濬疏通，並「更立牌堰，皆復其舊」，「授田種，頒農具」。（《元史》）「牌堰」，即水壩和水閘（鬥門）。水壩和水閘發揮了控制水流的作用。壩閘的設計細緻，品質堅固，明中期還在繼續使用。

直到今天，寧夏人民還普遍採用壩閘節制水量的辦法。從修築水渠到建築水壩水閘，是灌溉史上的一大進步。郭守敬還勘察了自今銀川到內蒙古東勝的黃河河道，根據勘察，向元世祖忽必烈提出了發展黃河漕運的建議。

明慶王朱㮵在寧夏享藩多少年

明代寧夏慶王府有行政、軍事兩套建制。朱元璋將二十四子分封到各地,「以同姓制異姓」,鞏固其統治,以為這樣可以「上衛國家,下安生民」。洪武二十四年(西元1391年),他封第十六子朱㮵(西元1378～1438年)為慶王。洪武二十六年(西元1393年),慶王朱㮵16歲時就藩寧夏,先居韋州(今寧夏同心縣韋州鎮)。建文三年(西元1401年),徙居寧夏(今銀川市)。慶王負責慶陽、寧夏、延安和綏德等地的軍務,直接管轄的中護衛擁有旗軍5,600名。慶王朱㮵歷明代六朝,在寧夏享藩45年,卒年61歲。他一生大部分時間都在寧夏,死後葬於今寧夏同心縣韋州鎮東大羅山下周新莊。

朱㮵號凝真,天資聰穎,學識廣博,長於詩文、草書。他「天性英敏,問學博洽,長於詩文」,「草書清放馴雅,絕無俗礙,海內傳重,視為拱璧」。(弘治《寧夏新志》)他的詩詞,多以描繪寧夏景物的風景詩和思鄉的抒情詩為主,也有借景抒情或寓情於景的詩。比如,他描繪明代寧夏景色的七律〈月湖夕照〉:「萬頃清波映夕陽,晚風時颺漾晴光。暝煙低接漁村近,遠水高連碧漢長。兩兩忘機鷗戲浴,雙雙照水鷺遊翔。北來南客添鄉思,彷彿江南水國鄉。」七律〈黃沙古渡〉:「黃沙漠漠浩無垠,古渡年來客問津。西望河源天際闊,濁流滾滾自崑崙。」他在寧夏生活40多年,寫下了大量的詩詞,明朝宣德、弘治、嘉靖年間所修的幾部寧夏方志中,收有他的詩詞30多首。他主持編撰的《宣德寧夏志》是寧夏留存下來的最早的一部志書。他編著的詩文集《凝真集》十八卷,《集句閨情》一卷,《文章類選》四十卷,《麗情園記》、《夏城詩集》等,當不在少數。

群星閃耀：寧夏歷史人物錄

康熙為何事西巡寧夏

康熙三十六年（西元 1697 年）二月初六，時年 44 歲的康熙帝自北京出發，長途跋涉，歷盡艱辛，於三月二十七日進了寧夏城。康熙西巡寧夏是為了第三次親征噶爾丹叛軍，維護國家的統一。噶爾丹是居住新疆伊黎河畔的蒙古準噶爾部上層貴族，他勾結沙俄勢力，發動了分裂國家統一的武裝叛亂。於 1690 年攻入內蒙古烏珠穆沁草原，兵鋒直指北京。康熙遂決定御駕親征噶爾丹。康熙帝第一次親征，大敗噶爾丹軍，叛軍狼狽逃竄。第二次親征，噶爾丹僅以數騎逃遁。康熙從平叛中意識到，平定噶爾丹當以「寧夏地方最為緊要」，命內大臣郎談等率京營兵增援寧夏，又派要員來寧籌集軍糧草料。第三次親征，康熙審時度勢，運籌帷幄，命大將軍費古揚正面直搗賊巢，命振武將軍孫克思率陝甘勁兵自甘州合擊，抄其後路。

康熙帝在寧夏城駐蹕 18 日。在此期間，他除策劃軍務和召見川陝甘寧軍政要員之外，還慰問官兵、察恤陣亡將士、祭河神和閱兵等一系列活動。閏三月十五日，康熙帝離開寧夏，由黃河古渡乘船而下，前去內蒙古白塔（今包頭），為出征平叛的將士送行。四月十五日，在途中得報，叛軍梟首噶爾丹兵敗，服毒自盡，於是康熙下令凱奏還京。

四渠「總龍王」是通智嗎

清朝初年，從寧夏縣（今永寧縣）至石嘴山一帶，是一片河灘荒地，地勢平坦，土地肥沃，尚未開墾。清雍正四年（西元 1726 年）國舅隆科多視察寧夏後上奏：「臣等驗看寧夏賀蘭山前插漢拖輝壘石嘴子等處，寬

闊一百里，曠野而平，其土地肥潤，子種俱皆發生，其地尚暖，易於引水……」二月，大理寺卿通智等受朝廷所派實地勘察，是年七月動工，經過 3 年的挖渠整壩，在今永寧縣仁存鄉處用石頭砌五孔正閘一座，又沿渠在渠上架木橋、築洪堤、建橋房、立碑亭，渠道兩旁種垂柳，設寨堡。於雍正七年（西元 1729 年）竣工，使昔日的荒灘變成了新灌區。今日之惠農渠由黃河西岸青銅峽總幹渠引水，流經青銅峽、永寧、銀川、賀蘭、平羅、惠農區（原石嘴山），灌溉萬頃良田。

雍正年間，有人向皇帝上書，通智將開挖渠道的功績據為己有，新建的寨堡，如通橋、通貴、通吉、通昌、通伏、通城、通義，全以「通」命名，有圖謀不軌之謙。雍正聽信讒言，傳旨將通智殺死在惠農渠正閘橋頭。據說，行斬時開渠功臣通智屍身不倒，監斬官遂將這一現象奏明皇上，雍正覺得通智被屈殺，遂封他為唐徠渠、漢延渠、大清渠、惠農渠四渠總龍王，並在通智被殺的正閘橋頭建廟塑像，規定每年開渠放水之時，首先要祭奠總龍王，還規定文官到此下轎，武官到此下馬，進廟祭奠，以慰英魂。

馬鴻逵任用帶兵軍官的條件是什麼

寧夏於 1929 年建省，塞上「土皇帝」馬鴻逵於 1933 年 1 月奉蔣中正之命，從河南信陽到寧夏就任省主席；1949 年 10 月 14 日，從重慶搭飛機撤退臺灣。在統治寧夏的 17 年間，正如他所說：「有兵就有權，有權就有錢。」他統治寧夏後，連年徵兵擴軍。從 1941 年到 1948 年的 8 年時間中，共徵兵 12 次之多，還不包括偷偷徵兵。所以，他抓兵抓權又抓錢，寧夏人稱馬鴻逵是「三抓」司令主席。

馬鴻逵對寧夏的統治，完全建立在軍事專制的基礎之上。他的新省政府委員們，不是馬鴻逵的家族親屬，就是追隨他多年的僚屬。他的軍隊具有濃厚的私人家庭色彩，以宗法關係為紐帶，成為自己的世襲工具。為了鞏固他的獨裁統治地位，馬鴻逵本人以第十五路軍總指揮兼寧夏省政府主席、國民黨寧夏省黨部特派員的身分，集軍、政、黨大權於一身，獨裁專斷，成為塞上「土皇帝」。

他到寧夏後，積極擴充整編部隊，他的第十五路軍轄新編第七師，有 3 個獨立旅和 2 個騎兵旅，另有特務團、教導團、砲兵營、工兵營，兵力發展到 2 萬餘人。因馬鴻逵是甘肅河州回民，所以他任用帶兵軍官的條件是「甘、河、馬、回」，即甘肅河州人、姓馬、回族。如他的高級將領馬騰蛟、馬全良、馬寶琳、馬英才、馬光宗、馬如龍等均符合這個條件；他的家族中如馬福壽、馬鴻炳、馬敦厚、馬敦靜、馬敦仁、馬家驊等，既無軍功，也無威望，只憑血統，就擔任軍長、師長、旅長等要職。馬鴻逵的文職高級官員如馬繼德、馬林兵等也符合這個條件。而外來人員，如羅震、高級參謀孟昭進、張子修、董開祥、王振東、陳樹勳等，先後被排斥他去，棄官離寧。

太子少保董福祥為何被罷官

農民提督董福祥，字星五，漢族，清朝固原毛居士井王朝山人，生於清道光十九年（西元 1839 年），出身農家，幼年家貧，未能讀書。兒時常與同伴舞刀弄槍，學習征戰，世人奇之。青年時愛好拳技，行俠仗義。

西元 1862 年，西北回民反清抗爭爆發，地方官吏製造民族矛盾，社會秩序大亂。董福祥在家鄉號召鄉人，結團自保。1864 年，與反清回民首領馬化龍聯絡，互相聲援共同反清，隨後活動於隴東、陝北一帶，聲勢浩大。後在陝北被左宗棠部劉松山擊敗，投降清軍，所部 20 餘萬人，大部遣散。清廷趁勢利用董福祥部作嚮導向寧夏進軍，將其精銳收編為「董字三營」，授予其五品軍功，令其「立功自贖」，效忠朝廷。因平叛馬化龍「回亂」有功，擢升都司，進兵河州、西寧，後升游擊參將。

　　1876 年，在左宗棠的指揮下，以「董字三營」為主力軍進軍新疆，收復被阿古柏和沙俄侵占的國土，董福祥因戰功卓著被提升總兵，1890 年，升喀什提督，至 1894 年奉調入京參加慈禧六十壽慶。在新疆征戰戍邊 18 年，他興修水利，開墾屯田，修築道路，恢復和發展生產，振興經濟，功績卓著，朝野頌揚，史書亦評價其「名重邊陲，功留瀚海」。1894 年，因甘肅河湟回民再次暴動，清廷任董福祥為甘肅提督，並率師鎮壓，暴動平息後，董福祥被清廷晉太子少保銜，世襲騎都尉。

　　1897 年，列強對中國的侵略加劇，清廷調董福祥率甘軍入衛北京，編入北洋軍。其時，京津一帶爆發義和團運動，在人民反侵略鬥爭的推動下，主戰派官吏亦奮起抗擊侵略者。董福祥帶甘軍由南苑「持令箭入城」，作義和團「剿滅洋人」的接應。6 月，列強以「保護使館」之名義，紛紛派兵入京，日本使館書記彬山彬赴火車站接迎日軍，被甘軍殺死於永定門。八國聯軍向北京進犯，董福祥派部阻擊，迫使侵略軍向天津潰逃。此後，侵略軍逼近北京，唯獨董福祥率甘軍血戰抵禦，後聞兩宮出逃，便撤軍追至山西「隨扈」，護駕慈禧。由於護衛有功，得到慈禧和光緒皇帝的賞識。議和中，侵略者提出要嚴懲攻打使館的首要大臣，在幾經交涉下，保全住性命，於 1903 年董福祥被革職逐回原籍，所率甘軍全部解散。

董福祥返回固原後，先駐蘇家堡，後定居金積堡（今吳忠市），在西臨黃河，北倚秦渠，南與牛首山遙遙相望的地方，購置湖塘，歷時3年，建一府邸，名董府，又稱「宮保府」。並安置部下屯田馬家灘。1908年正月九日，病逝家中，終年69歲。遺囑將其終生積蓄的40萬兩銀上繳國庫，以充軍餉，未留給子孫。他曾對人言：「吾聞子孫賢多財則損其智，遇而多財則益其過，子孫自食其力可耳。」九月，葬於固原南鄉十里墩官山。同年，建「董少保故里碑」，立於南鄉官道。

皇甫謐的故里在哪裡

皇甫謐，幼名靜，字士安，自號玄晏先生。生於東漢建安二十年（西元215年），卒於西晉太康三年（西元282年）。

皇甫謐自幼喪母，過繼給叔叔、嬸嬸。嬸嬸非常疼愛他。他生活在三國和兩晉之間，由於家道中落，自幼清貧，貪玩，無心向學，到17歲時，竟「未通史書」。但他對嬸嬸很孝順，嬸嬸對皇甫謐恨鐵不成鋼。一天，她把貪玩的皇甫謐趕出家門，想教訓他。他竟拿著從地裡摘來的瓜果給嬸嬸吃，嬸嬸流著淚對他說：「你快二十歲了，還是『志不存教，心不入道』，你要是能刻苦讀書，將來做了大事，這才算是真孝啊！」這話對他觸動很大，他發誓要悔過自新，白天田裡工作，夜間讀書，矢志苦學，一天也不懈怠。40歲時，回到原籍奔喪，從此再未離開故土。

他雖身患重病，仍然堅持讀書，「手不輟卷」，「披閱不怠」，被人稱為「書淫」。他不僅久病成良醫，而且總結了魏晉以前醫藥和針灸學領域的成績，吸收了古代醫學名著《素問》、《針經》、《明堂禮穴針灸治要》的精華，「刪其浮辭，除其重複，論其精要」，並結合自己的臨診經驗，終

於編寫出《寒石散論》、《巢氏病源》和為後世針灸學樹立了規範的不朽經典鉅著《針灸甲乙經》，至今仍被各國醫藥界推崇。

　　據正史記載，皇甫謐的家庭是西北名門，《晉書》有《皇甫謐傳》稱他是「安定朝那人」。《漢書·地理志》記載，安定郡是漢武帝元鼎三年（西元前114年）從原北地郡析出設定的新郡，上隸屬涼州刺史部，下轄21縣，朝那為其屬縣之一。《史記·孝文字紀》載：「十四年冬，匈奴謀入邊為寇，攻朝那塞，殺北地都尉卬。」朝那塞因位於朝那城，是秦長城一處關隘。今固原市彭陽縣境內靠近秦長城的一個鎮叫古城鎮，有一座古城遺址，1979年在此出土西漢初年銅鼎一尊，已被考古界定名為「朝那鼎」。

　　唐《元和郡縣圖志》載：「百泉縣，西至州九十里，本漢朝那縣地，故城在今縣西四十五里。」這裡所說的百泉縣即今彭陽縣，州即原州區，故城即為今彭陽縣古城鎮之古城遺址。《水經注》載：「朝那故城在今平涼縣西北與固原州西南接壤地也。」《通鑑》胡三省注：「漢朝那城在原州花石川。」而古城川亦稱花石川。《寧夏通史》、《固原地方志》、《彭陽縣志》等，均認為今彭陽縣古城鎮境內的古城遺址，就是漢朝那縣治所在，它的管轄範圍應包括今彭陽縣全境和周邊鄰縣的一部分地區。因而，皇甫謐的故里在今固原境內。（吳忠禮《大話寧夏》）

賀蘭雄姿，寧夏訪古 ── 峻嶺岩畫的雕鑿與真跡：

峽谷大漠 × 清真禮拜 × 民居聚落 × 口弦樂器 × 羊肉小吃，黃沙碧水蒼茫遼闊，探索西北風物的奇觀

編　　著：郭永龍
發 行 人：黃振庭
出 版 者：崧燁文化事業有限公司
發 行 者：崧燁文化事業有限公司
E - m a i l：sonbookservice@gmail.com
粉 絲 頁：https://www.facebook.com/sonbookss/
網　　址：https://sonbook.net/
地　　址：台北市中正區重慶南路一段61號8樓
8F., No.61, Sec. 1, Chongqing S. Rd., Zhongzheng Dist., Taipei City 100, Taiwan

電　　話：(02)2370-3310
傳　　真：(02)2388-1990
印　　刷：京峯數位服務有限公司
律師顧問：廣華律師事務所 張珮琦律師

-版權聲明-
本書版權為旅遊教育出版社所有授權崧燁文化事業有限公司獨家發行電子書及繁體書繁體字版。若有其他相關權利及授權需求請與本公司聯繫。
未經書面許可，不得複製、發行。

定　　價：450元
發行日期：2025年01月第一版
◎本書以POD印製

國家圖書館出版品預行編目資料

賀蘭雄姿，寧夏訪古──峻嶺岩畫的雕鑿與真跡：峽谷大漠 × 清真禮拜 × 民居聚落 × 口弦樂器 × 羊肉小吃，黃沙碧水蒼茫遼闊，探索西北風物的奇觀 / 郭永龍 編著. -- 第一版. -- 臺北市：崧燁文化事業有限公司, 2025.01
面；　公分
POD版
ISBN 978-626-416-243-2(平裝)
1.CST: 人文地理 2.CST: 歷史 3.CST: 寧夏省
675.74　　　　113020629

電子書購買

爽讀APP　　　臉書